本书研究和出版得到了国家社会科学基金项目"农村个体私营经济发展问题研究——以浙江省为个案"（项目批准号为 10BZZ024）、浙江师范大学国家治理研究院资助

农村个体私营经济发展与乡村治理研究

应小丽 著

中国社会科学出版社

图书在版编目(CIP)数据

农村个体私营经济发展与乡村治理研究 / 应小丽著 . —北京：中国社会
科学出版社，2021.8
ISBN 978 - 7 - 5203 - 8267 - 0

Ⅰ.①农… Ⅱ.①应… Ⅲ.①农村经济—个体私营经济—研究—中国
②农村—群众自治—研究—中国 Ⅳ.①F321.33②D638

中国版本图书馆 CIP 数据核字（2021）第 072650 号

出 版 人 赵剑英
责任编辑 冯春凤
责任校对 张爱华
责任印制 张雪娇

出 版 中国社会科学出版社
社 址 北京鼓楼西大街甲 158 号
邮 编 100720
网 址 http://www.csspw.cn
发 行 部 010 - 84083685
门 市 部 010 - 84029450
经 销 新华书店及其他书店

印 刷 北京君升印刷有限公司
装 订 廊坊市广阳区广增装订厂
版 次 2021 年 8 月第 1 版
印 次 2021 年 8 月第 1 次印刷

开 本 710×1000 1/16
印 张 13.25
插 页 2
字 数 216 千字
定 价 88.00 元

"一切社会变迁和政治变革的终极原因,不应当到人们的头脑中,到人们对永恒的真理和正义的日益增进的认识中去寻找,而应当到生产方式和交换方式的变更中去寻找;不应当到有关时代的哲学中去寻找,而应当到有关时代的经济中去寻找。"

————恩格斯,《社会主义从空想到科学的发展》

"我国个体私营经济是改革开放的产物。40年来,在党和国家鼓励、支持、引导方针政策指引下,个体私营经济在稳定增长、促进创新、增加就业、改善民生等方面发挥了重要作用。"

————习近平致全国个体劳动者第五次代表大会的贺信

"实施乡村振兴战略。农业农村农民问题是关系国计民生的根本性问题,必须始终把解决好'三农'问题作为全党工作重中之重。……加强农村基层基础工作,健全自治、法治、德治相结合的乡村治理体系。"

————《决胜全面建成小康社会 夺取新时代中国特色社会主义伟大胜利——在中国共产党第十九次全国代表大会上的报告》

"党的农村基层组织应当加强对各类组织的统一领导,打造充满活力、和谐有序的善治乡村,形成共建共治共享的乡村治理格局。"

————《中国共产党农村基层组织工作条例》第十九条

目　录

导论 ……………………………………………………………（ 1 ）

  一　研究缘起 ………………………………………………（ 1 ）

  二　研究思路 ………………………………………………（ 8 ）

  三　典型村落 ………………………………………………（ 11 ）

  四　核心概念 ………………………………………………（ 19 ）

第一章　农村个体私营经济对乡村治理的嵌入 ………………（ 23 ）

  一　农村个体私营经济的发展变迁 ………………………（ 23 ）

  二　农村个体私营经济的总体特征 ………………………（ 34 ）

  三　农村个体私营经济对乡村治理的嵌入 ………………（ 39 ）

第二章　农村个体私营经济背景下的村级组织 ………………（ 45 ）

  一　村级组织结构的变化 …………………………………（ 45 ）

  二　村级组织运行的改变 …………………………………（ 54 ）

  三　村级经济组织的变迁 …………………………………（ 64 ）

第三章　农村个体私营经济背景下的"老板治村" ……………（ 69 ）

  一　四位"老板"的治村之道 ……………………………（ 69 ）

  二　"老板治村"的主要特点 ……………………………（ 84 ）

  三　"老板治村"的策略选择 ……………………………（ 88 ）

  四　"老板治村"的生成机理 ……………………………（ 97 ）

第四章　农村个体私营经济背景下的公共参与 ………………（108）

  一　公共参与的支持资源 …………………………………（108）

二 公共参与的典型实践 ……………………………… （113）

三 功利取向下的选择性参与 ………………………… （120）

第五章 农村个体私营经济背景下的政社互动 ………… （127）

一 社会基础的转变 …………………………………… （127）

二 引领与吸纳下的乡政 ……………………………… （130）

三 自主非自负的村治 ………………………………… （138）

四 政社互动的建场效应 ……………………………… （141）

第六章 农村个体私营经济背景下的治理挑战 ………… （148）

一 农村个体私营经济背景下的治理新需求 ………… （148）

二 农村个体私营经济背景下的治理风险 …………… （154）

三 农村个体私营经济背景下的结构性失衡 ………… （163）

第七章 农村个体私营经济背景下的治理优化 ………… （172）

一 治理动能的转换 …………………………………… （172）

二 寓治理于服务之中 ………………………………… （175）

三 于经营中促进效益与公益的双赢 ………………… （177）

四 寻求能人主导与村民参与的平衡 ………………… （182）

五 以共同体的合力推进有效治理 …………………… （191）

结语 ……………………………………………………… （196）

参考文献 ………………………………………………… （198）

后记 ……………………………………………………… （205）

导　　论

政治是经济的集中表现。从经济基础的性质及其变化理解和解释上层建筑的状态及其变化是马克思主义分析社会政治现象的基本方法，也是被实践证明具有科学性的分析方法。改革开放以来，作为社会主义市场经济的重要组成部分，农村个体私营经济不仅得到迅猛发展，而且深刻地影响着乡村治理实践，这是在推进乡村治理体系和治理能力现代化进程中必须予以高度重视和关注的问题。

一　研究缘起

乡村治理是国家治理的重要组成部分，是推进国家治理体系和治理能力现代化的重要基石。2013 年 11 月，党的十八届三中全会通过的《全面深化改革若干重大问题的决定》中提出要推进国家治理体系和治理能力现代化。2017 年 10 月，习近平总书记在党的十九大报告再次强调：必须坚持和完善我国社会主义基本经济制度，毫不动摇地巩固和发展公有制经济，毫不动摇地鼓励、支持、引导非公有制经济发展，使市场在资源配置中起决定性作用，更好地发挥政府作用……构建亲清新型政商关系，促进非公有制经济健康发展和非公有制经济健康成长，并特别指出强调激发和保护企业家精神，鼓励更多社会主体投身创新创业。实施乡村振兴战略，按照产业兴旺、生态宜居、乡风文明、治理有效、生活富裕的总要求，建立健全城乡融合发展体制机制和政策体系，加快推进农业农村现代化。巩固和完善农村基本经营制度加强农村基层基础工作，健全自治、法治、德治相结合的乡村治理体系。① 2018 年 1 月，习近平致信全国个体劳动者第五次代表大会，明确指出：我国个体私营经济是改革开放的产物。40 年来，在党和国家鼓励、支持、引导方针政策指引下，个体私营经济在稳定增长、促进创新、增加就业、改善民生等方面发挥了重要作用。② 2018 年 3 月第十三届全国人民代表大会第一次会议通过的《中华人民共和国宪法修正案》（修正）第十一条明确规定：在法律规定范围内的个体经济、私营经济等非公有制经济，是社会主义市场经济的重要组成部分。国家保护个体经济、私营经济等非公有制经济的合法的权利和利益。国家鼓励、支持和引导非公有制经济的发展，并对非公有制经济依法实行监督和管理。2019 年党的十九届四中全会审议通过了《中共中央关于坚持和完善中国特色社会主义制度、推进国家治理体系和治理能力现代化若干重大问题的决定》，强调把我国制度优势更好地转化为国家治理效能。坚持和完善中国特色社会主义制度、推进国家治理体系和治理能力现代化，是全党的一项重大战略任务。③ 新时代以来党的系列发展战略为新时代的中国农村社会发展提供了前进的方向与目标，为乡村治理带来了前所未有的机遇。如何把握这些机遇，走出一条既契合党的新时代战略目标要求，又适合乡村实际发展的治理新道路，成为推进乡村治理体系和治理能力现代化，实现乡村振兴的重大命题。

作为社会主义市场经济的重要组成部分，改革开放以来，农村个体私营经济得到了迅猛发展。面对这一不争事实，这不能不使人们关注个体私营经济与乡村治理的关联及其社会政治后果。基于此，本书的研究主题：把农村个体私营经济发展作为嵌入乡村治理的新变量，深入研究个体私营经济发展中的治理要求、治理特点和治理风险，揭示个体私营经济发展与乡村治理的关联，探讨解决农村个体私营经济发展中的治理困境，建言提

---

① 习近平：《决胜全面建成小康社会 夺取新时代中国特色社会主义伟大胜利——在中国共产党第十九次全国代表大会上的报告》，《中国共产党第十九次全国代表大会文件汇编》，人民出版社 2017 年版，第 2、17、25、26 页。

② 《习近平致全国个体劳动者第五次代表大会的贺信》，《人民日报》2018 年 1 月 23 日 01 版。

③ 《中国共产党第十九届中央委员会第四次全体会议公报》，人民出版社 2019 年版，第 7 页。

升乡村治理能力，寻求有效的乡村治理之道，助力基层治理体系和治理能力现代化。之所以对农村个体私营经济现象中的乡村治理给予关注和研究，原因如下。

首先，任何一种治理形态抑或治理模式的出现均有其深刻的经济根源。通过经济分析说明政治现象，是社会科学长期秉承的一种分析方法。经济基础与上层建筑的相互关系，这本身不是新近才被揭示的问题。早在1859年，恩格斯在《社会主义从空想到科学的发展》里清楚地说明了这一点：一切社会变迁和政治变革的终极原因，不应当到人们的头脑中，到人们对永恒的真理和正义的日益增进的认识中去寻找，而应当到生产方式和交换方式的变更中去寻找；不应当到有关时代的哲学中去寻找，而应当到有关时代的经济中去寻找。[①] 随着研究越来越深入基层与面向微观，就会越来越注意到由于产权结构、经济类型、产业结构乃至地方性知识的迥异，经济基础与上层建筑的关联在程度、表现形态等方面是有区别的。20世纪80年代以来，随着国家政策的转向，裹挟着又爱又恨的物质文化和资本逻辑的个体私营经济在浙江乡村社会大行其道，势必深刻地改变着农村社会的经济基础和治理生态。正如徐勇教授在评估村民自治运行机理时所言：以往我们研究视角由外向内，过去我们主要还是外部性研究，即用制度来对照实践，所以我认为我们现在的研究路向要更多更好地由外向内。[②] 那么，区别于自足自给的小农经济、区别于集体经济发展的村庄，个体私营经济发展的村庄又会产生怎样的治理新命题与新现象，势必成为推进基层治理体系与提升基层治理能力现代化进程中亟待研究与解决的新课题。调研发现，即便是同一类村庄，农村个体私营经济不同的产业布局与结构特质，带来的治理机制与治理效应也是不一样的。所以，与农村个体私营经济发展相随，农村社会结构、权力结构及治理方式会有怎样的变化，这些变化又是如何生成和运作，如此等等，无不对当下基层治理体系和治理能力的提升提出了新挑战，迫切需要人们给予理论上的解释与回答。

---

① 恩格斯：《社会主义从空想到科学的发展》，《马克思恩格斯选集》第三卷，人民出版社1977年版，第425页。

② 徐勇：《找回自治：探索村民自治的3.0版》，《社会科学报》2014年6月5日。

其次,产权结构的差异直接影响着治理的差异。在产权经济学看来,产权是不同经济形态的核心,不同的产权结构决定经济形态的性质。其中,财产权归谁所有构成产权的核心。一般而言,根据占有主体的不同,产权可分为国有、集体所有、私人所有与混合所有四种经济形态。私人产权意味着资产占有者拥有经营、使用、支配、处置与收益等多种用途的选择权,这种选择权在很大程度上会影响公共参与、治理结构、治理机制和治理绩效。对此,产权经济学者提出了诸多的相关判断。阿尔钦直白地认为,"产权是由社会强制执行的对资源的多种用途进行选择的权利。"① 近年来,关于产权与政治的关联,中国的许多学者进行了相关研究。例如,项继权教授的集体产权与乡村治理的关联研究,邓大才教授土地产权与乡村治理的关联,认为"在产权过程中,产权的横向清晰度、纵向独立性组合(纵横清晰度)及过程启动顺序(纵横顺序性)会影响和决定国家治理形态,国家治理形态反之也会影响产权过程及其清晰性、独立性,两者互为条件、互为因果。"② 纵观已有国内研究,学者主要聚焦于集体产权为基础的经济形态,较少关注个体私有产权为基础的经济形态及其与治理的关联。

不同的产权结构势必影响治理主体的选择权与自主权,进而构成不同的治理差异。区别于国有与集体所有经济,农村个体私营经济以个体私有产权为基础,无疑强化着人们的自主权。一个基本的事实,人民公社管理体制的坍塌,根本的原因就是农村产权结构发生重大变化。正因为农民对"有产"的渴望,农民在人民公社管理体制的缝隙中创造性地运用新的产权形式,提出"交足国家的,留足集体的,剩下的都是自己的"的新制度安排,通过扩大自留地与承包地,买工分与股份合作等方式进行非农工商实践,以相对温和、圆通的理性策略推动农村产权变革,实施家庭联产承包责任制,承认农民个体工商实践的合理性与正当性。与之相应,农民土地经营权与工商经营权的获得反过来彻底地摧毁了人民公社管理体制存在的经济社会土壤,进而有了村民自治的产生,有了"乡政村治"治理

---

① 周其仁:《产权与制度变迁:中国改革的经验研究(增订本)》,北京大学出版社2004年版,第7页。

② 邓大才:《通向权利的阶梯:产权过程与国家治理——中西方比较视角下的中国经验》,《中国社会科学》2018年第4期。

格局的形成。可见，人民公社管理体制的瓦解在根本上是农村产权结构变革所致，并以个体经营产权得到承认为前提。如今，以个体私有产权为基础的农村个体私营经济在浙江蓬勃发展，那么，区别于国家所有与集体所有产权的经济形态，以个体私有产权为基础的农村个体私营经济的发展对于当下乡村治理究竟又会带来怎样的挑战与机会，这无疑成为一个值得探索与解释的命题。

再次，农村个体私营经济的迅猛发展成为浙江乡村的重要区域性特征，为浙江乡村治理注入了前所未有的新变量。改革开放以后，建立在个体私有产权基础上的农村个体私营经济不仅得到了政府的鼓励和支持，业已成为浙江农村的主导性现象。当恬静的田园因个体私营经济的蓬勃发展而变成一片热土时，在这片热土上成长起来的乡村治理究竟又会呈现怎样的独特逻辑？一个基本的预设是，市场主体经济权力的生长是与经济行为能力、市场参与能力的增强而相随的，个体私营经济的生长无疑会对治理结构、治理方式和治理绩效产生深刻的影响。一方面，社会自主性伴随个体私有产权的增强而增强；另一方面，公共事务与公共职能也因此在不断增多，对治理主体的要求也在不断提升。应该承认，农村个体私营经济为乡村社会注入了强大的活力，沉寂凝重的乡土生发着勃勃生机，同时也遭遇着经济转型与治理转型的双重之困。在长期农村个体私营经济的耳濡目染和田野调研过程中，课题组注意到一系列独特现象。例如，老板主政以及村落共同体的松散，村民经济权力与自主性愈加增强的同时又愈加渴望村庄能人和对村落共同体的悖论，等等。这些独特的治理现象究竟是什么原因引起，网结在哪里，这与农村个体私营经济是否存在因果关联，如果问题是肯定的，那么，这种因果关联是如何发生的，机制何在，这对于乡村治理体系的选择和治理能力的提升有什么样的教益和启迪，成为课题组成员关注已久的命题。

当然，上述不少问题已经引起了不少学者的关注和研究，有的还提出了比较中肯的、有见地的解释。如毛丹教授、卢福营教授、郎友兴教授与王景新教授等，但不少分析依然是零碎的。尤其是我们看到，农村个体私营经济与乡村治理的关联问题并没有受到足够的重视，更没有把二者的关联作为一个中心议题给予深入系统的研究。已有研究主要是从文化视角、制度视角、精英视角和权力视角去研究乡村治理，较少关注乡村治理赖以存在的经济基础，农村个体私营经济这一重要的基本事实或常识，有意无意地常被省略、被忽视或被轻视。正如项继权教授所言：在一些关于当代中国以至 20 世纪的中国乡村社会和乡村治理及其变迁的宏观分析中，人们对于国家权力、政策、文化、意识及个人和民众的影响、作用等等给予了相当的关注和研究，但是，对于乡村治理及乡村权力运作赖以存在的经济基础及内在原因却分析较少。[①]

伴随个体经济发展和村民自主性的增强，围绕着个体利益与公共事务展开的乡村治理，不仅牵动着每一位村民的神经，而且成为推进国家治理体系与国家治理能力现代化的基石，直接关系着广大村民的生活和命运，也与农村社会的和谐发展密切相关。事实表明，改革开放以来，农村个体私营经济成为浙江农村最引人注目的经济实践背景，如果离开对这样一种客观经济事实的考察，我们就无法真正认识和说明当代浙江乡村治理的特点，也不能很好地理解和解释乡村治理特点与发展趋向。当然，把农村个体私营经济发展作为嵌入乡村治理的新变量，提供了考察乡村治理的一个特殊视角，从一个侧面发现真正属于中国乡村治理和农村社会发展的特殊规律。

上述的思考决定了本研究的重大现实意义和理论意义。应该承认，近年来，针对不同类型经济发展与乡村治理的关联进行了多层面、多角度的分析，提出了许多有见地的观点和思想。如项继权教授的《集体经济背景下的乡村治理》、唐贤兴教授《产权与民主的演进：当代中国农村政治调控的变化》，邓大才教授的《小农政治：社会化小农与乡村治理》，刘金海教授的《产权与政治——国家、集体与农民关系视角下的村庄经验》。其中，以浙江为研究区域，对乡村治理进行多视角的研究，在学界上产生较大影响的主要有：毛丹教授的《一个村落共同体的变迁：关于尖山下村的单位化的观察与阐释》，王景新教授主编的《中国新乡村建设丛书》、郎友兴教授《政治追求与政治吸纳：浙江先富群体参政议政研究》，何包钢、郎友兴教授的《寻找民主与权威的平衡——浙江省村民选举经验研究》，杨建华教授主编的系列丛书《经验中国：以浙江七村为个

[①] 项继权：《集体经济背景下的乡村治理：河南南街、山东向高、甘肃方家泉村村治实证研究》，华中师范大学出版社 2002 年版，第 8 页。

案》，卢福营教授的《能人政治：私营企业主治村现象研究——以浙江省永康市为例》，何显明教授、黄祖辉教授、郁建兴教授等都给予了极大的关注，这些研究成果为本课题的研究提供了重要的文献素材和思想资料，奠定了重要的理论基础与方法论借鉴。

身处个体私营经济崛起所带来的全新乡村社会景观，得益于前辈们的探索和已有的成果，不断激发着笔者及课题组的新思考。当人们在关注农村集体经济给乡村治理带来特殊影响的同时，为什么就不能关注个体私营经济对乡村治理的影响呢？个体私营经济发展对乡村治理究竟会提出哪些新问题、新要求，又会带来怎样的治理风险？当人们在关注非农化给乡村治理带来影响的同时，是否需要进一步追问非农化迅猛发展背后的推力抑或根本动因是什么？在农村个体私营经济发展进程中，为什么会出现"老板治村"现象，这是一种过渡现象还是乡村发展中的一种长期趋势？个私产权得到社会的普遍承认，经济权力与自主性增强的同时为什么没有呈现普遍的公共参与，而是基于利益的参与而非西方学者强调的基于权利的参与？如此等等，迫切需要人们给予理论上的解释和提炼。

值得一提的是，现有的乡村治理研究也存在着一些值得关注的倾向。一方面，专以个体私营经济发展为背景、为变量研究乡村治理的成果不多。现有的以经济发展为背景和视角研究乡村治理，主要关注的是集体经济发达或资源型村庄，忽略了以私有产权为基础的农村个体私营经济对乡村治理的特殊影响；另一方面，需要进一步关注乡村治理的区域研究。乡村治理具有地域性、历史性和多样化特征。农村经济社会急剧分化、非均衡发展和"地方性知识"，必将形塑各地农村社会的发展特色，形成多样化的区域格局，呈现出乡村治理多元化的状态。然而，已有成果对此关注不够，特别是对于浙江等农村个体私营经济较发达区域的乡村治理的地方性特色的研究相当有限，急切需要通过深入的实证分析和区域研究，以丰富乡村治理的理论。

个体私营经济的崛起是改革开放以来撬动广阔农村的最重要的支点之一。我们选择浙江省为区域样本，以浙江的乡村治理经验为例，对农村个体私营经济发展中的乡村治理进行个案研究，主要有两方面考虑：一是改革开放以来的浙江农村个体私营经济在全国呈现领先优势，形成独特的个体私营经济区域特色，而且在个体私营经济发展实践中创造了丰富的

"浙江治理经验",对此展开研究具有一定的典型意义;二是研究者具有在场优势,且对农村个体私营经济的运行和乡村治理的实践有许多直观感受和独特经验,能为研究提供各种便利。

因此,本书试图将农村个体私营经济与乡村治理问题联系起来进行分析。其中,改革开放以来农村个体私营经济发展进程中凸显的治理新现象、新问题,以及治理风险和治理优化将是本项研究的重点。

二 研究思路

(一) 研究思路

以浙江省为考察区域,以村落为分析单位,通过空间还原,把乡村治理纳入具体实践场域中,通过谱系联想把乡村治理纳入系统性的视野中加以观照,分别从治理的组织架构、治理权威、公共参与与政社互动为主要考察维度,运用实证研究方法,把乡村治理基于"国家—产权—社会"互动的分析框架,借助"结构——过程——功能"分析路径,通过"过程"引入,赋予传统的静态"结构——功能"分析路径以动态的解读。因为社会结构不是一种完全外在于个体行动的既定存在,而是一种不断被人们的行动所建构的未定存在……不仅仅是种功能关系结构,而且也是有着不同利益和目标的社会群体,它们在履行着社会功能的同时,也在追求着自身的利益,为控制更多的权力与资源而努力的动态过程。[1]

基于上述,课题组分别在浙江省选择了若干典型市(县)与村落,考察改革开放以来农村个体私营经济发展对乡村治理的影响,描述与提炼乡村治理的新现象与新特质,通过对典型案例的剖析,揭示乡村治理运行中出现的新问题、新风险。在此基础上,寻找道技相融,促进乡村治理有序有效的善治对策,进而探究隐匿于农村个体私营经济与乡村治理背后的关联机制和理论意蕴。

(二) 研究方法

本项研究是一项实证研究。实证研究,它是一份笔录,是有关全部调

---

[1] 谢立中:《社会理论:反思与重构》,北京大学出版社 2006 年版,第 123、109 页。

研过程的真实记录；它又是一份证据，是对确定事实有效性的判断；它还是一份陈词，是建立在证据基础上的主张和说明。它不仅表明了一个研究者的技术手段，而且更能体现一个学者的学术品格。[①] 这一论断明确了运用实证方法研究个体私营经济发展中乡村治理实践的适用性，同时农村个体私营经济的迅猛发展对乡土社会所带来的冲击，导致理论时常滞后实践，亟待学者通过对乡土治理实践的解读来丰富已有的治理理论。鉴于此，本项研究坚持"观点以事实为依据"和"实际先于理论"的原则，努力通过大量的田野调查，在掌握丰富的第一手资料的基础上，侧重对经验事实的解读，逐级归纳与提炼，从具体到抽象，从经验到理论，从实际情况中发现问题，然后进一步分析，得出有理有据的结论，达到解释的真实。

实证调查是把论文写在祖国大地上并展开实证研究的前提，通常需要选择一定的个案为研究样本。样本范围过大，可能导致研究难以深入，使研究失去个案研究的意义；样本范围太小，又容易限制研究的视野，从而降低个案必要的代表性。[②] 鉴于这种考虑，实证调查分以下层面展开。

第一，面上调查。对浙江省区域内农村个体私营经济发展状况和乡村治理基本情况进行宏观调查。调查主要运用文献法、座谈与个别访谈法，通过查阅相关文献、档案材料、报纸、政府及有关职能部门和村落的总结材料，重点调查改革开放以来浙江省级层面与村域层面的个体私营经济的发展变迁概况，省级与地方层面出台的乡村治理政策及执行效果。通过上述宏观的面上调查，旨在考察浙江农村个体私营经济发展的总体性特征，发现具有代表性的乡村治理案例，把握研究样本的社会基础和区域环境，揭示农村个体私营经济尤其是个体私营非农经济的发展水平与方式，对村庄治理的深刻影响。

第二，典型调查。毛泽东在《寻乌调查》中指出：我们研究城市问题，也是和研究农村问题一样，要拼着精力把一个地方研究透彻，然后于

---

① 于建嵘：《当代中国农民的维权抗争——湖南衡阳考察》，中国文化出版社 2007 年版，第 17—18 页。

② 彭正德：《民生政治：新农村建设中的农民认同——湖南五县十村考察》，中央编译出版社 2014 年版，第 13—14 页。

研究个别地方，于明了一般情况，便都很容易了。① 我们与地方政府部门协商，在当地政府的协助下选择了若干个体私营经济相对发达的村庄作为典型村进行调研，实质是毛泽东所倡导的"解剖麻雀"的方法。其中，义乌市 2 个、永康市 2 个、金华市 1 个，温州市 1 个，嵊州市 1 个。案例调查主要运用田野调查方法，通过文献资料收集、实地考察、集体座谈、面对面的个别访谈等多种方式获取一手资料。实地访谈主要采用非结构型访谈，包括对农村个体私营经济的变迁过程与具体表征，因个体私营经济这一变量引发的村庄治理新问题、新现象与新挑战，对村庄治理结构、治理权威、治理主体、治理机制与模式、乡镇与村庄的关系等构成的影响展开重点调查，并对不同层次、不同类型与不同规模的个体私营经济主体，以及不同层级、不同界别的乡镇干部和村干部对当下村庄治理的看法进行深入考察，在此基础上提炼实践逻辑，发现更多的"隐藏文本"。

第三，对照村调查。为弥补只见树木不见森林的遗缺，本项研究除了开展面上宏观调查与典型调查外，还辅之以对照村调查，旨在努力跨越那种以一个村庄为案例的个案研究，而以处在同一经济生态中的数个村庄为研究个案，以拓展研究的视域，同时，努力将典型调查的深度与面上调查的广度相结合，实现彼此之间的互相补充，达到依据的真实与分析的合理。基于此，课题组选择 8 个对照村进行面上的宏观调查。对照村的选择则体现随意性与随机性，当然，也考虑研究的延续性与进场的便利。其中，义乌市 1 个，永康市 2 个，松阳县 1 个，东阳市 1 个，杭州市 1 个，武义县 1 个，湖州地区 1 个，金华市 1 个。

在实际调查过程中，采取的主要方法有以下两种。

第一，访谈。由于村庄治理涉及利益多元、诉求多样等复杂的公共问题，需要通过各种形式的访谈才能了解多元主体的真实想法。所以，访谈成为我们调查的最主要方法。访谈的方式主要是针对一个对象个别访谈，辅之以多人参与的集体座谈。对于有不同说法的事情，一般要听取多人意见加以印证，以便甄别真伪。访谈多数由研究者亲自登门，在被访谈人家里或办公室进行；个别的约请到研究者住所进行，或者在政府部门的会议室、村委会办公室座谈。这些访谈分为专题访谈与"闲聊"两类。"闲

---

① 中共中央文献研究室编：《毛泽东农村调查文集》，人民出版社 1982 年版，第 6 页。

聊"式访谈主要发生于与各种层次的基层干部和村民邂逅时所聊，这种"闲聊"式访谈相对更加自然，也是专题性访谈的一种必要补充和收集资料的重要手段。

第二，现场观察。研究者走访各个单位、进村入户，列席相关会议，观察和体验各种农村社会生活和治理活动等。例如，出席村级联席会议，观摩村级组织换届选举，参与乡村纠纷调解和乡村文化建设，直接感受村庄治理过程及其环境，并进一步密切与当事人的联系。

田野调查的过程大体上分为三个步骤：首先，近十来年的跟踪调研。例如，永康市的花村、义乌市的陈村、金华市的蒋村。其次，针对研究主题，基于典型性，选择相关村庄进行实地调研。最后，田野调查结束后，便是访谈录音的文字转换和材料整理等工作。其间，若有不清楚则通过电话、网络与相关调查对象取得联系，有的村庄是几度奔赴实地考察，以补充和确证有关材料。访谈对象包括基层干部、个体私营工商业主、村干部、普通村民，具体地点主要有村民家里，也包括村委会办公室、村干部家里、老年协会、企业办公室，也曾与村民一边加工各种来料来样货物一边访谈，也曾约村干部、村民、镇干部、个体私营企业等不同界别、不同层次的人员边喝茶边访谈，也曾在街头饮食店、超市等随机访谈。

三 典型村落①

实证研究通过需要选择一定的个案作为研究样本。② 改革开放初，浙江省的经济可分为两种类型：环杭州湾一带以集体经济为主；浙中盆地和温台沿海一带则以个体私营经济为主。③ 基于这种考虑，课题组的调研主要聚集到浙中盆地和温台沿海一带的村庄。需要说明的是，田野调查的便利以及研究的可延续也是笔者在选择调查区域与典型村所考虑的。

---

① 遵照学术惯例，笔者对资料中涉及的真实地名和当事人的真实姓名做了一定的技术处理，后同。

② 彭正德：《民生政治：新农村建设中的农民认同——湖南五县十村考察》，中央编译出版社 2014 年版，第 13 页。

③ 张炎兴：《祠堂与教堂：韦伯命题下的浙江模式研究》，中国社会科学出版社 2012 年版，第 88 页。

从 2009 年至 2014 年，课题组通过联系当地政府部门，选择了一批符合要求的村庄，再借助于熟人等多方支持，对提供的候选村落进行初步实地走访，亲身体验村落的基本情况。在初步走访 25 个村庄基础上，经与当地政府部门相关领导协商，最后确定两类村庄为典型村落。第一类：发达的个体私营经济与发达的集体经济并存的村庄。这一类村庄选择了四个典型村落。温州市的岙村、嵊州市鲍村、义乌市陈村、永康市花村；第二类：发达的个体私营经济与薄弱的集体经济并存的村庄。这一类村庄选择了金华市蒋村、义乌市梅村、永康市英村。除了这 7 个作为调查的典型村落外，其余的参照村有台州市强村、慈溪市的孙村、长兴县的仰村、杭州市的塘村与三角村等。

1. 金华市蒋村

蒋村，属于个体私营经济发达、村集体经济薄弱型村庄。该村是著名诗人艾青的故乡，现有农户 520 户，人口 1230 人，耕地面积 1500 亩，工农业总产值 1500 多万元，人均收入 12000 元。距镇政府所在地约 1.5 公里，距市政府所在地 30 公里，距中国义乌国际商贸城约 15 公里，区位优势较为明显，俗称为"金三角"核心地带。

历史上，蒋村是远近闻名的"富裕村"，除从事传统农耕外，还从事酿酒等传统手工艺。人民公社时期，蒋村创建过茉莉花场等队办企业，村民则从事过制作蚊香、养鸭、贩卖树木等非农产业。改革开放以后，受义乌国际商贸城的市场辐射，蒋村成为当地较为著名的来料来样加工与生产基地。目前，村庄有休闲农庄 1 家，生产棉纱或清洁器物或头饰等小微企业 4 家，家庭餐馆 2 家，零售店 3 家。绝大多数村民主要从事来料来样加工，或者在义乌国际商贸城经商。在蒋村，来料加工产业所具有的劳动密集型特征吸纳了村庄部分劳动力，尤其是老年人和妇女实现了更加充分的就业。调研时，一位 95 岁身体硬朗的老婆婆还给我们展示了制作孔明灯的过程，一般情况下，他们每月可赚 800 元左右，忙得不亦乐乎。总体而言，蒋村村民在从事加工和商贸的过程中计算意识得到强化，但仍保留农业社会的小农意识。

蒋村虽然是当地较为著名的来料加工基地，但村集体经济非常有限，村集体经济收入来源于池塘、山地承包，无其他来源，年集体经济收入不到 10 万元。得益于村庄诗人文化、区位优势以及村干部的积极争取，蒋村成为该镇社会主义新农村建设的典型示范和规划中的镇中心村。在近十年的时间里，该村先后从各级政府获得近 2000 万元的各种支农项目，村级基础设施得到较大改善，道路硬化 100%，兴建了农家书屋、篮球场、农村社区服务中心，制订了村庄发展规划，实施了旧村改造，农家生态旅游与名人故居文旅等得到了较大发展，村庄成立了村级旅游开发公司。由于村集体经济有限，为节省村委会办公开支，没有建造村委办公大楼，以租用的民房为村委办公室。

2. 义乌市陈村与梅村

义乌市是国际商贸名城，市场主体高度集聚，小微主体独占鳌头，是全国市场主体数量最多的县市。据统计，义乌市场汇集了国内外 16 个大类、4202 个种类的 170 多万种单品，以规模大、商品丰富而闻名于世。截至 2018 年，义乌市户籍人口 818362 人，户籍人口中乡村人口 349342 人，农村常住居民人均可支配收入为 36389 元，农村常住居民人均消费支出为 19961 元，全市在册经济主体总数为 459224 户，其中内资企业 37925 户，个体工商户 67141 户。① 在历史上，义乌农民素有从事"鸡毛换糖"的小生意传统。在一定程度上，"今日义乌几乎所有 40 岁以上的民营企业家最初都是个体商贩或小商品市场中的经营户"②。

陈村，位于义乌市最北端，把守义乌北大门，交通发达，原浙赣铁路穿村而过并在该村设有停靠点，成为当地陆路交通的重要中转站。全村共有农户 496 户，总人口有 1184 人，党员 62 人，村"两委"6 人，村民代表 35 人。20 世纪 90 年代主要生产衬衫，被誉为"中国衬衫之乡"。1997 年前，村集体经济不到 6 万元人民币。1997 年后，在村委主任陈某森③的带领下，该村利用区位优势，在义乌市最早实行土地流转和旧村改造，成功地进行土地出租或标准厂房建设等"筑巢引凤"方式，实现村集体土地快速增殖的同时吸引企业进驻，村庄范围含工业区从原来仅共 3 平方公里扩大至 30 万平方公里，村集体经济拥有了 3000 万元资产，逐渐成为村集体经济和个体私营经济都较为发达的村庄。

---

① 2018 年义乌市国民经济和社会发展统计公报—义乌市政府信息公开平台 http：//www. yw. gov. cn/11330782002609848G/a/07/02/201905/t20190510_ 3924609_ 2. html。

② 陆立军等著：《义乌商圈》，浙江人民出版社 2006 年版，第 17 页。

③ 按照社会学的规范，人名作了技术处理，下同。

陈村隶属于素有义乌市"工业之母"之称的大陈镇。人民公社时期，大陈镇以及陈村是"农业学大寨"时期的先进典型。1973年亩产上千斤，接待23个省市60多万人来参观，但也是当年义乌"高产穷县"的缩影。基于生存逻辑，大陈镇包括陈村，农闲时搞缝纫加工、办服装加工厂。改革开放后，陈村人重操缝纫加工副业。20世纪90年代初，服装生产初具规模，原始积累初步完成任务，生产规模扩大，90年代前后村庄姑娘基本上在服装加工厂上班。本村妇女主要参与管理、营销，参与一线生产的基本上是非户籍人口。90年代末，该村地价曾一度超义乌城区，工业用地全部实行竞投，老板们把原始积累全部投入到土地和厂房，每亩工业用地从40万元至60万元左右，一般都是一楼仓库与店面，二楼、三楼加工厂，四楼住宿，这种情况一直延续到2007年。2007年始，村庄大批衬衫企业遭遇土地紧张、市场萎缩、原辅材料人工价格上扬等因素，陈村个体私营经济开始多元化转型，不仅仅生产衬衣、袜业，有的还参与民间借贷，实施多元化投资，建宾馆、酒店等。

梅村，位于义乌市佛堂镇北部。佛堂镇位于义乌市南部，享有"千年古镇、清风商埠、佛教圣地"的美誉，是义乌市第一大镇。镇域面积134平方公里，下辖6个工作片、56个行政村、7个社区，户籍人口8.2万人，常住人口22万人，先后承接了全国25个"经济发达镇"行政管理体制改革、全省首批27个小城市培育试点、扩权强镇、"最多跑一次"改革、群团改革试点等15个国家和省市级改革任务。[①] 早在1910年，义乌县最早的工商业联合会首先在佛堂成立，拥有发达的商埠经济，营造了极其浓厚的商业文化历史底蕴。据统计，全镇共有个私企业2500余家，从业人员13余万人，规模以上企业134家，形成了纺织、工艺品、食品、医药、金属制品五大支柱产业。其中，梅村户籍人口831人，330户，登记在册的外来人口800人，行政区域面积约为320亩，其中耕地面积200亩，50%左右农户经商、办厂，从事服装、食品、环保袋、副食品生意，一般都在义乌国际商贸城从事各种小商品经营活动，赴外省经营的主要也是从事小百货、开矿与办厂。梅村区域内的企业均属于小型企业，村内企

---

① 浙江政务服务网（金华市义乌市佛堂镇）乡镇简介 http://jhywft.zjzwfw.gov.cn/col/col823525/index.html。

业主要以饰品（手工加工为主）、服装、皮带等轻工业为主。村支委 3
人、村委 3 人，梅村党员 30 个，村民组长 8 个，村民代表 32 人。

3. 永康市花村与英村①

永康市的农村个体私营经济极为发达，是全国最大的五金产品生产和
采购基地，是全国著名的"五金之乡""衡器之乡"，"中国炊具之都"
"中国门业采购基地"。"中国·永康五金指数"全球发布，实体市场交易
额 366 亿元。② 历史上有"打铜打铁走四方，府府县县不离康"之说。由
于人多地少，在生存逻辑支配下，永康人素有许多铜匠、锡匠、铁匠，肩
挑百斤行担，走南闯北，到全国各地从事补铜壶、补铁锅、打菜刀等手艺
活，足迹遍及全国。由于小五金行业之特点，永康历史上五金行业主要以
个体为主，多为手工作坊和工匠。在人民公社时期，永康市的个体五金业
虽受严重的冲击，但农民会在农闲季节，通过"买工分"等方式外出从
事补铜壶、补铁锅、打菜刀等手艺，以补家用。改革开放后，永康五金业
得到迅猛发展。据统计，永康市有五金机械企业近万家，从业人员 20 余
万人，生产领域涉及工具五金、日用五金、建筑五金等七大类 2 万多种产
品。户籍人口 58.5 万人，登记流动人口 58.09 万人。农民人均纯收入
16243 元，2013 年，个体工业 15237 家，从业人员 90964 人。③ 在现阶段，
个体私营经济在永康是全市经济的绝对主体，占全市经济总量的 90% 以
上，呈现出既有增长又有发展的良好局面。④

花村，位于永康县城西北面，距离永康市政府约 10.9 公里，属丘陵
地带。全村有山林 1572 亩，耕地 980 亩，有农户 500 户，1538 人，村民
代表 35 人，党员人数为 43 人。2003 年之前，村民主要受雇就近私营企
业，属于打工经济，兼若干家庭作坊和若干零售店、小超市。2003 年得
益于永康市西城工业园的创建，该村迎来了发展拐点。2005 年，非本村

---

① 花村与英村的调研资料分别来源于 2005 年 7—8 月、2011 年 7 月、2013 年 11 月的多年
跟踪调研。期间，有卢福营教授、叶泽熙、王雪春、钱凌燕、项航芳等研究生共同参与调研。感
谢永康市相关部门、花村、英村干部和村民的支持。

② 浙江非国有经济年鉴编辑委员会：《2014 浙江非国有经济年鉴》，中华书局 2014 年版，
第 318 页。

③ 周振有主编：《永康市 2014 年统计年鉴》，第 4、183 页。

④ 卢福营：《能人政治：私营企业主治村现象研究——以浙江省永康市为例》，中国社会科
学出版社 2010 年版，第 31、51 页。

户籍但从小生长在花村并从花村走出去的私营企业主姚某拉以百分之九十九的得票率当选该村村委会主任，姚某拉以其较强的治理能力以及在村民中较好的口碑，连任村民委员会主任至今，并被选为花村党支部书记。2005 年新上任的村"两委"充分利用了 500 万元现金以及 13 万平方米的土地，成立了市场开发有限公司，积极采用"建市场，富家乡"的政策，在 2012 年底建立了村级综合菜市场、综合建材市场、化工市场、石材市场等大型市场，集体经济年收入达 1400 万元，2013 年村民人均分红超过10000 元。伴随花村市场成功运作，村民走上了多元化的个体私营经济之路，除了就近工厂打工外，许多村民开始从事房屋出租、就近市场经商。在十余年的时间里，花村个体私营经济与村庄市场化发展之路得到了迅猛发展。2017 年，花村集体经济收入达 1926 万元。

英村，位于永康市象珠镇，该镇文化底蕴深厚，是永康市"十八蝴蝶""九狮图"的发源地。在经济产业方面，该镇主要生产防盗门、气筒、保温杯、炊具、铸造汽车配件、光伏等产品。英村距离东永二线 1 公里，离镇政府所在地 2.5 公里，离县城 9 公里。村庄 168 住户，党员 22 名，户籍在村 439 人，外来人口 600 多人，超过本村户籍人口。历史上，英村以农业为主，但在 20 世纪 80 年代初，村庄曾创办绣花为主的村集体企业，农户主要从事手艺活，如开店、定秤、补锅、镶牙等。在我们调研时，还有一个约60 岁的游医行走在缅、泰边界。目前，英村有十余家私营企业，主要经营门业、健身器材、炊具等产品以及印刷，村民基本上在村庄周边企业打工或企业中层管理。由于外来人口增多，村庄成立护村队。

4. 瑞安市乔村

瑞安市是浙江农村个体私营经济的重要发祥地，地处浙江东南沿海，温州大都市区南翼中心城市，是一个文化底蕴深厚、拥有户籍人口121.12 万人、外来务工人员 51 万人的千年古市。全市陆域面积 1271 平方公里，海域面积 3037 平方公里。在 2014 年，瑞安市市场主体保有量首破 10 万户，稳居温州第一，全省前列。① 外出创业经商人员达 20 多万人。

---

① 胡世文、朱郁星、项颖：《瑞安市场主体量居温州第一》，《浙江日报》2014 年 10 月15 日。

　　岙村，坐落于大罗山南麓，位于瑞安市东北角。历史上，岙村以农业为主、盐业为辅，村民靠种植山园旱地和凿岩石为生的贫困型小村庄。曾有"山岙房屋稀，露岩作天梯；泥土脚下踢，肚皮往里吸；干群光着急，出外把头低"的窘境。面对困境，20 世纪 60 年代末期，岙村创办过耐火砖厂，这是最早的队办集体企业。之后，村民还闯出了养蜂致富路使部分社员手头有了少量的积蓄。改革开放以后，岙村在耐火砖厂基础上，连续创办了 5 家陶瓷厂，专业生产陶瓷开关、熔断器及铜配件，自发形成了一支 100 余人的推销员队伍。这批推销人员凭借过人胆识，肩挑手提，勇闯天下，走遍神州，既推销产品，又捕捉信息，觅得了不少的商机和致富门路。

　　岙村总面积 2.2 平方公里，其中村庄面积 0.42 平方公里。全村有 271 户，1213 人，外来人口近 2000 人。村庄分别有"钱""陈""董""叶""戴" 5 个姓氏。2002 年之前，岙村聚集了 50 余家电镀、抛光等重污染的"小而散"个体私营企业。2002 年私营企业主陈某芳当选村委主任之后，村庄开启了前所未有的发展。目前，村庄拥有 80 多家私营企业，多数属家庭工业，主要生产电器、水暖器材、卫生洁具、酒店用品类等产品，近 90% 家庭从事非农工商实践。村党支部书记陈某芳和四名委员也各自拥有自己的私营企业。至 2013 年底，全村工业总产值 3.68 亿元，村集体固定收入达 500 多万元，农民人均收入 23800 元，村集体净资产 8091 万元，是 2002 年的 41 倍。

　　现今，岙村除了村党支部、村民委员会、村经济合作社和村务监督委员会、村妇联、团支部等常规村级公共组织外，岙村设有文体活动队、志愿者服务队和治安巡逻队，拥有救助帮扶站、医疗卫生站、计生服务站和信息服务站，建有村史陈列馆、警务室、老年活动室、图书阅览室和村民学校。在 2008 年，岙村成立了温州市首个村级红十字会。成立之初，村红十字会现场共募集爱心款 60 多万元，为开展各种便民、利民活动打下了良好的基础。经过十多年的蜕变，该村成为一个拥有"首届全国乡村文明先进村""浙江省先进基层党组织"等数十张国字号、省字号金名片的新农村建设典范村。

　　5. 嵊州市鲍村

　　鲍村，位于著名的"领带之都"嵊州市的北部，三面环山，一面邻水，前依剡溪和 104 国道，距市区约 10 公里，村域面积 1.3 平方公里，现有 273 户人家，746 人，正式党员 55 名，4 个村民小组，外来人口约 300 人，主要受雇村庄企业。

历史上的鲍村是一个十分贫困落后的山区村。由于地势封闭，耕地少人口多，极为贫困，穷的揭不开锅时只得到处借储备粮，上到新昌县，下到庄镇。"山里佬！山里佬！柴枝当棉袄，葛藤当缚腰，山粉乌糯当早稻。"这句俗语极为贴切的形容了过去鲍村村民生活窘况。世代受穷的鲍村人曾尝试种香菇、办窑厂、做米面、养兔等多种经济作物和产业。

1979 年，村干部认识到光发展农业不行，世代受穷的鲍村人"穷则思变"，克服重重困难，劈山 30 亩，创办了全村首家工业企业——嵊县纸箱厂。现今书记就是当年创办者之一。1979 年纸箱厂创立，当年就产生了收益，每个生产队发了 4000 元。1982 年造纸厂创立，机器由一台增加到七台。1994 年受大气候的影响，村集体企业进行改制，个人合伙承办，23 人承包了造纸厂做了 5 年。1999 年，彻底改资，由承包制走向股份制企业。对原来车间进行资产优化，整合重组为七个纸业有限公司。2000 年，鲍村平整土地 100 亩，扩展个私工业小区。目前，全村有 4 家合股企业，7 家私营企业，老板都是本村的，形成了以造纸为龙头，机械、纺织、橡胶等多行业共同发展的新格局。2013 年全村实现工业产值 6 亿多元，村集体经济收入 100 余万元，其中常年性收入 56 万元，农民人均收入 1.77 万元，273 户里有 75 户入股村集体企业，几乎每户都有人在村内企业上班。发展到今天，鲍村成为一个集体经济与个体私营经济双强型村庄。

本项研究的资料来源主要有三类：

一是有文字记载的文献资料。大致分为以下部分：（1）国内外学者的相关研究成果，包括描述和记录乡村治理、介绍浙江农村个体私营经济发展的书籍和文献。（2）介绍地方、村庄历史和基本情况的地方志、村志、书籍以及相关出版物，新闻媒体和相关网站的介绍和宣传报道等；（3）国家相关法律和法规、各级党政部门下发的文件、制定的规则、活动方案、会议记录、统计报表、年鉴、领导讲话、工作总结等；（4）干部、村民的日记和工作笔记等私人记录、家谱、族谱、民间契约文书等。

二是无文字的口述资料。主要来源于我们在各调查村庄的田野调查，包括对村干部、村民、各级政府官员的访谈、座谈会记录、旁听和观察的记录，等等。

三是影像资料。包括摄影图片和录音资料。在实地调查过程中，课题组收集和拍摄了大量的照片，并对访谈和座谈过程尽最大可能进行了录音。

最后需要说明的是，取决于研究者对调查对象的考虑，以及按照研究规范和学术研究的"不伤害原则"，本研究报告涉及的村庄名称，调查对象的姓名有的采用实名，有的采用代名。

四　核心概念

基于研究主题和研究视角的设定，为避免对同一概念的不同理解造成的重大分歧，需要对本项研究中使用的几个主要核心概念进行廓清与界定。

（一）个体私营经济

生产资料归谁所有，即人与生产资料的关系如何，决定着对生产资料的经营、使用、支配、处置和收益等权利的实现程度，直接决定着利益分配及其形构的各种关系。一般来说，按照生产资料归谁所有，即产权归属关系，人类社会可分为公有经济和非公有经济两种基本所有制形式。非公有经济又可划分为个体经济和私营经济、外商独资经济、混合所有制经济。

不同的所有制形式决定了人与人之间的关系。一般来说，人与生产资料的关系大体上有两种情形：一是劳动者实现了与自己的生产资料的直接结合；二是劳动者通过受雇佣实现与他人生产资料的间接结合。

个体经济主要是指生产资料归个人所有，以个人或家庭劳动为基础，自我经营、自负盈亏，劳动成果归劳动者个人占有和支配的一种所有制形式或经济形态。这是我国现阶段所存各种经济成分中历史最悠久一种经济形态。作为一种独立的经济形态，个体经济有其特定的本质特征。一是生产资料的所有者是个人，而且是劳动者个人。这里的生产资料是指用于生产经营的资金、设备设施、经营用房、运输工具、原材料等，劳动者个人

19

的生产资料所有权是完整的，包括占有权、使用权、处置权和收益权。劳动者与生产资料所有者是合为一体的，是一种直接结合，无任何中间环节。二是以自我劳动为基础，而不是以雇用劳动力为主。它可以包括个体劳动者的家庭成员的劳动，也不排斥雇请一定量的帮手和学徒。这是个体经济不同于私营经济的本质所在。三是小型、有限。由于个体经济以所有权与经营权的合二为一为基础，决定了个体经济所拥有的生产资料是小型的、有限的，是适合于采取个体或家户型劳动方式。小型是指适用于家庭化小生产而非社会化大生产，有限即小量，适合于个体劳动的范围而非社会化范围。四是劳动成果归劳动者个人占有。个体经营者根据劳动的数量和质量，直接地从社会上取得劳动收入，任何单位和个人都无权干预和损害。当然，合法经营、诚实劳动、依法纳税等是其占有劳动成果的前提和基础。

以上四大特征决定了个体经济既是私有经济又是劳动者经济，是一种小私有制经济。就目前来看，根据劳动者的生产经营目的加以区分，个体经济可以区分为商品性个体经济与自然性个体经济。商品性个体经济指为了商品交换而进行生产经营的个体经济，往往处于商品经济形态下，故又叫小商品经济或者简单商品经济。自然性个体经济是为了自己消费需要而进行生产的个体经济，自给自足，处于自然经济形态下。本项研究的个体经济范围主要是指商品性个体经济，与之对应的法律主体称为个体工商户。

私营经济主要是指生产资料归私人所有，以雇佣劳动为基础，生产经营成果由生产资料所有者支配的一种经济形式。与之对应的经济组织称为私营企业。根据1988年通过的《中华人民共和国私营企业暂行条例》，私营企业是指企业资产属于私人所有、雇工八人以上的营利性的经济组织。在本项研究，私营经济主要是指以私人占有厂房、资金、原材料等生产资料和雇佣部分劳动力为前提，以市场为取向，以经营为手段，以盈利为目的一种经济类型。

个体经济和私营经济是存在于宪法和法律条文中的一个概念。受到相关专门性法律的保护。虽然二者在产权归属、劳动关系、经营规模等方面存在不同，但二者同属私有经济，都是社会主义市场经济的重要组成部分，而且有许多私营经济往往是在个体经济基础上产生的。因而本项研究把"个体经济"和"私营经济"合二为一统称为"个体私营经济",是一种以市场为导向,以盈利为目的,在交换市场上从事自我生产、自我经营,自我控制与支配生产资料的一种制度安排与实践。

（二）乡村

"乡村"是个多义词。《现代汉语词典》有三种解释:（1)"乡村"跟"城"相对,主要从事农业、人口分布较城镇分散的地方。(2)家乡。(3)我国行政区划的基层单位,由县或县以下的区领导,是一个行政单位。在本项研究,"乡村"有三种含义:（1)相对"城镇"而言的一个地域概念,可称为"村域""自然村",是农村人口的自然居住状况。(2)行政村。即在行政区划管理体系中,按一定区域划分设置行政机构,具有若干公共事务的村政单位。(3)基于村民自治体系,村民委员会所辖地域、人口和组织等构成的自治组织。在本项研究中所使用的"乡村""村庄""村落""村"等词,都是同等意义的,特别是指行政村。即根据《中华人民共和国村民委员会组织法》建立的村民委员会的村。

（三）乡村治理

随着社会自主性的不断增强,治理得到了社会各界的广泛重视,并上升为国家发展战略。2013 年中国共产党十八届三中全会将完善和发展中国特色社会主义制度,推进国家治理体系和治理能力现代化作为全面深化改革的总目标。2019 年中国共产党十九届四中全会审议通过了《中共中央关于坚持和完善中国特色社会主义制度、推进国家治理体系和治理能力现代化若干重大问题的决定》,成为中国共产党第一次以研究坚持和完善我国国家制度和国家治理体系为主题的中央全会。不可否认,关于治理的表述纷繁多样,但以下三层含义来理解治理是较为共同的:一是运用和配置公共权力实施对公共事务的引导、协调与控制。二是公共权力资源配置与运用的互动与双向性。与统治不同,现代治理强调公共权力运行是一个上下互动的双向运行过程,而非界限固化与静态化,不得"僭越"。三是治理是一个多元主体合作共治的过程。面对日益增强的社会自主性和日益复杂的公共事物,任何单一治理主体,如政府、社会和市场,均很难单一有效地解决各种公共问题,有序与有效的公共事务管理越来越依靠多元治理主体之间的良性互动与合作共治。也正因为上述原因，20 世纪 80 年代以来，"乡政村治"治理格局取代了人民公社管理体制。即国家把体制性权力上收至乡镇政府，乡镇政府作为农村基层政权，依法行政。村庄作为自治组织，拥有社会形态的公共权力，依法自治。其目的就是通过提升基层政治治理能力，通过培育乡村社会的自我管理、自我监督与自我服务能力，实现二者合作共治，共同推进有序有效的乡村治理。

根据我们所调查的村庄来看，在村治范围内，围绕个人事务与公共事务，个人利益与集体利益展开的乡村治理，牵动着每一位村民的神经。一方面，村是最基层的乡村组织单位与最基本的政治单元，是乡村治理的基本环节。只有村庄层面得到有效治理，国家的基层治理才能获得稳固基础，实现国家长治久安；另一方面，"命令—服从"的单极权力配置和单向权力运作治理模式难以奏效。一是乡镇政府作为农村基层政权已不能简单随意地运用国家行政权力指挥村庄，村干部则不能简单随意地按照自己的意愿，运用村级公共权力实施对村庄的治理。二是随着农村个体私营经济的蓬勃发展和村落自主性与开放性的增强，村庄面临着更多元、更复杂的冲突性与共同性的公共事务，多元主体之间的博弈会更加激烈。在这个意义上，治理事实上也是多元治理主体围绕公共事务，基于自身目标进行的一种公共选择的过程。

综上，在本项研究，乡村治理主要是指村治，即在乡村范围内，相关治理主体通过对公共权力的运用和配置，对乡村社会进行组织、管理和调控，以达到一定目标的公共选择的过程。

第一章　农村个体私营经济对乡村治理的嵌入

一切社会变迁和政治变革的终极原因，不应当到有关时代的哲学中去寻找，而应当到有关时代的经济中去寻找。[①] 改革开放以来的 40 多年时间里，个体私营经济嵌入农村社会并得到长足发展，势必深刻地影响与刻画着乡村治理的社会经济基础，冲击乡村治理的结构、关系、秩序与效度，构成乡村治理的重要变量。

一　农村个体私营经济的发展变迁

（一）农村个体私营经济发展概况

浙江是一个人多地少、资源贫乏的省份，素有"七山二水一分田"之称。其中，自然资源人均拥有量综合指数为 11.5，仅高于天津市和上海市，居倒数第三位，是典型的"资源小省"。[②]

个体私营经济是浙江乡村优势和活力所在。从历史上看，受制于资源禀赋的制约，基于生存理性，浙江农民素有农商兼顾，以商补农的传统。得益于改革开放、经济民主的推动和区域经济社会发展的需要，浙江省成为全国最早允许农民务工经商、允许农民长途贩运、允许开放城乡市场的省份，农村个体私营经济基因得到充分释放。20 世纪 80 年代中后期，浙江农民纷纷以手工业、家庭作坊作为创业起点，个体私营经济在浙江农村迅速发展。1991—1997 年，浙江经工商部门登记注册的个体工商户和私营企业分别由 100.3 万户和 1.1 万家增至 153.2 万户和

---

①　《马克思恩格斯选集》第 3 卷，人民出版社 1995 年版，第 741 页。

②　刘仁伍：《浙江民营经济发展报告（2011）》，社会科学文献出版社 2012 年版，第 6 页。

9.2 万家，注册资金从 40 亿元和 7.3 亿元增到 219.9 亿元和 470，6 亿元。① 2008 年，义乌有 2.3 万家制造企业，1.5 万家在农村，全市已有 20 多万农村劳动力向二、三产业转移，从事二、三产业所得占农民人均纯收入的 75% 以上。② 截至 2015 年，在全省工商部门登记的注册资金 500 万元以下的小型微型企业 115.81 万家，在册的个体工商户 319.3 万家。在全省 511.6 万市场主体中，小微企业和个体户占 93.6%。浙江平均每 13 个人中就有一个老板、每 43 个人中就有一家企业，成为全国民营经济最发达的省份。③ 2016 年，浙江省新设私营企业、个体工商户和农民专业合作社占全部新设市场主体的 98.7%。④ 据浙江省市场监管局发布的市场主体数据分析显示，截至 2019 年 3 月底，浙江省共有各类市场主体 675.2 万户，每万人市场主体拥有量为 1162 户，位居全国榜首，平均 9 个人就有 1 户市场主体、25 个人就有 1 家企业。⑤

进入 21 世纪，新型产业经营主体在浙江农村加速发展。随着农家乐休闲旅游业、来料加工业、农村电子商务业的快速发展，来料加工经纪人、农家乐经营业主、农村电商经营户实现加速成长。2013 年，浙江省来料加工从业人员 130 万人，来料加工经纪人近两万人。全省农家乐特色村点 3000 多个，经营从业人员 11.5 万人；电商经营户异军突起，成几何级数增长。这些新兴经营主体已成为今天农村经济的最活跃力量。⑥ 例如，我们调研的金华市蒋村正是得益于义乌国际商贸城的辐射，成为当地有名的来料加工村；义乌市陈村借助工业化迅速成长为中国衬衫之乡；永康市花村借助工业辐射迅速成长为市场主导的明星村。2016 年，浙江省农产品网络零售 396.19 亿元，同比增长 30.3%，位居全国首位；全省共

---

① 刘仁伍：《浙江民营经济发展报告（2011）》，社会科学文献出版社 2012 年版，第 5 页。

② 潘振华：《义乌：把城市建在农村》，《观察与思考》2008 年 11 月 11 日。

③ 郭占恒：《浙江 70 年发展的历史变革》（之三），《浙江经济》2019 年第 16 期。

④ 吕玥、邵圣顺：《"亲""清"政商关系激发非公经济活力》，《浙江日报》2017 年 3 月 1 日。

⑤ 白丽圆、沈雁：《浙江"双创"热潮涌动》，《浙江日报》2019 年 6 月 12 日。

⑥ 张伟斌、杨建华：《浙江蓝皮书 2014 年浙江发展报告》（社会卷），浙江人民出版社 2014 年版，第 42 页。

有活跃的农产品网店 2.64 万家。506 个"淘宝村"销售总额超过 310 亿元，继续领跑全国，其中年销售额 5000 万元以上的村达到 209 个，直接带动就业 20 万人，占电商村人口总数的 25%，平均年龄约 27 岁。义乌市青刘岩村，一个临近义乌小商品批发市场的小村，从 2007 年第一家淘宝店"邻家实惠小店"开业，到 2016 年全村网店总数已达 3500 多家，全年销售额近 50 亿元。①

显然，农村个体私营经济在浙江已是"三分天下有其一"。作为不可忽视的重要力量，发达的个体私营经济富裕了农民，并刻画着乡村治理。2017 年浙江省农村常住居民人均可支配收入 24956 元，分别连续 17 年、33 年位居全国各省（区）第一，农村常住居民人均可支配收入是全国 13432 元的 1.86 倍。② 伴随个体私营经济的发展，经济不再是嵌合在社会关系之中，而是社会关系嵌合的经济体制之内。一旦经济体制以单独的制度、特殊的动机且享有特别的地位等方式组织起来，这整个社会就必须依此而改头换面，以便让这个体制能按自己的法则运作。③

（二）个体私营经济的发展变迁

新中国成立以后，基于现代化建设的总体目标，现代国家对乡土社会进行了一系列的现代性改造。现代国家建设进程中的每一次脉动都会给农村个体私营经济带来深深的颤动。纵观新中国成立以来浙江农村个体私营经济的回归与复兴，尤其是从调研的村庄来看，大致可以划分为以下四个阶段。

1. 非常规的隐性生存阶段（1978 年之前）。众所周知，从 1953 年开始，国家开始农业、手工业和商业进行社会主义改造。"经过对私营工商业的社会主义改造，到 1957 年底我国私营商业（主要是个体商业）的零售额在社会商品零售总额中只占百分之二点七。个体经济由百分之七十一点八降低到百分之二点八，资本主义经济更由百分之六点九降低到千分之

---

① 王庆丽、许雅文、钱凌芸、朱映归：《乡土澎湃新动能——浙江以"互联网"助力乡村振兴》，《浙江日报》2017 年 12 月 2 日。

② 夏丹、盛飞：《浙江居民收入领跑全国省区》，《浙江日报》2018 年 1 月 20 日。

③ 博兰尼：《巨变：当代政治、经济的起源》，远流出版事业股份有限公司，第 130 页。

一以下。"① 长期有着农工兼营传统的浙江个体农民不得不被禁锢在有限的田地。

但不得不承认的一个事实是，即便个体私营经济受到限制、打击、甚至被取缔，素有农工兼商传统的浙江农村，由于人地矛盾的紧张。根据浙江省第二次土地调查数据公布，浙江省人均耕地仅 0.56 亩。② 迫于生计，个体私营经济在浙江乡村仍不可抑制地以非常规方式悄然存在。在人民公社时期，无论是陈村、蒋村、花村、鲍村还是岙村等村庄，都存在着农闲时农民以各种名义，如买工分等方式，创造从事外出鸡毛换糖、贩卖、弹棉花、补牙、打铁、木匠、泥水匠、倒买倒卖等各种个体经济活动，档案也记载了许多这方面的材料。在此阶段，农民外出经商主要是为了赚点零用钱贴补家用，是一种糊口生计型的个体经济，在当时的条件下，开辟了一种替代性的生活补助途径。

2. 先行一步的初创阶段（1978—1992 年）。1978 年之后，国家在推进家庭联产承包责任制的同时，开始纠正长期以来排斥和打击个体、私营等非公有经济的政策。农民因此获得了农业生产经营自主权，但国家对于农民从事个体、私营等非农经济的态度仍然摇摆不定。然而，家庭联产承包经营责任制的推行，使大量隐性的农村剩余劳动力显性化，为了解决温饱和致富问题，一些农民开始拿起自己较为熟悉的手艺、行担谋求生活和生财之道，进行长途贩运、个体经营、家庭作坊、外出经销等工商实践活动，有的甚至大胆地进入了工业领域，地下、地上的个体私营企业迅速冒出来。永康市的农民借助于生产小五金的传统，以办家庭工业作为新的经济增长点。义乌农民借助于历史上从事"鸡毛换糖"传统很自然地做起了小商小贩，从小到大逐渐聚集，形成马路市场，构成了今天义乌国际商贸城的雏形。而义乌陈村的农民除了从事"鸡毛换糖"做小商小贩之外，更多的从事服装加工，为后来成为"中国衬衫之乡"造就了先驱者。温州瑞安市的大批农民纷纷洗脚上田，在全国各地奔跑从事"跑供销"，为瑞安市成为个体私营经济的发祥地造就了创业的主体。据统计，1985 年，

① 商业部商业经济研究所编著：《新中国商业史稿》，中国财政经济出版社 1983 年版，第 23 页。

② 刘元斌、李风：《我省人均耕地仅 0.56 亩》，《浙江日报》2014 年 6 月 20 日。

温州农村家庭和联户办工业企业的有 13.3 万户，从业人员 33 万人，总产值 8 亿元，占全市农村工业总产值的近 60%，占农村工农业总产值的 1/3。1984 年从事第三产业的农民有 10 万多户，26.8 万人，占农村劳动力的 12% 左右。① 在此阶段，主要特点是在乡镇集体企业大发展的同时，个体私营经济从无到有、从小到大，快速发展。1978 年至 1990 年，集体经济占 GDP 比重基本保持不变，个体私营经济的比重上升 10 个百分点；在工业中，集体经济上升了 29.1 个百分点，个体私营经济上升了 5.5 个百分点。②

3. 快速成长阶段（1992—2012 年）。20 世纪 90 年代以来，根据 1992 年初邓小平南方谈话和党的十四大建立社会主义市场经济体制改革目标的精神，浙江省委省政府先后出台了《关于进一步促进个体、私营经济健康发展的通知》《关于大力发展个体私营等非公有制经济的通知》，有的地方政府甚至提出先建后批、边建边批，大力支持工业、创办工业园区，营造了相对宽松的营商环境，农村个体私营经济呈现出蓬勃发展的良好势头。1997 年底，全省个体工商户发展到 150 多万户，比 1992 年增长 36%；私营企业 9.2 万户，比 1992 年增长 7 倍。1990 年至 1997 年，个体私营经济占 GDP 比重从 15.7% 上升到 33.7%。③ 到 2007 年底，全省已有私营企业 45 万家，个体工商户 180.7 万户，二者占浙江省所有市场主体总数的 95%。④ 与此同时，随着体制改革的深入，乡镇集体企业产权不清的弊端越来越显露，为此，全省范围内开展了大规模的乡镇企业"改制"或转制为私营企业。到 1998 年，全省乡镇集体企业改革基本完成，改制面达到 90% 以上，进一步培育与强化了农村个体私营经济主体力量。

4. 转型升级与新型农村经营主体生成阶段（2012 年—至今）。改革开放迸发的市场热情进入第 35 个年头后，农村个体私营经济进入了一个

---

① 林白、金国文、周益林、胡方松：《温州模式的理论探索》，广西人民出版社 1987 年版，第 124 页。

② 习近平：《干在实处走在前列：推进浙江新发展的思考与实践》，中共中央党校出版社 2013 年版，第 91 页。

③ 同上。

④ 刘仁伍主编：《浙江民营经济发展报告》（2011），社会科学文献出版社 2012 年版，第 7 页。

转型升级的发展新平台。2003 年，浙江私营企业的户均注册资本是 115 万元，到 2013 年，私营企业的户均注册资金达到 308.5 万元。截至 2014 年一季度，全省共有各类市场主体 377.9 万户。其中在册企业 110.8 万户，个体工商户已达到 260.9 万户。根据 2013 年度的数据统计，平均每 12.6 个浙江人中就有一个老板；平均 43.6 人中就有一家企业创设，平均人口的市场主体和企业的拥有量均超过江苏和广东。[①]

一是放宽市场准入。2012 年 4 月，浙江省府办下发了《浙江省人民政府办公厅关于促进小型微型企业再创新优势的若干意见》，进一步简化企业登记注册程序，对申请办理个体工商、个人独资企业、合伙企业、农民专业合作社登记的，除法律、法规另有规定外，一律不受资金限制，鼓励小微企业发展，鼓励浙商回归。[②]

二是新型经营主体与家庭农场涌现。2013 年，在浙江，经工商登记的家庭农场 7000 多家，农民合作社接近 4 万家，农户入社率近 60%。农户之间合股、农户与企业等主体合股的合作农场。根据浙江蓝皮书公布的数据，2014 年来料加工经纪人、农家乐经营业主、农村电商经营户加速成长。目前，全省来料加工从业人员 90 多万人、经纪人 15000 多人；全省农家乐特色村点 3000 多个，经营从业人员 11.5 万人；电商经营户异军突起，呈几何级数增长。[③]

（三）调研村个体私营经济的发展变迁

个体经济是我国现阶段所存各种经济成分中历史最悠久一种经济形态。一般而言，个体经济以自我占有生产资料、自我劳动为基础，并区分为自然性个体经济和商品性个体经济。自然性个体经济主要是为了自身和家庭消费之需。商品性个体经济主要是指为了商品交换而进行生产经营的个体经济。私营经济则以生产资料归私人所有外，以雇用劳动为基础，生

---

① 杜文博等：《3 月新开 IT 企业数同比增一倍多最原开批发零售和租赁服务企业》，《都市快报》2014 年 4 月 24 日。

② 《浙江非国有经济年鉴》编辑部编：《浙江非国有经济年鉴》（2014），中华书局 2014 年版，第 30 页。

③ 张伟斌主编：《浙江蓝皮书：2014 年浙江发展报告》（社会卷），浙江人民出版社 2014 年版，第 42 页。

产经营成果由生产资料所有者支配的一种经济形式。农村私营经济通常从个体经济演变而来。就调研村落来看，由于人多地少的自然条件，在历史上，这些村庄均有农工兼商的传统与从事个体、家庭经营的行为偏好，呈现自然性个体经济为主，商品性个体经济为辅的村落经济结构。

从调研村来看，1956 年以后的农村个体私营经济的发展大致经历了四个阶段：（1）自然性个体经济为主，糊口型商品性个体经济为辅（1978 年之前）。在这个阶段，大部分农村小商小贩和私商通过社会主义改造后转换成了集体合作经济。到 1957 年我国私营商业区（主要是个体商业）的零售额在社会商品零售额中占百分之二点七。个体经济则由百分之七十一点八降低到百分之二点八，资本主义经济更由百分之六点九降低至千分之一以下。[①] 1970 年 2 月，中共中央《关于反对贪污盗窃、投机倒把的指示》中又重申：除了国营商业、合作商业和有证商贩以外，任何单位和个人，一律不准从事商业活动。直到 1978 年以后，国家才逐步放宽对小商小贩个体经济和私营经济的政策限制。农村个体私营经济因此受到了严重阻碍。调研村落也不例外。但受制于人地矛盾高度紧张，这些村庄的小商小贩等个体经济仍以不同方式、不同形态的存在。（2）商品性个体经济与私营经济的初创阶段（1978—1992）。（3）农村个体经济迅猛发展阶段（1992—2008）。（4）农村个体私营经济的转型升级阶段（2008 年至今）。当然，受制于自然条件、传统和产业结构的迥异，各个村落个体私营经济发展阶段会出现一定程度上的差异。

1. 陈村

陈村属于个体私营经济与村级物业经济共生的工业型村落。第一阶段，人民公社时期。20 世纪 70 年代初，陈村虽是全国农业生产的一面红旗，但受生存理性驱动，在农闲时，村民存在着通过"鸡毛换糖"方式，以外出积肥之名从事发夹、针线等小商品贩卖行为。第二阶段，村集体企业改制基础上的小工业家庭作坊兴起。1979 年秋，得益于到全国各地去农业技术指导的村民带回的市场信息，村集体向银行借贷 5000 元，集结村里的一批老裁缝，率先办起了义乌第一家服装厂，之后形成了户户缝纫

---

① 商业部商业经济研究所：《新中国商业史稿》，中国财政经济出版社 1983 年版，第 23、305 页。

声的局面，制衣业开始迅速崛起。1986年村集体企业改制，快速走向以制衣业为主导的个体私营经济发展之路。在此期间，当地政府给予了大力支持，把陈村所在镇确立为综合改革试验区，在财政、税收、金融、审批方面给予许多优惠规定，给个体私营经济发展装上了助动器，给制衣业的迅猛发展创造了广阔的空间。第三阶段，家庭作坊转向家庭工厂，现代企业开始出现。在此阶段，村庄成长出了一家上市公司，跨国企业等大大小小私营企业100余家，村庄被美誉为"中国衬衫之乡"。20世纪90年代中后期，企业完成了资本的原始积累并进一步扩大再生产，村内一些私营企业引进国外先进流水线来改造传统落后的缝纫设备，一批上规模企业逐步涌现出来。例如，能达利集团、丝绸厂、万士达公司，确立了该镇该村服装行业龙头地位，有的开始进行了跨国经营，创建跨国公司。第四阶段，重组与转型。2008年受国内外金融危机影响，尤其是民间金融集资乱象的影响，陈村私营企业进入调整，逐渐走向多元化经营，尤其是发展服装衍生产品。一般村民则以经营衬衫、棉纺和租赁业为主。

值得一提的是，1997年后，陈村借力个体私营经济，通过土地流转，建立工业园区等方式，服务于个体私营经济发展扩张的需要，又推进了村集体经济发展。截至2012年，村庄范围从仅共3平方公里，村集体经济不到6万元人民币，扩大至30万平方公里，村集体经济拥有3000万资产的集体经济与个体私营经济共发展的村庄。

2. 英村

英村属于个体经济主导、私营企业为辅的工业取向型村落。第一阶段，人民公社时期。种粮为主，村民们在农闲时通过"买工分"方式外出从事定秤、补锅和打铁等小五金生意，1969年村里建有粮食加工厂。第二阶段，1979年村出租溪滩沙地给镇集体企业建预制场；1980年村发展长毛兔产业，许多村民从事长毛兔养殖与经营。1982年创建轧糖厂，1988年建设绣花厂和电器原件厂二个集体企业。1983年落实家庭联产承包责任制。村内建有砖瓦窑、自行车修理等6家个体经营户。第三阶段，1992年左右，村里出现加工铝灰、制作预制板、砖窑和零售店等个体、家庭作坊经济。第四阶段，2000年以后，村庄私营企业开始出现。目前村庄有十来家私营企业，主要经营门业、健身器材、炊具等产品以及印刷，村民基本上在周围村庄企业打工，主要从事中层管理。目前，户籍在村人口 439 人，外来人口 600 多人，超过本村户籍人口。

3. 花村

花村属于个体经济主导、私有企业为辅的物业经济型村落。第一阶段，人民公社时期。务农为主，但兼有农闲外出补锅、打铁等手艺活的习惯。第二阶段，1978 年至 1992 年，务农为主，开始种植经济作物或从事养殖业，出现了有一定规模的种养专业户。第三阶段，1992 年至 2005 年，绝大多数村民就地转移到当地的企业务工，并利用工余时间兼管农业生产，村庄出现了 6 家小型零售店、饮食店、摆地摊以及少量房屋租赁等。第四阶段，2005 年以来，2005 年花村进入市场发展拐点。借政府兴办工业园区之势，村庄利用返还土地建造了两个村集体大市场，村民开始从事房屋租赁和工业园打工为主。

4. 鲍村①

鲍村属于个体私营经济与集体经济共生的工业主导型村落。第一阶段，人民公社时期。鲍村属于山区村，人多地少，种粮为主，但村里穷的到处借储备粮，村民曾尝试种香菇、办窑厂、做米面、养兔等个体农副业。第二阶段，村集体企业改制产生了一批私营企业。十一届三中全会后，生产队办过蘑菇厂、养猪场、农药厂、面厂、豆腐皮厂等。1979 年纸箱厂、造纸厂、锻压厂、水管厂的开办是村的转折点。1979 年纸箱厂开始创立，当年就产生了收益，每个生产队发了 4000 元。1982 年造纸厂创立，机器由一台增加到七台。1994 集体企业改制，对村造纸厂进行个人承包，23 人承包纸箱厂做了 5 年。1999 年，纸箱厂彻底改资，由承包制走向股份制企业，村集体占 40% 股份。第三阶段，村集体在 2000 年开始平整土地 100 亩，创建村级工业园，吸引私营企业入住本村工业园。其中有 5 家私营企业是本村村民创办。鲍村有少量外出经营小笼馒头等餐饮业的农民。第四阶段，形成了以造纸为龙头，机械、丝织、橡胶等多行业共同发展格局的工业主导型名村。全村共有 4 家合股企业，7 家私营企业，老板都是本村人。有两家企业的老板在村支委里分别负责财务监管、妇女工作。村党支部书记在村集体企业中担任董事长，村委会主任在一家家电企业中担任董事长；每户家庭都有成员在村内企业务工，有私营企业

---

① 鲍村相关材料源自于 2016 届硕士钱凌燕的实地调研。

也有村集体控股企业。2008 年，鲍村成立该市首个村级红十字会。

5. 蒋村

蒋村属于个体经济主导、私营企业为辅的加工型经济村落。第一阶段，人民公社时期。种粮为主的同时，生存理性驱动下出现了倒买倒卖布票、粮票、饲料票等形形色色投机倒把个体商品性经营行为。第二阶段，1978 年到 1995 年，大多数村民开始种植橘树、桃树等经济林，有少量村民在全国各地承包水域进行养殖珍珠，并涉猎销售与加工珍珠等领域。第三阶段，1995 年至 2008 年，家户型个体私营经济开始生长。村庄出现了生产清洁用品与从事棉纱生产的家庭作坊和小微企业。第四阶段，2008年以后，来料加工特色初步形成。借助义乌小商品市场的辐射，村庄出现了从事孔明灯、清洁用品与儿童服装的来料来样加工，逐渐形成了当地较有影响力的来料加工特色村。

6. 岙村①

岙村属于个体私营经济与集体经济共生型的工业化村落。第一阶段，人民公社时期。作为一个偏僻、贫穷、落后的山区村，该村历史上是农业为主、盐业为辅。人民公社时期，面对集体农业劳动的弊病和严重的生存危机，村民以种粮为主业的同时，尝试着把山园旱地的经营权下放给农户，并允许农民在农闲之余从事凿岩石业务。20 世纪 60 年代末期，村庄曾创办了当地最早的队办集体企业耐火砖厂，有社员带头兴办养蜂业，带出了一批养蜂户。第二阶段，1978 年至 1999 年。该村出现了大量个体经销户与生产陶瓷为主的私营企业。1978 年，在耐火砖厂基础上，村民陆续创办了 5 家陶瓷企业，专业生产陶瓷开关、熔断器及铜配件，并自发形成了一支 100 余名勇闯天下的推销员队伍。1999 年，以电镀、水暖行业为主导的家庭作坊在该村崛起。第三阶段，1999 年至 2008 年。在这个阶段，岙村呈现产业转型升级与发展村集体经济并举的特点。一是村庄90% 的农户从事各种大小规模的私营企业，2008 年以生产电器、水暖器材、标准件等产品为主要产业。二是村集体经济开始崛起。基于经营村庄理念，村庄在 2003 年通过治水卖水积累一定的村集体经济后，开发 5.5万平方米工业厂房，并招引工业入驻。同时，村庄借青山白化治理之势，

---

① 岙村材料主要源自于 2016 届 MPA 硕士陈永操提供。

移迁了 1200 多座坟墓，整理出 70 亩山坡地，公开挂牌出让获得 3.5 亿元收益金。第四阶段，2008 年以后。村内私营企业实现集中化经营，村庄企业实现生活与工业分离。为了便于集中管理、集中安置和集中治污，村级组织争取了 200 亩土地，开辟拥有 80 家私营企业和作坊的工业区，彻底实现村民生活与工业分离。

7. 梅村

梅村属于个体私营经济主导的商业型村庄。第一阶段，人民公社时期。村民主要以种粮为主，农闲外出"鸡毛换糖"，从事小商品生意。第二阶段，1980 年代中后期，一部分村民开始摆地摊，少部分从事家庭作坊。第三阶段，1990 年代中后期，大部分村民在义乌国际商贸城从事批发零售、外贸、来料加工与房屋租赁，少部分外出从事矿业等。

8. 寺口村

寺口村属于个体私营经济主导的农产品加工型村落。第一阶段，人民公社时期以种粮为主，兼从事养猪副业。第二阶段，1980 年代中后期，少量村民外出装潢，有的从事贩运、养猪。第三阶段，2000 年至 2008 年，一些村民外出开超市，大多数村民主要是外出劳务输出型打工。第四阶段，2008 年之后，依托浙南茶叶市场，茶叶加工户 50 户，95% 村民加工茶叶、松香等，开始出现个体网购经济。

基于上述重点调研村与 14 个对照村的分析，从经济结构上看，依据个体私营经济在村庄的比重，可划分为私营经济主导个体经济为辅与个体经济主导私营经济为辅两类。前者主要体现为私营企业在村庄呈现一定的规模与数量，居主导地位。如义乌陈村、嵊州鲍村、瑞安岙村等。后者主要表现为村庄经济格局呈现小而散的点状分布特点。如以来料加工为主的金华市蒋村、以家庭经营和若干小微企业为主导的永康市应村等。依据个体私营经济与村集体经济的关系又可划分为两类：个体私营经济与村集体经济共生型村庄；强个体私营经济弱村集体经济型村庄。① 前者以义乌陈村、嵊州鲍村、瑞安市岙村为代表，后者以永康英村、义乌市梅村、金华市蒋村、松阳县寺口村为代表。

---

① 需要说明的是，弱个体私营强集体经济的村庄也存在，但因为这类村庄非本项研究的重点，故没有纳入考察范围。

进入 21 世纪，伴着农村个体私营经济的重组与转型升级，一系列不同风格的特色村庄正在不断形成。如创业外出流动型村庄、淘宝村、休闲农业产业村等等。因此，农村个体经营经济发展变迁的考察是一个动态的、开放的过程。

二 农村个体私营经济的总体特征

与其他区域一样，浙江农村经历了集体化和相应的基层治理体制变革，但浙江的特殊性在于许多个体私营经济是由人民公社时期的当地社队经济逐渐转变而来，构成了浙江个体私营经济最大的特点。基于对浙江及调研村落的总体考察，浙江农村个体私营经济发展大致拥有以下几个主要特点：

（一）经济组织以家户为依托

从组织方式上看，浙江农村个体私营经济在创立之初往往是家庭成员共同参与、自筹资金、自进设备、自谋销路、自负盈亏。以家户型为基础的个体私营经济通常表现为以家庭作坊、小微企业为组织方式。同时，基于节省人力与管理成本的需要，一家一户为单位共同创业、共担风险。经营者往往既是老板又是员工，既是销售员又是生产者。从创业资金来源来看，个体经营积累和家庭支援是主要来源。根据 2014 年浙江发展报告指出，个体经营积累占 42.9%，来自亲友占 2.32%，创办企业采用多种出资方式的占 38.68%。[①] 这种家户型基础不仅表现在创业资金来源于个体与家庭的积累，还表现在个体私营经济成长过程中的"一家做，家家学""亲帮亲、邻帮邻"的传播模式和帮带模式。在金华蒋村，我们注意到一个家庭作坊，人员总共是五人，夫妻与儿子，再雇用一对贵州籍的夫妻，凑足 50 万元资金，租用一大间在承包地上新建的简易厂户，快速启动上马生产棉纱。其中，家庭成员的各自分工是丈夫负责构建营销网络，妻子负责内勤，儿子负责运输，

① 张伟斌主编：《2014 年浙江发展报告·浙商卷》，浙江人民出版社 2014 年版，第 10 页。

贵州籍夫妻负责生产，通常是机器 24 小时运转，夫妻轮流负责棉纱手工接头，夫妻年薪共 18 万元。在义乌陈村，党支部书记陈某森在巴西经营一家企业，董事长、总经理、中层管理者主要都是家人和本村村民担任。事实上，家族企业构成了浙江私营企业的一大特点。在一定程度上，家族不仅是生活共同体，更是一个经济实体，共同劳动、共同经营。

（二）低小散

就浙江农村个体私营经济而言，经营规模与涉及产业总体呈现低小散特点。

一是产业相对中低端。从调研村落来看，村庄以生产服装针织品、鞋靴、纸张、小五金、棉织品、塑料制品等日用品与消费品居多，或者是一些衍生产品，以追求"短平快"的粗放型生产方式为主导。一般是市场什么好销就生产什么，很难成为市场竞争中的中流砥柱。"从产业结构上看，温州个体私营经济主要分布在制造业与第三产业领域。2013 年，全市 124485 户私营企业中，农林牧渔业 2487 户，占比重 2.0%；制造业 63169 户，占比重 50.7%；建筑业 2587 户，占 2.1%；第三产业 58468 户，占比重 47.0%。2013 年温州市 434956 户个体工商户中，农林牧渔业 2954 户，占比重 0.07%；制造业 100404 户，占比重 23.1%；第三产业 330982 户，占比重 76.1%。三产业领域中，私营批发零售 32695 户，个体批发零售 257850 户，占比重最大。"①

二是规模相对较小。调查资料显示，浙江省民营企业雇用员工数量的中位数在 100 人左右。受访企业中，81.5% 的企业职工人数小于 300 人，员工人数小于 50 人的企业约占 1/3，员工人数超过 500 人的只有 7.49%，员工人数最多的有 3312 人。② 可见，浙江省的民营企业绝大多数属于小企业，雇佣员工数量不多。在一定意义上，规模小意味着抵御风险能力不强。

---

① 《浙江非国有经济年鉴》编辑部编：《浙江非国有经济年鉴》（2014），中华书局 2014 年版，第 226 页。

② 参见《浙江非国有经济年鉴》编辑部编《浙江非国有经济年鉴》（2014），中华书局 2014 年版，第 555 页。

三是从业人员相对分散。与家户型特质相对应，农村个体私营经济的从业人员分散在乡村田野。通过对 2014 年《浙江非国有经济年鉴》相关数据的整理，可以发现，批发和零售业、制造业、居民服务和其他服务业均是个体经济、私营经济占前三位的行业，也是从业人员占前三位的行业。[①]

在浙江，农村个体私营经济主要以小而散的家户型经济为主。但区别于自给自足，改革开放以后，小而散的家户型经济已不仅仅满足于糊口经济，而是基于市场取向的开放型经济，对市场反应较为灵敏。正如人们常说的，个体私营经济是"一有阳光就灿烂，一有雨露就滋长"，也有人说，"有利可图，就一哄而上。无利可图，就一哄而散。"从一定的角度而言，这从一个侧面反映了农民个体私营经济主体对市场反映、对国家政策的灵敏性回应。从调研村落来看，农村个体私营经济虽以制造、批发与零售等低小散为主，但已不再是一个封闭状态的产权运营方式，而是与市场广泛的联系在一起。例如，随着义乌国际商贸城的不断发展，金华市蒋村村民已把孔明灯、圣诞礼品销售到欧美，瑞安市岙村村民的酒店用品远销欧美，义乌市陈村的针织品，如超细微浴毛巾远销东南亚与东欧，等等，用小商品勾连起了家户、国内与国际大市场的关联，进而形成了以专业市场为特色的块状经济，通过产业集群的集聚效应不断推动着个体私营经济迭代发展。

（三）内源与普遍性的工商实践

由于人地紧张的严重挑战，在历史上，浙江尤其是浙中南一带的农民历史上就素有外出从事竹编、弹棉花、箍桶、缝纫、理发、补牙等百工手艺，以及挑担卖糖、卖小百货等工商惯习，由此形成了"以工补农"的经营方式。如上所述，调研村落在历史上均程度不等地存在着外出做生意，从事行担经济等工商实践的传统。据《义乌县志》记载：早在清乾隆年间，这里的农民就利用春节前后的农闲时节从事鸡毛换糖经营活

---

① 参见《浙江非国有经济年鉴》编《浙江非国有经济年鉴》（2014），中华书局 2014 年版，第 556 页。

动。① 在浙江农村和大多数农民看来，做生意与经商办厂是有出息的表现，否则得不到认同。早在人民公社和改革开放初期，在义乌郑山头村只有110多户，400来口人，但有40多根"扁担"外出"鸡毛换糖"，即全村从十七八岁的小后生到六十岁的半老头都出了门，半年经商，半年种田。② 以"百工之乡"著称的永康市，从宋代起就有许多铜匠、锡匠、铁匠走南闯北，外出靠做手艺谋生。历史上，浙江农村的大批男性公民从十多岁就开始学艺、外出做手艺、外出做生意，足迹所至，几乎遍及全国。永康宅村程老板聊道：村庄人均土地只有四分多一点，只够吃吃饭，有时甚至还吃不饱，哪里有收入啊。因此必须得搞点第二产业，一般勤劳一点的都做做小生意，我们从小就下海的，十几岁就开始到福建、江西省等地打铁、补锅等讨生活了，就出去闯了，去做生意。

即便在农村个体私营经济受到打击与禁止的人民公社时期，基于生存理性，商品贩卖等各种工商实践在体制的缝隙中仍顽强地存在，我们调研的村落均存在这种现象。周晓虹教授的调查也印证了这种普遍性：永嘉桥头镇不到5000劳力，外出弹棉花者在1962年就有200人，1968年更是高达1000人……在虹桥及乐清等地，许多人开始往返于温州和上海、杭州之间，通过倒卖粮票、油票和布票谋取糊口的利益，也有人倒卖银器皿。③

改革开放以后，随着国家对农村个体私营经济禁锢的松动到支持，有着经商传统的浙江农村个体私营经济犹如久逢甘雨，迅猛崛起。如前所述，截至2014年一季度，全省共有各类市场主体377.9万户。其中在册企业110.8万户，个体工商户已达到260.9万户……根据2013年度的数据统计，平均每12.6个浙江人中就有一个老板；平均43.6人中就有一家企业创设。④

① 浙江省义乌市场土地志编委会：《义乌市土地志》，1997年，第123、272页。

② 浙江省政协文史资料委员会编：《小商品 大市场——义乌中国小商品城创业者回忆》，浙江人民出版社1997年版，第213页。

③ 周晓虹：《传统与变迁——江浙农民的社会心理及其近代以来的嬗变》，生活·读书·新知三联书店1998年版，第196—197页。

④ 杜文博、沈雁、邬愉波：《3月新开IT企业数同比增一倍多　最愿开批发零售和租赁服务企业》，《都市快报》2014年4月24日。

上述分析可见，浙江农村个体私营经济的发展在根本上不是一种外部输入而是植根于集体记忆和日常实践，成为一种普遍性的生存、生活与发展方式。这种内生与普遍不仅体现在数量上而且深刻地影响着人们的价值评判与行为选择。正如毛丹教授对浙江省萧山尖山下村考察得出的认知一样：村民仅仅依靠直觉或常识而无须依靠多少现代经济学知识说明，就能明白兴办工业，实现产品的大规模机械生产当然是高效地解决村落生存问题的选择。[1]

（四）实践理性

众所周知，农村个体私营经济在一定时期曾受压制。在这种背景下，农民通过创新个体私有产权，赢得国家对个体私营经济的承认与支持，呈现实践理性。实践理性是工具性与社会性的结合。一方面基于目标导向，强调策略性与技术性的选择；另一方面又根据实际需要和实际问题等具体情景，权衡既定目标的合理性并进行抉择与调整的方法与手段。在一定意义上来说，实践理性是农村个体私营经济发展变迁进程中的重要特征与成功之道，是非人格化与人格化交易方式的纠缠与平衡，彰显着实践智慧。在农民争取与发展个私产权进程中，这种实践理性主要表现在两方面：

一是圆通。基于生存理性，在政策禁锢与摇摆期，农民用自己创造性的边缘策略突破政策禁锢，假借"买工分""积肥"等名义，外出寻找和扩展土地以外的个体工商实践发展空间，并用实践绩效从边缘进入中心，最终促使个私产权赢得政策的支持。农民在给定的约束条件和尽可能回避与国家政策冲突的前提下，采取相对温和、圆通的理性行为策略突破体制束缚，或者创建新办法、新机制，以营造个体私有产权合理与发展的空间，逐渐形成制度创新的压力，并借助积极的行为效应促使政府吸纳和整合农民对个私产权的创造性实践，进而将农民的创造性实践上升为国家实践。[2]。

二是基于重利讲义的算计理性与平衡逻辑。个体私营经济是一种赢利

---

① 毛丹：《一个村落共同体的变迁——关于尖山下村的单位化的观察与阐释》，学林出版社2000年版，第115—116页。

② 参见应小丽《草根政治：农民自主行为与制度变迁——以1952—1992年浙江为例》，中国社会科学出版社2009年版，第238页。

取向的外向型算计行为，但这种算计理性不是六亲不认的唯利是图，而是在"重利讲义"逻辑支配的前提下，根据约束性因素，通过"户帮户""亲帮亲"获得更多回报的理性算计，共同助推农村个体私有产权的发展。正因如此，浙江农村的民间融资土壤较为肥沃，通过民间的资金互助与劳动互助等抱团方式推动农村个体私有经济的发展壮大。从调研村落来看，在壮大个体私营经济过程中，针对人力资源以外的资金、技术和土地等资源严重短缺的发展短板，浙江农村扬长避短地配置政策、人力与传统资源，发展个体或群体参与工商实践的主体能力，率先依靠个体和群体的人力资源，自觉与不自觉地选择工业进村和建构市场平台的发展策略。例如，在金华蒋村，我们了解到，20 世纪 90 年代，村里有许多人到全国各地承包水域养殖珍珠，但由于养殖珍珠的资金成本与劳动力成本都是非常高的，在这种情况下，养殖户主要通过村庄亲人间、朋友间的融资缓解资金压力，通过换工的方式缓解劳动力短缺。

以上勾勒了浙江农村个体私营经济发展的总体特征。作为一种普遍性农民工商实践，农村个体私营经济的发展不仅是经济领域的单一场域，其背后是国家、市场、社会、自我整合与互构的图景。因此，伴随传统农民转化为商农，从商农转化为行商，从行商转化为坐商，从坐商转化为电商，从个私企业主转化为企业家，农民身份的每一步惊人一跃，改变的不只是商品流通与经营方式，更是对农民交往方式、生活方式、存在价值及社会土壤的一种彻底颠覆，深刻地形塑着乡村治理的轨迹与运行。

三　农村个体私营经济对乡村治理的嵌入[①]

政治是经济的集中表现，村庄治理与村落经济之间存在着密切的关联。从一定意义上说，村庄治理总是在特定的经济基础上运行的，村落经济发展水平与方式对村庄治理有着深刻影响。当前中国农村基层社会治理实行村民自治制度。历史地看，国家在推行村民自治制度之初，是以农业集体经济制度为基础进行制度建构的。中国农村村民自治的重要制度背景是集体财产制度。在中国，农村的土地等财产为村集体所有。这是世界上

---

① 感谢杭州师范大学卢福营教授在此版块提出的宝贵意见和给予的指点。

独具特色的财产制度，也成为中国乡村治理的基础。① 伴随着农村个体私营经济的发展，个体私营工商逻辑默默地通过各种途径和方式渗入村庄治理，逐渐改造着村庄治理生态，构成为村庄治理的新变量。

根据我们在浙江农村的调查，农村个体私营经济发展对于村庄治理的影响突出地表现在以下几方面。

1. 影响村庄治理发展水平。村庄治理势必需要有相当的经济和财政为支撑和基础，特别是在村民自治的体制背景下，要求村民群众依据法律规定实行自我管理、自我服务、自我教育。换句话说，村庄治理所需经费主要依靠村落经济发展，由村级组织自行筹集资金。国家一般只对一些国家下延到村的公共设施和公共服务项目提供适当资金。正是在这个意义上，村庄治理的发展很大程度地受村落经济发展水平的制约。尤其是村级组织自主开展一些村民群众需要的村落公共服务和社区教育，均需要有相当经济和财力做支撑。实证表明，一个时期以来，正因为村落经济的薄弱，致使村庄治理无法正常展开，形成了众多治理薄弱村。特别是在国家公共服务和公共教育向农村延伸不足的情况下，农村基层社会急切需要村级组织在本村范围内自主提供社区服务和教育，以弥补公共服务和教育之不足，却因为受村落经济发展的制约，无钱办事，无法开展基层民众需要的自我服务、自我教育，治理有效性受到严重影响。

农村个体私营经济的发展以特定的方式极大地推动了村落经济的发展，提升了村落经济的水平，并对村庄治理形成了独特的影响。

第一，创造了村庄治理经济来源的新空间。在国家的制度设置中，村民自治建构于农村集体农业经济之基础上，主要依赖村落集体经济的发展提供财力支持。改革开放以来，在浙江和全国各地均涌现出不少基于集体经济基础之上的村庄治理典型。然而，从更广泛的农村范围考察，绝大多数的村落特别是浙江农村主要以个体私营经济占主导。毫无疑问，农村个体私营经济的发展不同程度地提升了村落经济的总体水平，也为村庄治理汲取所需经济支持提供了新的空间。调查中发现，村级组织时常会创造性地运用一些特殊的方式从个体私营企业或个人、家庭获取资金等村庄治理

---

① 徐勇、项继权：《参与式财政与乡村治理：经验与实例》，西北大学出版社 2006 年版，第 1 页。

所需经济资源，拓展村庄治理的财政渠道。比如，动员个私企业和村民个人为村庄治理捐赠、与个私企业合作开发经济项目、在某些管理服务项目中进行个人集资、向个私企业征收特别管理费，等等。正是由于个体私营经济发达为村级组织筹集治理经费创造了空间和机会。同时，正是基于这些独特的经济资源筹措方式，使得一些个体私营经济发达的村落实现了有效的治理经费筹措，拥有了较为丰足的管理服务经费，从而能够正常地开展各项村庄治理活动，实现村庄治理的良性运行。反之，一些集体经济不发达，且个体私营经济发展也不理想的村落，往往因为无钱可筹，致使村级组织因缺乏经济支持而无力推进乡村的有效治理。

第二，提出了村庄治理的新要求。农村个体私营经济为村庄治理提供经济支持可能的同时，也向村庄治理提出了一系列新的要求。首先，建设个体私营经济发展所需的公共设施，诸如水电设施、道路交通、环境卫生等。其次，提供个体私营经济发展必要的社区管理服务。农村个体私营经济大多在村落范围内，难免需要村级组织提供各类社区服务。诸如各类审批手续的审核、证明、提交等规范管理服务，农村个体私营经济发展中可能带来的环境污染、火灾隐患之类风险管理和监督，以及信息交流、组织援助、技术支持、贷款担保、安全保障等支持性服务。

总之，农村个体私营经济的发展即为村庄治理创造了新的经济基础，也给村庄治理提出了一系列新的要求、新的挑战，无疑会影响甚至倒逼村庄治理及其发展，促进村庄治理提升到一个新的高度和水平。

2. 重构村庄治理结构。从发生学的角度看，当前中国的村民自治制度产生于农业家庭承包经营的基础之上。家庭承包后，人民公社体制因失去原有集体经济基础而解体，农村社会治理一时陷入混乱，一些地方的农民群众创造性地建立了村民委员会负责村内事务的管理，创立了最早的村民自治制度。正是根据农民群众创造的经验，党和国家给予了充分肯定，并进一步地建构和推行了村民自治制度。可见，村民自治制度建立之初，农村尚未出现大规模的个体私营经济，主要依据家庭承包经营后的农业双层经营制度为经济基础所做的安排。在农业实行集体和家庭双层经营的体制下，村落的经济组织主要表现为：一是村集体经营组织。在浙江，主要是在村一级设立村集体经济合作社，负责村集体经济的管理事务。二是家庭。作为农业集体生产资料的承包经营者，农民家庭成为具体的农业经营单位和微观生产组织。

伴随着农村个体私营经济的发展，村落经济组织呈现出一系列结构性变化：

第一，村落集体合作经济组织依然存在，但其功能日益弱化。在个体私营经济的发展过程中，村落集体经济出现式微，并不再在村落经济结构中占主导地位。相应地，作为农业集体经营组织的村落集体经济合作社功能受到削弱，在村庄治理组织结构中的地位下降，甚至虚化到可有可无的地步。在一些集体非农经济相对发达的村庄，则往往被诸如股份合作社、实业公司、有限公司等新的集体经济组织形式所取代。

第二，家庭的经济组织功能多元化，地位进一步提升。如前所述，浙江农村的个体私营经济大多以农户为组织依托。在此背景下，家庭不再只是一个生活单元，也不再只是农业承包经营单位，而是进一步地成为一个复合型的经济实体。相当部分家庭在承包经营农业的同时，从事着不同形式的个体私营经济，而且个体私营经济已经成为家庭最大的利益来源。在此意义上，家庭日益成为当前浙江农村最普遍、最重要的经济组织形式。基于这一利益格局的调整，因村落集体组织能够给自己带来的利益有限，有可能造成农民群众对村落集体的"冷漠"。

第三，个体私营企业构成为村落经济组织的重要一极。除家庭经营之外，改革以来的浙江农村社会出现了多种形式的个体私营企业，有的从家庭经营基础上发展而来，有的由原有集体企业改制而来，还有的由农民个人或多人合作兴办建立，等等。从事的行业也各有不同，因此具体的组织形式存在着较大差异，呈现出多元化状态。

如此，农村个体私营经济的迅速发展，导致了村落经济组织的重构，并呈现出去集体化、去农业化、去社区化等特点。村落经济组织的重构，势必导致村落利益关系和利益格局的调整。村民群众的利益不再只是与村落集体相关联，可能与多个经济组织相联系，而且主要地来自家庭或个体私营企业。由于不同的村民与各类经济组织的关系不同，在经济组织中的地位不同，一个村落内的不同村民的利益关系呈现出多样化的格局。同时，在村落经济组织重构的过程中，形成了多元性的组织结构，特别是千家万户的家庭和形态各异的个体私营企业分别联结着部分村民，成为特殊的村庄治理整合单位，造成了村落社会的碎片化，村庄治理结构的离散化，给村庄整合和管理服务提出了新的挑战。此外，不同村落个体私营经济发展的迥异由此造成了村落之间经济组织结构的差异性，致使不同村落的村庄治理面临的问题和挑战有所差异，进而打破了村庄治理的统一性和均衡化格局。

3. 改变村庄治理方式。农村个体私营经济发展对于村庄治理的影响进一步地表现在村庄治理方式上。

在村民自治制度安排中，村庄治理制度集中地体现于村级治理的民主化，即人们所说的民主选举、民主决策、民主管理、民主监督，借此扩大农村基层民主，实现村务的村民自我管理和群众自治。事实上，农村基层治理被人为地简约化，村民自治似乎等同于村级民主管理。其实，乡村治理是一个复杂的工程，村庄治理方式势必受村庄治理环境的影响和决定。由于村庄治理环境的多样性决定了村庄治理的实现形式必然具体多样化的方式。

从特定意义上说，农村个体私营经济的发展导致了村庄治理环境的改变，进而促使村庄治理方式发生了一系列重大变化。突出地表现在：

首先，形成了村落经济管理方式的多元化格局。经济管理无疑是村庄治理极为重要的一个组成部分。在村民自治制度安排中，村落经济管理主要表现于村集体经济合作社的农业集体经营和村级集体财务管理等。伴随着个体私营经济的发展，村落经济组织的多元化，村落经济管理也不再局限于原来的村集体经济组织的经营管理和财务管理，在村落经济管理场域形成了集体组织经营、家庭经营、个私企业经营多元并存的村落经济管理格局。

其次，引发村民自治的适应性调整。在村民自治的理想制度安排中，作为农村基层治理体制的村民群众自治以村级集体经济为其基础，村级民主管理的方式因此取决于农村集体经济。随着农村个体私营经济的迅速发展，在浙江的相当部分地区，个体私营经济取代村级集体农业经济成为村庄治理和民主管理的基础。随着村级民主管理经济条件的改变，要求村级民主运行方式的相应改变，村民自治势必在方式上做出适应性调整。

再次，导致经济能人治理模式的流行。伴随着个体私营经济的发展，农村社会中迅速崛起了一个以个私业主为主体的经济能人群体。作为一个新兴的社会群体，个私业主崛起后积极介入农村基层政治生活，甚至主政村庄治理，形成了独特的经济能人治村现象，对村庄公共权力运作和村庄治理的进一步成长产生了深刻影响。从一定意义上说，经济能人治村拓展了村民自治的形式，是中国乡村政治的新模式。目前，这种模式已经在浙江等地成为村庄治理的一种基本趋向。①

最后，促使经营性治理方式的生成。不同于传统的农业集体经济，村民群众在统一领导和指挥下共同劳动、统一分配，农村个体私营经济的发展则主要遵循市场规则和工商逻辑，形成了一套极为不同的经营管理方式。伴随着个体私营经济的迅速发展，按市场规则运行的企业经营管理经验以不同方式和途径涌入村庄治理实践过程，特别是一批个私业主逐渐进入村庄治理领导岗位，甚至成为主政村庄治理的村落领袖，他们自觉不自觉地会将自己的企业经营中积累的经验应用到村庄治理之中，从而形成独特的经营性村庄治理。②

伴随着农村个体私营经济的发展，村庄治理环境发生了重大改变，村庄治理在适应性调整中形成了多种新的方式，促进村庄治理方式逐渐走向多元。

---

① 卢福营：《经济能人治村：中国乡村政治的新模式》，《学术月刊》2011年第10期。
② 参阅卢福营《能人政治：私营企业主治村现象研究——以浙江省永康市为例》，中国社会科学出版社2010年版，第141—179页。

第二章　农村个体私营经济背景下的村级组织

组织设置与功能发挥与特定的经济环境相关。农村个体私营经济的发展以多种方式影响着村级正式组织结构，导致了村级组织的分化与整合，推动了村级组织的重构。

一　村级组织结构的变化

组织是为实现某方面的特定目标，按照一定规则和程序排列组合起来并开展活动的群体。[①] 为了有效地实现权力运作，实现乡村治理的目标和任务，党和国家对当下中国农村的村级组织体系做出了统一性的安排，地方政府则根据当地实际，在近年的乡村治理创新中增设了一些新的公共权力组织和机构，由此建构了当前中国农村治理的基本公共权力组织框架，即主要由村党组织、村民自治组织、村集体经济组织、村社区服务组织构成了村落公共权力组织体系。

根据调查情况分析，当前中国农村的村级组织在个体私营经济的影响下发生并正在发生着一系列的新变化。

（一）村党组织

村党组织因村落大小和党员人数多少而不同，大多为支部，个别村设总支或党委。村党组织是党延伸到乡村的最基层组织，是党的各项方针政策的最终执行者，也是影响乡村治理的主导力量。依据党章和村民委员会

[①]　卢福营：《村民自治背景下的基层组织重构与创新——以改革以来的浙江省为例》，《社会科学》2010 年第 2 期。

组织法规定，中国共产党在农村的基层组织，按照中国共产党章程进行工作，发挥领导核心作用，依照宪法和法律，支持和保障村民开展自治活动，直接行使民主权利。就调查村落来看，农村党组织绝大多数以党支部的形式存在，受乡镇及以上各级党委的领导，在村级治理中居于领导地位。为了加强农村基层党组织和党员队伍建设，浙江省有关部门在村庄中设置了党群服务中心、党员干部远程教育点等。截至 2018 年底，浙江省建立党群服务中心（站、点）或便民服务中心 3.0 万个，覆盖 97% 以上的行政村和 100% 的城市社区。[1]

改革开放以来，浙江农村个体私营经济迅速发展，逐渐形成为嵌入农村基层党组织建设的重要变量，引发了村党组织的一些明显变化：

其一，农村个体私营经济主体愈益成为农村党员队伍的重要力量。不可否认，在一个相当长的时间里，人们对个体私营经济的认识不清，党和国家的政策也摇摆不定。在此背景下，个体私营经济一直遭遇种种质疑。随着改革开放的深入，个体私营经济在国家经济发展中的地位逐渐明晰，最终被党和国家确认为社会主义市场经济的重要组成部分，个体私营经济主体随之成为新型社会主义劳动者，特别是在以经济建设为中心的时代背景下，作为市场经济发展的先驱力量，个体私营经济主体中的先进分子自然而然地成为各地党组织吸收和发展的重要对象。从调研村来看，有许多个体私营经济主体本身就是以农村党员身份成长起来。根据 2011 年出版的《浙江党建研究报告》所记载：以私营企业为例，从业人员中的党员从 6437 名增加到 44490 名，增加了 5.9 倍。截至 2007 年底，我省党员企业主约占企业主总数的 4.97%。他们人数虽然不多，但其思想状况、政治态度在新社会阶层以至更大范围的影响不小。[2] 调查资料显示，从浙江省民营企业家加入中国共产党的人数比例从 1995 年的 15.80% 增至 2003 年的 41.54%，2003 年后维持在 40%—55%，2012 年为 39%。[3]

伴随着个体私营经济的迅速发展，一批批个体私营经济主体崛起于农

---

① 何苏鸣：《党员质量不断提高 党组织作用有效发挥》，《浙江日报》2019 年 7 月 1 日。

② 中共浙江省委组织部编：《浙江党建研究报告》，浙江人民出版社 2011 年版，第 294、305 页。

③ 张伟斌主编：《浙江蓝皮书 2014 年浙江发展报告》（浙商卷），浙江人民出版社 2014 年版，第 5 页。

村社会，他们在取得经济成就后希望能在政治上取得相应地位，以各种方式积极参与农村政治生活，介入乡村治理过程。基于中国共产党的执政地位，党组织在农村发展和乡村治理中居于领导地位，有着不可替代的独特功能。党员在农村政治生活中扮演着重要角色。因此，个体私营经济主体往往把加入中国共产党视为参与政治、获取和提升政治地位的最重要形式之一。在此背景下，个体私营经济主体成为近年浙江农村党员队伍发展的新生长点，一批批个体私营业主陆续地被吸纳进农村党组织之中，成为农村党员队伍的重要力量，并在村庄治理中发挥重要的影响力。从我们调研来看，个体私营业主党员在村庄治理过程中，往往比普通党员拥有更多的话语权与影响力。从浙江省全面开展村级组织换届"回头看"，2.5万名村党组织书记中，为本村致富能手的占64.3%，比2018年提高2.0个百分点；村党组织书记中近三分之一学历为大专及以上。[①]

其二，农村个体私营业主体愈益成为村党组织领导的主导力量。个体私营业主不仅有较强的经营和致富能力，而且有强烈的参政意愿和治理能力，他们在经济上取得成就后，积极参与村级公共生活，特别是借助于村级民主选举的机制，通过民主选举进入村党组织领导班子，甚至成为村书记，主政村庄治理。从近几届村级组织换届选举来看，个体私营业主在村党组织干部和村书记队伍中有相当高的比例。据调研统计，2013年温州瑞安市村社党组织换届中，选举产生896名村社党组织书记，其中个体私营业主为387名，占43.2%；选举产生村党组织干部2925名，其中个体私营业主为1217名，占41.6%。从2017年3月浙江省村社党组织换届来看，全省共选举产生新一届村党组织班子成员96632名，其中具有创办企业、务工经商、规模种养经历的有68649人，占71%，较上届提高5.7个百分点。[②] 其中，2017年4月份，在金东区LP镇村级组织换届选举中，新当选的1509名村社党组织班子成员全部符合组织意图，能带头致富、能带领致富的"双带"能人1057名，占70%。据丽水市委组织部统计，2017年4月13日，丽水市村社党组织全面完成换届。在新一届村社党组织班子中，曾在外经商办企业或外出创业的乡贤回归者占比高达71.8%，

---

① 何苏鸣：《党员质量不断提高党组织作用有效发挥》，《浙江日报》2019年7月1日。
② 方力：《全省村社党组织换届顺利完成》，《浙江日报》2017年4月20日。

比上一次届提高了 31 个百分点①。

从事农村个体私营经济的党员在村党组织干部中的高比例，特别是当选村书记职务，成为村庄主政者，势必对村庄治理产生深刻影响。正是在个体私营业主积极参与和主政下，形成了一种独特的能人政治现象。② 我们在浙江的调查中发现，以个体私营业主为主体的经济能人治理，在当前浙江农村已经成为一种较普遍的区域性治理模式。

（二）村民自治组织

在人民公社时期，人民公社是我国社会主义社会在农村中的基层单位，又是我国社会主义政权在农村中的基层单位③，公社和生产大队实际上拥有决策权和管理着村庄公共事务，公社、生产大队和生产队三级组织虽然分别设立了管理委员会这一生产管理组织，但事实上处于"虚置状态"。1984 年废除人民公社体制后，全国普遍实行政社分设，恢复乡（镇）建制，国家把农民自发性探索的村民委员会这一创造性实践纳入国家政治制度架构，在村一级建立村民自治组织，实行村民群众的自我管理、自我教育、自我服务。

在现阶段，村民自治组织系统主要由村民会议、村民代表大会、村民委员会、村务监督委员会、村民小组等构成。根据《中华人民共和国村民委员会组织法》，村民委员会是村民自我管理、自我教育、自我服务的基层群众性自治组织，实行民主选举、民主决策、民主管理、民主监督，村民委员会向村民会议、村民代表会议负责并报告工作。④《浙江省实施〈中华人民共和国村民委员会组织法〉办法》第七条规定：村民委员会应当设立人民调解委员会，根据需要可以设立治安保卫、公共卫生与计划生育等委员会。村民委员会成员可以兼任下属委员会的成员，村民委员会在

---

① 董文涛：《回村乡贤带来新活力》，《浙江日报》2017 年 4 月 21 日。

② 参见卢福营《能人政治：私营企业主治村现象研究》，中国社会科学出版社 2010 年版。

③ 中央文献研究室编：《建国以来重要文献选编》（第十五册），中央文献出版社 1997 年版，第 615 页。

④ 中华人民共和国村民委员会组织法（2018 年 12 月 29 日修正）—中华人民共和国民政部，http：//www.mca.gov.cn/article/gk/fg/jczqhsqjs/201911/20191100021350.shtml。

县级人民政府司法行政部门的指导下建立村法律顾问制度。①

2004 年 6 月，武义县后陈村创立了全国首个"村务监督委员会"，后被写进 2010 年修订的《中华人民共和国村民委员会组织法》。根据 2010 年出台的《浙江省村务监督委员会工作规程》（试行）规定，村务监督委员会是村级民主监督组织，由村民会议或村民代表会议选举产生，在村党组织领导下对村级事务实施监督，向村民会议或村民代表会议负责并报告工作。村务监督委员会一般由 3 名至 5 名成员组成，其中主任 1 名，主任一般应由村党组织班子中负责纪检工作的成员兼任。根据 2011 年浙江省委省政府修订印发的《浙江省村级组织工作规则》，浙江省把村党支部纪检委员、村务监督委员会和社务监督委员会三个监督机构整合为一套班子，共同发挥监督作用。

伴随着农村经济社会的发展，新的社会需求不断产生。同时，在服务型政府建设和创新型国家建设的过程中，地方政府纷纷在村一级新设各种组织机构。这些机构各自承担着一定的职能，且大多具有服务性质。因其设置于村落社会，但组织性质模糊，不同村庄设置的情况不一，而且往往有不同的政府部门指导和管理，在乡村治理中，时常被视为村级配套组织。比如，社会治安综合治理工作室、计生服务协会、老年人协会、环境卫生保洁队，流动人口服务管理站、治安巡防（护村）队、帮教矫正工作组，等等。

经过 30 多年的发展，村民自治制度及其组织系统不断地得到改革和完善，促进了农村基层社会管理的民主化和农村的和谐发展。同时，伴随农村个体私营经济的嵌入，村民自治组织系统出现了一些新变化。

其一，从事个体私营经济的村民业已成为村民委员会的重要力量。在村民自治组织系统中，组织最为健全的是村民委员会②。1982 年的宪法确认了村民委员会的法律地位，并明确规定：村民委员会是农村基层群众性自治组织，设人民调解、治安保卫、公共卫生等委员会，办理本居住地区的公共事务和公益事业，调解民间纠纷，协助维护社会治安，并且向人民

---

① 浙江省实施《中华人民共和国村民委员会组织法》办法，http：//www. zjzzgz. gov. cn/art/ 2017/3/14/art_ 1440004_ 14857593. html。

② 张厚安、徐勇、项继权等：《中国农村村级治理——22 个村的调查与比较》，华中师范大学出版社 2000 年版，第 33 页。

政府反映群众的意见、要求和提出建议。[①] 1986 年 6 月第一部全国性的指导和规范村民自治的专门法律，即《村民委员会组织法》开始在全国试行，1998 年《村民委员会组织法》修订稿正式颁布实施，2010 年 10 月、2018 年 12 月先后修订《中华人民共和国村民委员会组织法》并颁布。基于国家法律和《中华人民共和国村民委员会组织法》的基础上，浙江省根据省情的经济社会发展情况先后制订、修订并实施《浙江省实施中华人民共和国村民委员会组织法办法》和《浙江省村民委员会选举办法》。截至 2018 年底，基层群众性自治组织共计 29391 个，其中：村委会 24711 个，村委会小组 240498 个，村委会成员 103347 人。[②] 村民委员会由主任、副主任和委员共三人至七人组成。在浙江还实行女村委专职专选，特别设置了一个女村委专职岗位。

从我们调查来看，在村民委员会构成中，经商办企业的个体私营业主所占比例较高，特别是当选村民委员会主任的比例相对更高。2013 年 12 月义乌市佛堂镇村民委员会换届选举当选人员汇总显示，在 12 名村委委员会主任中经商办企业的有 11 名，约占 92%；在 31 名村委会成员中经商办企业的 21 人，占 67.7%。在个体私营经济发达的永康市，据当地组织部门调查，710 个行政村的 4600 多各村干部中，有经商办厂经历的占七成左右。[③]

其二，从事个体私营经济的村民业已成为村务监督委员会的重要力量。在当下的乡村治理中，村务监督委员会备受关注。《中华人民共和国村民委员会组织法》明确规定，村应当建立村务监督委员会或者其他形式的村务监督机构。[④] 民主监督是村民自治的重要内容之一，为了防止个别利益危害整体利益，维护村庄正常治理秩序，实现有效地村务管理而对村庄公共权力实施的一种必不可少的调整和控制措施。[⑤] 作为一项空前的

---

① 中央文献研究室编：《十二大以来重要文献选编》（上），人民出版社 1986 年版，第 246—246 页。

② 浙江省民政厅：《2018 年浙江省民政事业发展统计公报》，http：//mzt.zj.gov.cn/art/2019/10/10/art_ 1674068_ 38736588.html，2019 年 10 月 10。

③ 廖小清、楼天丰、应文杰：《永康让"不在岗、不作为、不同心、不守规矩"的村干部红脸出汗"三色预警"严管"四不"干部》，《浙江日报》2016 年 11 月 14 日。

④ 参见《中华人民共和国村民委员会组织法》，中国民主法制出版社 2010 年版。

⑤ 卢福营：《农民分化过程中的村治》，南方出版社 2000 年版，第 178 页。

政治实验，伴随农村经济社会发展变迁，村民自治组织系统得到了各级地方以及基层人民群众的极大关注，进行了一系列治理创新，[①] 贯穿于选举、决策、管理、监督等村庄公共权力运作环节。

2004 年 6 月，浙江省武义县后陈村率先在全国建立了第一个"以一个机制，两项制度"[②] 为框架的村务监督委员会，在村级组织系统中增设了一个常设的村务监督组织，由此进一步完善了村级组织体系，并受到社会各界的广泛关注。2006 年，武义县后陈村的"村务监督委员会制度"入围第三届中国地方政府创新奖。2005 年 6 月 17 日，时任中共浙江省委书记、省人大常委会主任习近平视察后陈村时给予了充分肯定。2010 年 10 月，全国人大常委会修订的《中华人民共和国村民委员会组织法》，明确规定村应当建立村务监督委员会或其他形式的村务监督机构。武义县后陈村的"村务监督委员会制度"实现了治村之计到治国之策的转变。

从调研来看，村务监督委员会不仅倍受关注与重视，而且地位得到显著提升。其中，一个重要的表现就是村务监督委员会成员构成呈现经济精英与治理精英的强强联姻。从 2014 年 11 月调研来看，温州和衢州两市村务监督委员会成员构成中，从事个体私营经济的成员比例分别高达 53.9% 和 62.4%，村民代表占 81.3% 与 100%；从成员平均年龄来看，分别为 48.6 岁和 47.8 岁，经验丰富、年富力强的态势。村务监督委员会主任中的党员比例更是分别高达 98.3% 和 98.6%。当然，浙江省若干制度的规定，其于强调党的监督与群众监督相结合的理念，以及浙江省各级政府对实施村级公共权力与公共事物的监督，也在事实上强化了村务监督委员会的地位。

（三）村级集体经济组织

根据张厚安、徐勇等学者的研究，随着人民公社体制的废除，农村集体经济组织体系发生了很大变化，在所调查的 22 个村中，村级集体

---

① 参见卢福营、应小丽《村民自治发展中的地方创新——基于浙江经济的分析》，中国社会科学出版社 2012 年版。

② 一个机构是指村务监督委员会，两项制度是指规范村干部行为的《后陈村村务管理制度》和约束村干部权利的《后陈村村务监督制度》。

经济管理组织主要有三种类型：一是集体经济组织不复存在，公共经济管理职能由村党组织和村民自治组织所行使。二是集体统一经营的村办企业负责，但受村党组织和村民委员会领导，或党组织和村民委员会领导人同时是企业领导人。三是村集团公司决定。[①] 与其他地方不同，浙江省创造性地设置了村级合作经济组织。1992 年 7 月，浙江省七届人大常委会第 29 次会议通过的《浙江省村经济合作社组织条例》，正式以法规的形式认可了这一创新成果，成为浙江各地村级经济合作社组织运作和发展的第一部法规。2007 年 9 月 28 日，浙江省十届人大常委会第 34 次会议修订了《浙江省村经济合作社组织条例》，对原条例做了进一步的完善。[②] 如此，村经济合作社在浙江农村成为一个法定的集体经济组织，负责村级集体经济的经营管理，村经济合作社社长因此成为村的法人代表。

根据《浙江省村经济合作社组织条例》，浙江各地农村大多建立了村经济合作社，村经济合作社是指在农村双层经营体制下，集体所有、合作经营、民主管理、服务社员的社区性农村集体经济组织，承担资源开发与利用、资产经营与管理、生产发展与服务、财务管理与分配的职能。合作社设村经济合作社社员会议，村经济合作社管理委员会（社管会）、村经济合作社监察委员会（社监会）等管理机构。其中，社员会议是村经济合作社的权力机构，由本社十八周岁以上的社员组成。社管会是社员大会的执行机构，对社员大会负责。社监会是社员大会的监督机构，对社员大会负责。伴随着农村经济的发展，在一些村集体经济相对发达的村落，陆续地在村经济合作社之外，创办了多种形式的集体企业。从一定意义上说，村经济合作社管委会是现阶段村集体所有的资源性资产、经营性资产和公益性资产的经营主体，组织各类集体资产的发包、租赁、拓展物业等功能。当然，因各个村落的情况不同，村级集体经济组织的机构设置呈现出多样化的特点。在一些集体经济相对薄弱的村落，特别是那些除集体土地外，几乎无其他集体资产、资源、资金的村落，村集体经济组织设置相

---

① 张厚安、徐勇、项继权等：《中国农村村级治理——22 个村的调查与比较》，华中师范大学出版社 2000 年版，第 35—36 页。

② 卢福营：《村民自治背景下的基层组织重构与创新——以改革以来的浙江省为例》，《社会科学》2010 年第 2 期。

对简单，一般只有按政府要求设立的经济合作社外，别无其他经济组织机构，而且村经济合作社在实际运作中不太发挥作用，社员大会常年不召集；社管委不选举、不理事，形同虚设；社监会则干脆不设，集体经济管理的功能往往由村党支委或村民委员会替代。而在一些集体经济发达的村落，村集体经济组织体系相对复杂，往往按科层制要求，设置了多个机构和部门，分工合作共同负责村级集体经济的经营管理工作。

随着个体私营经济的发展，非集体经济因素的逐渐嵌入，村级集体经济组织及其经营管理发生了一些新变化，突出地表现为：

第一，村经济合作社管委会主任即社长成为个体私营业主们竞争的重要目标。由于村经济合作社社管会主任是村集体经济的法人代表，掌握着村级重大财务和项目的审批权。近年来，由于大量支农项目和支农资金的财政转移，以及发展村集体经济的需要，村经济合作社社管会及其负责人日益受到关注。特别是在一些县市，明确将村经济合作社管委会视为村级班子的重要组成部分，由过去的"两委"会改变为"三委"管理村落事务。2011 年，浙江省委省政府修订印发了《浙江省村级组织工作规则》，明确党支部、村民委员会和村经济合作社管委会三套工作机构通过交叉任职等方式相互整合，建立村务联席会议制度，以村务联席会议为工作主体，统一实施村务决策和村务管理。正是在此特殊背景下，迅速崛起于农村的个体私营业主，逐渐地将竞争村经济合作社管委会主任即社长岗位看作村书记、村主任之外的又一个重要目标。在党组织的领导与推动下，当前浙江农村的村经济合作社管委会主任基本由村书记兼任，因此竞争村经济合作社管委会主任与竞争村书记也就成为合二为一的事情。根据对浙江省瑞安市、温州市鹿城区、江山市村经济合作社换届情况统计汇总，截至 2013 年 11 月，瑞安市选出农村经济合作社社长共 898 名。其中村书记兼社长数 897 名，工商业主 381 名、专业大户 50 名；江山市选出农村经济合作社社长共 291 名，村书记兼社长数 289 名。其中，工商业户 87 名、专业大户 20 名；温州市鹿城区选出农村经济合作社社长 134 名。其中，村书记兼社长数 123 名，工商业主 57 名。

第二，集体经济经营管理与个体私营经济经营管理关系的复杂化。在个体私营经济发达地区，一些村落中的个体私营业主脚踏两只船。一方面，经营管理着自己的个私企业；另一方面，又通过竞争担任村合作社管委会主任或村办集体企业董事长或经理等职。一身兼任双重角色，有可能在实际的经济运作中造就多样性的经济关系。比如，既作为法人代表担当村集体经济的发包人，又以个体私营业主的身份参与投标、竞标，获取集体经济项目的承包权、集体企业租赁经营权、集体资源的开发经营权等，借此以权谋私，获取个人私利。反过来，也有一些个体私营业主可能出于多重考虑，利用个人资源或其个私企业经营中积累的社会关系、商业关系等助力集体企业和集体经济的发展，有的则通过多种形式的合作经营，实现集体经济与个体私营经济共同发展，获得个人与集体双赢的经济效果。

二 村级组织运行的改变

作为嵌入乡村治理的一个新的重要变量，农村个体私营经济的发展不仅推动了村级组织的结构性变迁和乡村秩序的整合，而且影响着村级组织的运行过程，进而影响乡村治理方式。

（一）经济手段成为村级组织产生的重要影响因素

群众自治是一项具有中国特色的社会主义政治制度。群众自治在当下中国农村的最主要实现形式，就是农民创造的村民自治制度。即村民群众依据法律规定在村庄范围内实施自我管理、自我教育、自我服务，实行民主选举、民主决策、民主管理、民主监督。根据村民自治的原则和相关制度安排，村党支部、村民委员会、村经济合作社管委会等村级公共权力组织通过民主选举产生。因此，民主选举构成为当前中国农村社会的最重要授权模式。

民主选举建构了一种机会平等的竞争规则，强调优胜劣汰。事实上是允许并支持掌握优势资源的人通过选举竞争担任村级组织领导，走上执掌村务管理权力的岗位。从理论上讲，民主强调平等，让每一个人都有参与并执掌公共管理的同等机会。然而，这种民主平等的机会客观上是以农民的分化和村民群众之间存在的事实不平等为前提的，势必导致结果上的不平等。随着改革开放的深入，特别是农村个体私营经济的发展，农民群众逐渐分化，形成社会地位与社会机会不平等的多个阶层。比如，在个体私营经济发展背景下，作为雇主的私营企业主与作为雇工的私营企业务工人员之间至少在经济资源占有上存在着明显的不平等。个体私营业主往往会凭借自己的经济实力进行竞选。

从一定意义上说，村级民主选举是一项政治活动，但它也是一个成本与收益的利益博弈过程[①]。作为理性的行动者，候选人在参选时都要权衡相关的代价与酬赏，相关的代价不仅包括参选要花的时间、精力和财物，也包括一旦当选后因担任相应职务要花费的时间、精力以及因工作而得罪村民而在人际关系方面付出的成本，有的还包括因担任村干部而失去经商致富的机会成本。[②] 毫无疑问，在村委会选举过程中，竞选者需要支付一定的竞选成本，以相当的经济实力作支撑。

然而，调查发现参与竞选的私营企业主凭借自身雄厚的经济实力，在竞选过程中打"经济公关"战，以此建构自己的竞争优势。其中一项重要的策略就是捐赠。参与竞选的私营企业主巧妙地采取了一些针对性策略，既不违反制度规定，又真真切切地实施了"经济公关"。他们策略性地选择捐赠时机，改在选举前或选举后完成捐赠行为。选举前的捐赠是指在村委会选举动员之前已经发生的捐赠行为。比如，永康某村老年协会成立，需要购买电视机、饮水机等生活用品，私营企业主江某闻悉后主动慷慨解囊。1990 年他又向村学校捐赠几千元。私营企业主杨某在村里当了多年的支部书记和村主任，按规定一年的误工补贴为 12000 元，但他只拿一半并转而捐赠给村老年协会。此外，还承担老年协会组织迎龙灯所需要的 10000 多元费用。调查表明，正是这些选举前的捐赠行为，提高了私营企业主江某和杨某的个人威望，为他们竞选村干部奠定了有利的基础。选举后的捐赠行为是指在村委会选举完成之后，即公布正式当选者之后发生的捐赠行为。在这种约定俗成的民主选举环境中，广大村民形成了一种特殊的心理期待。即把当选者的"捐赠"（"彩头"）看作自己的应得利益。一旦当选者不遵守规则，其声望和认同度就会受到影响，下届选举时也会失去民众的支持。如此，使得一些经济并不富裕的普通村民"望钱却步"，放弃选举竞争。

---

① 尹利民、花传国：《村委会选举的成本与收益分析——以村民为分析视角》，《江西教育学院学报》2004 年第 2 期。

② 胡荣：《理性行动者的行动抉择与村民委员会选举制度的实施》，《社会学研究》2002 年第 2 期。

除了捐赠之外,个体私营业主还会利用企业网络关系资源影响村级组织换届。企业网络关系是一种特殊社会关系资源。主要表现为两个方面:一是企业主与企业员工之间的雇佣关系;二是经营链中前向与后向,即原料提供商——生产商——经销商之间的业务关系。在竞选中,私营企业主们通过各种方式把以经济为中心的企业关系网变成了以权力为中心的政治关系网。[①] 一方面,个体私营业主充分利用与本村员工间特殊身份和关系,借助各种机会表明自己要参与竞选的态度,要求具有选举权员工及其亲友支持自己,并可能采取一定措施刺激员工支持其竞选;另一方面,个体私营业主借助企业经营中形成的独特利益关系网,动员前向或后向单位中拥有选举权的业主、员工及其家属支持自己参与竞选。更有甚者,一些个体私营业主干脆直接以各种买卖选票、送礼拉票等贿选形式开展竞选。总之,伴随着个体私营经济的发展,在村级民主选举的制度背景下,个体私营业主运用经济手段参与竞选成为重要变量。

当然,从 2017 年村级组织换届来看,随着各级党委政府对村级组织建设的高度重视,对村级组织用人选人标准的严格实施和相关机制的完善,在村级组织换届选举的敏感期,各种变相的不正当的行为已明显减少。

(二) 捐赠成为村级组织经费的重要补充

在村民自治制度背景下,村民依法办理利益相关的村庄公共事务和公益事业,实现村民群众的自我管理、自我教育、自我服务。村庄成为相对独立的社区,要求自主维护村庄秩序,自我管理村务、提供集体福利和公共服务,因此村民自治的运作需要强有力的经济支撑。

然而,村级公共权力的组织管理对象主要是村庄内部的公共事务,其运行成本国家不提供政府公共财政支持,而由村级集体经济负担。而"去集体化"的农村经济改革,致使村庄的集体经济薄弱,无力为村民自治的良性运行提供坚实的财政支撑,从而对村公共权力的运行形成了多方位、深层次的影响。

---

① 卢福营、祝伟华:《村委会选举中私营企业主的竞选行为——以浙江省永康市龙村为例》,《学习与探索》2009 年第 2 期。

实践表明，起始于家庭联产承包责任制的农村经济体制改革，是一场以权力下放为核心的改革，在很大程度上是一场"去集体化"改革。家庭承包制是将土地等生产资料由集体承包给农户，以农户为单位进行生产经营和分配。承包制的核心是将生产经营权下放给农民，使农民成为生产经营主体，以此调动农民的生产积极性。[1] 在家庭承包经营制下，集体土地等生产资料按人口平均分配，承包给农户经营，实现了集体资产所有权与使用权的分离。在人民公社体制下，集体经济组织掌握着集体资产的使用权、收益权及分配权，集体经济来源较稳定。但在家庭承包经营制下，"交够国家的，留足集体的，剩下全是自己的"的分配方式，一方面提高了农民群众的农业生产积极性；另一方面却使集体经济收入大大减少。实行家庭联产承包经营后，理论上建构了一种统分结合的双层经营体制，但由于实践中大多数农民都致力于家庭承包经营，对集体经济很少问津，从而出现了有"分"无"统"的现象。传统意义上的土地集体所有、集体经营、集体使用的集体经济组织在大部分农村消失了。农村集体经济的性质只能从土地的终极所有者得以反映，即土地属于辖区农民共同所有，土地不属于任何单一个人所有。故"集体经济"就仅仅剩下"土地集体所有"这一抽象的概念，没有了经济组织也没有了集体的实体。[2] 如此，相当部分农村出现了不同程度的集体经济薄弱现象。

随后推进的农村经济改革，诸如集体企业承包、租赁经营、股份合作制改革、转制出让，以及部分村经济合作社的股份合作化，将集体资产量化到人，等等，均呈现出"去集体化"的特征。这一系列"去集体化"经济改革，导致村级集体经济薄弱。[3] 加之，进入 21 世纪后推行的新税费改革，以及取消乡村统筹资金、取消农业税、取消"乱集资、乱摊派、乱收费"的"三乱"行为等，形成了村级集体经济内部发展动力不足，而转移支付、村民筹资等外部支持又不够的双重困境，致使村级组织所能

---

① 徐勇：《中国农村村民自治》，华中师范大学出版社 1997 年版，第 25 页。

② 罗海平、叶祥松：《农村集体经济的性质与内涵研究》，《经济问题》2008 年第 7 期。

③ 方丽华、卢福营：《论集体经济式微对村民自治的钳制》，《浙江师范大学学报》（社会科学版）2012 年第 1 期。

掌控的经济资源稀缺，陷入了"无钱办事"的困境。①

受集体经济薄弱的制约，村级组织只能尽量减少开支，少开展活动，有可能造成村级组织运行障碍和不作为。同时，为了完成自上而下延伸的政务及必要的村务管理服务活动，村级组织又不得不在村集体经济之外谋求其他经济来源。个体私营业主的捐赠即是村级组织获取运行资源的重要渠道。在浙江等个体私营经济发达地区，一些村庄的集体经济可能较为薄弱，但个体私营经济相当发达，涌现了大批有钱的个体私营业主，其中不乏关心村落建设和村庄治理的热心人。在此背景下，一些村级组织及其领导想方设法，借助各种机制和途径调动村内个体私营业主的捐赠积极性。比如，蒋村老板书记蒋某富捐赠修缮艾青故居，开发乡村旅游；永康花村老板主任姚某拉捐赠误工补贴用于村民困难补助、捐资修建村庄道路、支付部分村治运行费用，其他一些老板也参与了村落公益建设和公共事业项目的捐资，一些村庄也借助"乡贤会"、捐赠立碑等多种方式，开辟筹资渠道，积累村级组织的运行资源。鉴于此个体私营业主因其有钱人身份，自然而然地成为重要的捐赠对象。

从我们调查的村庄观察，各种形式的捐赠特别是老板们的捐赠已经构成为村级组织经费的重要来源，成为村级组织运行的重要经济基础。

（三）能人主导成为村级组织运行的重要特点

任何一种政治社会现象及其形成发展的内在动因都深深地潜藏于经济社会之中。② 村级组织作为乡村治理的重要载体，其设置与运行必然建立在一定的经济基础之上。20世纪80年代以来，随着农村个体私营经济的迅速发展，农村个体私营业主作为一个新兴的能人群体逐渐崛起于农村社会，积极参与村庄政治活动，在村级组织运行过程中居于主导地位。

农村个体私营业主群体是伴随农村个体私营工商经济产生、发展的。20世纪80年代初，家庭承包经营制的推行重构了农业微观经济组织，调动了农民的生产积极性，赋予了农民非农经营和流动的自由权。于是，随

---

① 方丽华、卢福营：《论集体经济式微对村民自治的钳制》，《浙江师范大学学报》（社会科学版）2012年第1期。

② 徐勇：《中国农村村民自治》（增订本），生活·读书·新知三联书店2018年版，第127页。

着改革的深入和国家经济政策的调整,部分农民陆续地转向农外,促进了农村个体私营工商业的迅速发展。比如,浙江永康市个体私营经济已占该市经济总量的90%以上,而且涌现了一批上规模、上层次的农村私营企业。伴随着农村个体私营经济的发展,个体私营业主这一新生社会群体迅速崛起。在浙江的一些村庄,农民从事个体私营经济已成为较普遍的现象,以个体私营业主为主的新兴经济能人在村庄社会成员中占有相当比例。不仅如此,个体私营业主拥有较高收入和丰富的社会资源,在社会地位排序上显然居于村庄社会成员分层结构的上层。

同时,在个体私营经济的发展过程中,农村社会成员发生了多元性的分化,均质性的农民阶层被分离为地位不同、机会不等的多个阶层和群体。在已经分化的农村社会,在表面上村民还是一如既往地按照"村组法"的规置,以村民个人为政治单元、以村民家庭为经济单元来组成村民自治。然而,村民对于村庄性公共事务既不具有同样、同等的言谈能力和左右力;同时,村民在村庄性公共领域中所谓的言谈能力、左右力也显然并不等于村民个人的公共理性能力,甚至主要不与它相关,而是日益与村民个人经济实力相一致。①

个体私营业主群体的崛起,农村社会成员的分化,一方面为个体私营业主参与和主导村级组织运行奠定了基础;另一方面也对参与和主导村级组织运行过程提出了迫切要求。

农村个体私营业主自产生以来,始终是村庄治理的积极参与者。而且伴随着国家对个体私营经济和个体私营业主政策的调整,个体私营业主参与和影响村级组织运行过程的深度和广度不断加大,并逐渐成为主导力量。个体私营业主在村级组织运行过程中的参与和主导,突出地表现为以下方式:

一是个体私营业主以能人身份借助民主选举的渠道担任了村级组织干部,特别是以村书记和村主任的身份主政村庄治理,主导村庄村级组织的决策、管理过程。具体地表现在:(1)在村务决策的拟定、讨论、拍板决定过程中发挥支配作用;(2)在村务决策的执行和实施(管理)过程

① 毛丹、任强:《中国农村公共领域的生长——政治社会学视野里的村民自治诸问题》,中国社会科学出版社2006年版,第110页。

中发挥支配作用。① 在我们调查的村落中，多数村的书记、主任由个体私营业主担任，有的甚至是多届连任、长期主政村庄治理。比如，蒋村的蒋某富是村内规模最大私营企业主，已经连任5届村党支部书记。

二是个体私营业主以致富人身份资助村庄公益建设、以能人身份提供治村建议等合作性参与方式，介入村级组织运作，影响村庄治理过程。正因为他们是富人、能人又热心公益，时常能为村集体的公益建设提供一些资助等，故而获得了村级组织和村民群众的信任，他们的参与和建议因此也更容易被接受、更具有影响力，从而成为影响村级组织运行的重要因素。

三是个体私营业主以能人身份受村级组织的委托或村民推选，参与和负责一些专门的村治项目和特殊的村治事务。个体私营业主因为其具有特殊的才能，或因在村落内拥有较高声望和地位，往往被吸纳进相关自治机构参与治村事务，甚至在其中发挥主导作用。比如，义乌市大陈镇陈村自然一村，在旧村改造过程中专门成立了旧村改造议事小组，共8名，7位为私营企业主，负责旧村改造工作。事实上，旧村改造议事小组也没有辜负村民的信任，圆满地完成复杂的旧村改造工程。

（四）服务企业成为村级组织履行的重要职能

在村民自治背景下，村级组织受村民群众委托需要履行管理、服务、教育等多方面的职能。不过，在不同的村落、不同的时期，村级组织所承担的职责有所差异。

在村民自治初期，根据《村组法》等所做的制度安排，不难发现当时村级组织的主要职能在于：双层经营体制下的农业经济集体经营、治安调解、公共卫生等。随着农村经济社会的发展，特别是在以经济建设为中心的国家政策背景下，村级组织逐渐实现了职能转变：由村落公共事务管理转向经济发展。在一些有条件的村庄，积极兴办和发展集体企业，繁荣村落集体经济，形成了集体经济发达的村落。在这些村落，村级组织的工作重心转移到了集体经济的经营管理上，无论是村党组织还是村委会，都

---

① 卢福营：《能人政治：私营企业主治村现象研究——以浙江永康市为例》，中国社会科学出版社2010年版，第66页。

以集体经济的经营管理为中心，而且通常在村经济合作社之外成立了专门的公司或集团等，并由村书记、村主任兼任公司或集团的总裁和总经理，形成了一种党、政、经一体化的村落公共权力运行模式。在另外一些村落，发展集体经济缺乏条件，但个体私营经济发展迅速，形成以个体私营非农经济为主导的村落经济格局。在浙江等地农村，这类村落相对较多。当然，也有部分村落集体经济与个体私营经济均较为发达，成为独特的经济强村。对于经济发展形式不同的村落，村级组织在推动村落经济发展过程中的职能也表现出不同的特点。

在那些个体私营经济发达的村落，村级组织的经济职能更多地表现在服务企业上。根据我们的调查，当前村级组织服务个体私营企业的主要方式有：

第一，协调和解决企业发展所需的土地。在现有土地制度下，农村非农用地受到国家的严格控制，农地转变为非农地必须具备充分的条件，并需要办理复杂的手续、完成规定的审批程序。个体私营企业在争取用地指标和落实开发地块的过程中，往往需要借助村级组织的力量。村级组织则从村落经济发展和村民就业等角度考虑，不同程度地参与协调工作。有的村级组织甚至运用各种资源和手段，游说政府相关部门，批准在村落内设立专门的村工业区，为个体私营经济发展解决用地等问题，在特定时期甚至将其视为村级组织的中心工作。

第二，争取和获得企业经营所需的资金。资金是个体私营企业经营发展的重要瓶颈，因此融资也就成为村级组织服务个体私营企业的重要职责。调查发现，村级组织在个体私营企业融资中的贡献主要表现在争取银行贷款指标，并为个体私营企业贷款提供担保服务等。

第三，建设和完善企业经营所需的设施和服务。个体私营企业的经营和发展势必需要一定的道路、水电等基础设施做支撑，村级组织作为村落管理服务机构，一般会根据企业发展和村民生活的需要加强村落基础设施建设。比如，修建和硬化道路，增加供电、供水设施，提供和完善卫生保洁服务，加强流动人口管理服务，等等。

第四，保护和拓展企业经营发展的权益。个体私营企业的经营发展过程中，难免遭遇一些一家一户难以维护的权益问题，需要通过一定的组织出面协调和保护。村级组织时常会以"娘家人"的身份，作为企业所在地的组织管理机构出面协商和解决问题，保护个体私营企业的权益。此外，在个别个体私营经济发达的村落，特别是具有块状经济特点的村落，村级组织还会主动协调建立相应的行业协会之类专门机构，协调和统一各经营主体的行为，维护经营者的利益。例如，在临安白牛村，为了更好地发展农村电子商务，村级组织讨论决定，成立了电子商务领导小组，由村主任担任领导小组组长，全面负责村的电子商务工作，协商各电子商务经营户成立了专门的电子商务协会。协会的主要功能是：协调经营户的经营行为；开展村电子商务业发展的业务宣传和品牌建设；代表经营户与政府沟通，争取政府支持；代表经营户与快递公司等相关业务单位谈判，保护和扩大经营户的权益，等等。

（五）经营村庄成为村级组织运作的重要方式

组织功能与组织结构相关。在个体私营业主主导的村级组织中，个体私营业主以经济能人的身份执掌着村级组织运行过程的支配权，主导或控制着村落事务的决策和管理过程。特别是在规范性和制度化尚不完善的情况下，村级组织的领导人往往会凭借个人权威贯彻自己的理念，按照自己的想法推动村级组织的运行。于是，作为主导或主政者的个体私营业主的治村理念势必会对村级组织的运行过程产生深刻影响，影响和决定村级组织的运作方式。

作为村级组织主导者或主政者的个体私营业主的治村理念并非凭空产生的。其治村理念主要来源于两个方面：一是借鉴兄弟单位的治村经验，二是移植自身的实践经验。作为企业经营有方、事业有成的经济能人，个体私营业主对于自身在企业经营管理中经过摸爬滚打获得的成功经验特别的自恋，当选村级组织领导人后，顺理成章地将企业经营管理的经验移植到村级组织的运行过程之中，由此形成一系列的经营村庄理念，指导村级组织的运作过程。

经营村庄是村庄治理理念的转换和创新。村庄是一个复合型的社会共同体。村庄治理内在地包括了经济管理、政治管理、文化管理、社会管理等诸多方面。但在不同时期，村庄治理的内容和方式会呈现出种种差异。20世纪80年代以后，农村先后推行农业家庭承包经营制和村民自治制，要求村民自主经营和自我管理、自我教育、自我服务。在这样的政策环境下，个体私营业主主政后提出经营村庄的理念，强调依靠对村庄的经营实现自我管理、自我发展，借助经营方式实现自我服务，通过村庄经营的实践实现自我教育，具有特别重要的意义。[①]

调查中发现，相当部分个体私营业主深知这一时代要求和社会期待，主政后把经营村庄、创业发展确定为村级组织的工作重心，特别是以集体资产增殖和村民富裕为村级组织的主要工作目标，时不时也能听到个体私营业主村干部说村庄需要经营，自己在治村过程中把村庄当作企业来经营管理，并一再强调经营村庄的理念和经验。根据我们的调查，浙江省农村也确实出现了不少个体私营业主主政后经营村庄取得成功的典型案例。

在浙江永康花村，私营企业主姚某拉担任村主任后，致力于村庄经营。利用自身在企业经营中积累的社会关系资源，结合旧村改造将村民住宅底层建设为商铺，进而拓展为专业市场，在促进村民致富的同时，带动了村集体经济的发展，取得了较理想成效。

金华蒋村在私营企业主书记蒋某富的领导下，利用名人故居等人文资源和丰富的乡贤资源，积极开发乡村旅游业，在推动村落集体经济发展的过程中，也给村民带来了不少致富机会，并促进了村落环境的改善，把蒋村建设成为当地的典型村。

从一定意义上说，村庄也是一个经济法人单位，在浙江农村主要以村经济合作社的组织形式出现。而在村庄治理的实践中，村级公共权力组织大多是三块牌子、一套班子、一体化运作，组织和领导集体经济发展成为其重要职责。相应地，集体资产的增殖被确定为村级组织的主要创业目标和工作任务。

当然，村庄与企业有所不同。作为一个社会生活共同体，村庄治理在更大意义上是一种社会管理，具有综合性。然而，在村民自治的背景下，村级公共权力组织有责任带领村民群众实现村庄发展和村民富裕，同时协助政府完成下延到村的政务。唯其如此，个体私营业主主政后会把其企业经营管理中的经历和经验移植到村庄治理中，把村庄视为类同于企业的法人实体进行经营，进而形成了以经营村庄为重要特色的村级公共权力组织运作方式。

[①]　卢福营：《论经济能人主导的村庄经营性管理》，《天津社会科学》2013 年第 3 期。

三 村级经济组织的变迁

村级经济组织不仅是农村经济发展的载体，也是影响乡村治理的重要组织。根据马克思主义基本观点，政治是经济的集中表现，一切政治现象的背后总是深藏着其经济根源。作为一种独特的政治现象，农村基层治理结构与运行过程均离不开经济发展，无疑会受到村落经济发展特别是村域经济组织状况的影响。伴随个体私营经济的发展，村落经济和村域经济组织发生并正在发生着深刻的变迁，对乡村治理形成了特殊影响。

（一）村级经济组织的分化与重组

历史地看，浙江等地农村长期以农户为单位从事农业经营，有的兼营少量的个体手工业，形成了男耕女织式的农村经济模式。在这种典型的南方小农经济中，家庭是最重要的农村经济组织形式。一家一户、独立自主，开展基本以自给自足为目的的生产经营。

1949 年以后，共产党在中国农村开展了大规模的农业生产资料所有制的社会主义改造，消灭了农村私有制，建立了农业生产资料的集体所有制。通过互助组、合作社，再到人民公社运动，引导农民走集体化道路，形成了高度集体的人民公社制度。1958 年建立起来的人民公社，是一个具有综合社会经济职能的农村基层组织。人民公社把农村生活的各个方面，包括工农业生产、交通运输、商业财政、行政管理、社会服务、文教卫生、社会福利以及民兵军训等等，都结合起来成为一个统一的整体。[①]在政社合一的原则下，农村的经济组织、政府行政组织和党团青妇组织紧密结合，建构了一个无所不包的强有力的权力网络。国家力量因此而延伸到农村社会最基层，广大农民被组织在人民公社组织之中，农村社会通过强力的行政统摄方式得以整合。应当肯定，在人民公社制度下，依照党和国家的领导，农业、农村和农民为国家的工业化和城市化做出了重大贡献。但是，也应当理性地认识到，这种僵硬的体制将广大农民束缚在公社

---

① 陈吉元、陈家骥、杨勋：《中国农村社会经济变迁（1949—1989）》，山西经济出版社1993 年版，第505—506 页。

组织和土地之中，长期在生存边缘挣扎，难以拓展生活和发展空间，农业生产和农村发展缺乏动力，致使农村经济社会发展陷入了崩溃的边缘。

家庭承包经营制的推行促使农业的公社化生产经营转变为集体经营与家庭经营相结合的双层经营，实现了农业生产经营微观组织的重构。从此开始，农民家庭取代生产小队，重新成为农业承包、自主经营的经济组织，极大地调动了农民群众的农业生产积极性，促进了农业生产的迅速发展。

调查中发现，对于人多地少的部分浙江农村的农民而言，家庭承包经营制的推行不仅仅是解放了农业劳动力，调动了农民的农业生产积极性，而且还给予了农民群众开展非农经营，发展非农经济的自由。调查中，有农民兴奋地说：土地包到户，家里的田地不多，我老婆一人种种就可以了，我可以放心地到外面去做生意赚钱了。正是基于人多地少的客观事实，以及农村劳动力难以获取充足的农业生产资料的人地矛盾背景下，一些农村剩余劳动力受利益驱动开始向非农领域发展。有的外出务工，有的则自主创业，从事个体经营或创办私营企业，实现非农创业。特别是浙江温州、义乌等人地矛盾尖锐地区的农民，历史上就有非农创业的传统，改革开放后率先成为非农创业的先驱。正是他们的非农创业行为，有力地推动了当地农村个体私营经济的发展，逐渐形成了"温州模式""义乌现象"，出现了一批个体私营经济发达的村落。

伴随着个体私营经济的发展，村域经济组织不断地发生分化与重组。在个体私营经济发展的早期阶段，非农经济的发展主要以家户或合户为经营单位，部分家庭不再只是一个农业生产经营的微观组织，也是非农经营组织，而且往往以非农经营为主。如此，在农业生产经营承包家庭之外，形成了一种独特的工农或工商结合型家庭经济组织。随着个体私营经济的发展，一些取得成功的个体户或家庭企业进一步地创办了各种形式的公司和商店，从小微企业转向了规模型企业经营。于是，村域经济组织中出现了一些不同层次、不同类别、不同行业、不同经营方式的私营经济。

此外，随着家庭经营和个体私营经济的发展，为能在市场竞争中获取更为有利的地位，一些同业经营的农户或个私企业之间逐渐联合，建立了种种行业组织。比如，义乌市先田村的原野红糖合作社、蒋村的来料来货加工协会等。这些农民合作社或行业组织，有的以村为范围建立，有的实行跨村落的联合，农村成为新时期中国农村的新型经济组织。如此，村域经济组织不再只限于村经济合作社、村集体企业等集体经济组织和农业承包家庭，而是出现了诸如个体户、私营企业、合伙企业、行业协会等多元性的新兴经济组织。

当然，由于个体私营经济发展的非均衡性，村与村之间的经济组织存在着重大差异。浙江的大多数村落均按政府要求建立了村经济合作社，除这一集体经济组织外，几乎不再有统一经济组织。有的村落经济相对落后，特别是个体私营经济几乎为零，因此除村经济合作社之外，村域中的经济组织就是农业承包经营的家庭。有的村落经济发达，特别是个体私营经济发展迅速，村域范围内建立了众多个体私营企业。

总之，在当前的中国农村，村域经济组织已经形成了多元化、非均衡的发展格局。从一定意义上说，这主要是由于个体私营经济发展所致。正是因为个体私营经济发展的非统一性，导致了村域经济组织的多元化，造成了村落之间经济组织发育的非均衡化。

（二）市场成为乡村秩序的重要整合力量

社会秩序是社会得以聚结在一起的方式。[1] 乡村秩序生成权威间的有机整合是乡村社会稳定的重要前提。从一定意义上说，作为一种结构性存在，社会秩序是由价值内核、社会规则和社会权威三种基本要素在交互作用中按照一定的内在联系而有机生成的系统整体。其中，价值内核渗透于其他要素中发挥统摄性作用，社会规则规定社会秩序的具体内容，社会权威则是社会秩序生成与存续的现实性主导力量。[2] 乡村秩序整合是由乡村场域内的社会权威在相互形塑、相互建构中生成。通常来说，乡村场域内的权威既包括对村庄进行控制和施加影响的国家权威，也包括对人的行为产生各种显性和隐性诱导性影响的经济、社会、文化权威等。

近代以来，研究中国乡村社会秩序和社会变迁的西方汉学家大多认同并使用国家政权建设理论解释中国乡村社会秩序的变化。费孝通的"双

---

① ［美］李普塞特：《一致与冲突》，张华青等译，上海人民出版社1995年版，第12页。
② 秦扬、邹吉忠：《试论社会秩序的本质及其问题》，《西南民族大学学报》（人文社科版）2003年第7期。

轨政治"和"礼治秩序"学说①是对中国传统乡土社会治理模式及其秩序类型最为认可和流行的看法。在他看来，传统乡土社会秩序是由来自国家的自上而下的正式权威系统和从乡村社会基层自发生长出来的非正式地方权威系统交互作用而成。② 具体表现为来源于血缘家族的内生性权力—宗族和来源于国家官治系统的外置性权力—保甲两种权威组织的共同作用，宗族权威生成的亲缘秩序和国家权威生成的行政秩序交叠架构出乡村秩序的基本形式。

中国共产党领导人民群众在一个相对经济文化落后的国家里建立了人民民主政权和社会主义社会，1949 年以后面临着艰巨的国家工业化、现代化重任，为此，国家通过全面控制乡村社会来增强国家的动员能力，积累国家工业化的资源，建构了一种新型的乡村秩序整合模式。一方面，国家新政权通过一系列的措施破除传统乡村秩序的经济和社会基础；另一方面，通过一系列的制度创新来强化国家政权，在农村建立了政社合一的人民公社组织系统。

随着改革的深入，政治、经济、社会开始分化，国家原有的单一政治整合模式受到冲击。在农村，首先是家庭承包制和村民自治制度的推行，重建了乡村权威和秩序，形成了"国家——社会"二元整合模式和"乡政村治"的治理格局。③ 事实上，作为微观的经济组织，农业承包家庭在改革初期成为最早的市场主体。但受制于承包家庭的小规模经营，可供市场交易的农业剩余产品不多，当初的农业生产资料供应相当程度上还延续着计划经济的做法，市场力量在乡村秩序整合中显得弱小。然而，伴随着市场经济取向的经济改革的逐渐深入，特别是农村个体私营非农经济的迅速发展，市场力量日益嵌入乡村秩序整合过程，形成的"国家—市场—社会"的交互整合模式。

市场作为全新的资源配置方式，引发了乡村社会新的互动关系，并随着改革的深入而不断强化，成为乡村社会场域的一个重要权威主体，通过

---

① 费孝通：《乡土中国 生育制度》，北京大学出版社 1998 年版，第 48 页。

② 张静：《基层政权：乡村制度诸问题》，浙江人民出版社 2000 年版，第 18—48 页。

③ 张厚安：《乡政村治——中国特色的农村政治模式》，《政策》1996 年第 8 期；徐勇：《从村治到乡政——乡村管理的第二次制度创新》，《山东科技大学学报》（社会科学版）2002 年第 3 期。

和不断调整的国家力量与不断复兴的社会力量的互动来对乡村社会秩序发生作用，国家力量主导的"国家—市场—社会"三元力量的交互作用构成了当前中国乡村秩序整合的总体模式。改革前的单一政治整合模式是以国家对资源的全面垄断和自上而下的总体性组织系统的存在及其有效运转这两个基本条件为前提的。随着经济体制改革的进行，市场开始成为资源配置的一种有效机制。在这一过程中，市场在资源配置中发挥越来越重要的作用，形成了国家行政秩序、市场契约秩序和乡村内生秩序的复合型秩序。

值得关注的是，改革开放以来中国乡村秩序整合模式的根本转换，很大程度上有赖于市场力量的嵌入。随着市场经济体制在中国的全面建立，农村社会形成了多元市场主体并存与发展的格局。在当前的农村社会中，作为市场主体的既包括村经济合作社、集体企业等经济组织，又包括农业承包家庭，还包括各个村域内数量不一、形式不同的个体、私营经济组织，特别是个体私营非农经济组织呈现出最为典型的市场特征。从调查来看，农村个体私营非农经济最初是在公有经济的隙缝中谋求自身发展，在市场竞争中显示自己的力量，呈现出典型的市场化特点和利益取向。在个体私营经济的发展过程中，相当部分农民脱离农业进入了个体私营企业，通过企业管理和市场机制实现了新型的整合。有的农民成为企业的老板，有的农民则成为企业的雇工，原本地位相同的农民转变为地位不平等的雇主与雇工，形成了现代性的雇佣关系，建构了一种以利益关联为纽带的市场契约秩序。

第三章　农村个体私营经济背景下的"老板治村"

20 世纪 80 年代以来，伴随着农村非农经济的发展，均质型的农村社会成员逐渐分化，一大批敢闯敢拼，懂经营、善管理的乡村经济能人迅速崛起，积极介入村庄治理，催生了一种新型能人政治模式。进一步考察发现，当前中国农村的能人治村因村落经济基础和主政者的不同形成了众多差异，由于个体私营经济的发展，在一些村庄形成了"老板治村"现象，构成为能人政治的一种特殊形式。

一　四位"老板"的治村之道

个体私营经济发展中的能人首先是指先富能人或有致富才干之人，他们相对普通村民而言，有自身特别是经济方面的能力优势。在现实中，老百姓习惯称之为"老板"。治村之道是治理权威运用公共权力影响、调控、配置治理资源以实现村级公共事务有序有效的治理过程。

（一）一位跨国企业"老板"的治村之道

陈村是一个个体私营工业经济较发达的村庄。位于著名的"中国小商品城"义乌市的最北端，三县交界，原浙赣铁路穿村而过，交通便利。在人民公社时期，陈村所在镇是"农业学大寨"时期的先进典型，曾经是义乌"高产穷县"的缩影。早在 2004 年，陈村就拥有个私企业 78 家，部分企业的业务已扩展到海外。村庄企业主要以劳动力密集型服装生产企业为主，是远近闻名的"衬衫之乡"。根据该镇统计报表，陈村共有农户496 户，总人口有 1184 人，党员 62 人，村"两委"成员 6 人，村民代表35 人，外来人口 7000 余人，村民人均收入 20050 元。

1. 赶鸭子上轿的跨国企业老板。就外表而言，初见陈某森根本看不出他是一个跨国企业老板，与普通的传统农民并无两样，黝黑瘦小。1953年出生的陈某森是一位地道的义乌陈村人，也是该镇最早的创业者之一。早在1981年，陈某森开始经营村集体企业，亲手操办一家服装乡镇企业。乡镇企业改制后，1986年，陈某森以挂靠集体的名义创办了一个工厂，1987年个人花了近40万元造了一幢5间6层的楼房作为厂房，轰动全镇。1995年后，陈某森的企业"鸟枪换炮"，升级为浙江黑马实业有限公司。1998年，拥有300多号员工的黑马公司成为义乌市的纳税大户，之后陈某森又把企业做到国外去，在巴西创办了拥有占地几百亩的木材加工厂，做红木的生产与贸易，最多时该加工厂拥有员工700多人。

1996年，陈某森被村民邀请回来治理村庄。正如接受我们调研时所言："当时，我们村里情况不是很好，叫我回来好了。我是做生意的。当时，我没有当村干部意思，我自己又不住村里。可村民硬把我推上去了。我是被赶鸭子上轿。"就这样，1996年陈某森高票当选村委会主任，之后便长期担任村支书兼村主任，领导陈村长达16年，成为陈村不折不扣的掌门人。1998年陈某森被选为市人大代表。按该镇当时规定，村支书的"退休"年龄一般是57岁，但由于陈某森在村里拥有较高威望，基于民意所向，陈某森突破常规再次担任村支书。

2. 跨国企业老板的治村之策。村级治理效果的迥异在很大程度上与治村之道紧密关联。陈某森当选陈村主任后就对陈村进行了务实又有魄力的治理。

首先，率先确立前瞻性的旧村改造规划，既美化家园又改善投资环境。1996年陈某森走马上任时的陈村是衬衫业发展最红火时期，虽然有很多村民在此时也发家致富，但是村庄整体环境以及集体经济都非常不理想，甚至可用"脏乱差"三字表达，"年年建新房，不见新村庄"成为该村当时的真实写照。基于村庄面貌的担忧，以及富裕起来的村民对优美整洁村容村貌的渴望。陈某森当选村委会主任的第二年，也就是1997年，就开始萌生出旧村改造，改善村容村貌，赢造更良好的投资环境的设想。正如他对我们所言："如何提高村民的生活水平，如何把旧村改造做好是我当时考虑的第一件事情，如果环境一塌糊涂，谁来给你投资。"在此背景下，陈某森为主的村班子成员在前往各地考察取经的基础上对村庄整治与改造进行了前瞻性的设计。这种前瞻性主要体现在该村的旧村改造模式在 20 多年后仍然起到引领与示范作用。正如他自己所言:"我经常在外面跑,眼界多少比待在家里要略为开阔一些,他们看不见外面的世界,看不到社会的整体发展。我们出去考察不是走马观花,我们去看,要看这个地方为什么好,好在哪里,如果这样,我们也可以去欧洲看,他们哪些管理是比较先进。首先规划,我们的规划落后,拆拆建建,劳民伤财,一个领导一个思想……我这个规划做好了,是让一届一届班子做好,而不是让一届一届班子改变它,规划一定要长远,一系列的规划搞好……当时我是先建后批,是按人均居住基本用地来规划,稍微比政策放宽一点……"

其次,鸡毛当令箭,争取政策并用足、用好政策。长期的个体私营工商实践,赋予了工商能人积极的政策认知和运用政策的能力,进而形塑治理理念与方式。调研时,陈某森有这样一段话可以成为注脚:"当时我提出农村建设,没有一个规划,没有一件像样的东西拿得出来,我说是不是给我一个政策给农村进行一个规划,按规划逐步去实现,不要建建拆拆。当时人大龚主任,对我很了解的。我说:让我试试吧,做事情只要有决心我也能做到的。其实我嘴巴这么说,难度是有的。1999 年义乌市就给我们旧村改造试点村之一。你有这样一个政策,我就鸡毛当令箭,乘东风马上实施。我很快的,2002 年,在三年时间里完成 70% 改造。时任省委书记张德江、习近平都是那个时候来我村视察。"

最后,盘活存量。与绝大多数个体私营经济发达的村庄一样,1998年之前的陈村不仅存在着村民之间严重的财富非均衡,而且也是一个集体经济空壳村。在这种情况下,企业家精神就有了用武之地,并在陈村的旧村改造过程中得到了充分发挥。第一步,旧村改造实施分类分层差异化供给策略。新居建设分不同档次,由群众按各自的经济能力,按公平的原则认购,一般农户都能住上 300 多平方米的欧式连体别墅;经济较困难的农户,也能住上 125 平方米的公寓套房。目前,村里已有村民别墅 120 多栋。第二步,置换方式筹集改造启动资金。新建的居住区,是通过用旧房置换新房的方式来分配的。比如,陈三家的老房子估价 15 万元(有一整套估价的方法),而新房定价 27 万元,陈三只需补交 12 万元就可以拥有一套新的排屋式的新居。尽管当时陈村绝大多数农户已经很富了,但仍然有部分村民掏不出这 12 万块钱，陈某森就以个人的名义为其担保贷款。2000 年的担保贷款，到 2013 年仍有几十万元没有收回。第三步，用招投标的方式变废为宝。基于村里有一部分办厂经商的人发了财，他们想住更大更好的房子，而村里也有一些比较偏的空地。针对这种情况，陈某森提议把村里这些比较偏的"荒地"拿出来，让先富裕起来的村民进行投标，作为个人的独栋别墅用地。而这部分投标的钱，就拿来补贴整个新居的建设费用，以及投入村里的公共事业。在市场化与差异化运作下，村庄范围原先仅 3 平方公里，村集体经济不到六万元，到 1997 年后，村庄范围（含工业区）扩大至 30 万平方公里，村集体经济拥有了 3000 万元资产。

（二）一位办法很多的书记

蒋村是名人的故乡，现有农户 520 户，人口 1230 人，党员 60 多人，是该镇党员最多的一个村，耕地面积 1500 亩，距镇所在地 1.5 公里。距地区级市所在地 30 公里，距离著名的中国义乌国际商品城约 15 公里，区位优势较为明显，是金华市"新农村建设示范村"，俗称"金三角"。蒋村村民的主要收入来源为来料加工、经营农家乐和个体经商等，村集体经济年收入 10 余万元。21 世纪初，得益于中国义乌国际商品城的辐射与区域优势，蒋村迎来村庄经济转型之拐点，成为当地著名的来料来样加工与生产基地，使鸡犬之声相闻，老死不相往来的村民因为来料来样加工构成了一种经济关联。村庄由此引进了 4 家小微企业，还有十几家家庭作坊。近十年，该村成为镇政府的重点支持对象。截至 2013 年，蒋村围绕农房改造、古建筑保护、村庄整治、村庄文化建设等各类各级项目，先后争取了近 1000 万元资金，村容村貌得到了极大改善。近十年，蒋村先后获得了省级绿化示范村、省级旅游特色村、省级重点培育中心示范村和省级历史文化名村等称号，成为当地来料加工经济与休闲农业的发展标杆。

村书记蒋某富，1956 年出生，小学文化，是区、市两级劳动模范，区、市两级人大代表，当地小有名气的私营企业家，荣获魅力村官、优秀支部书记、美丽乡村十大书记等荣誉称号。2000 年蒋某富进入村支委，任村组织委员，2005 年开始任书记，连任 12 年。20 世纪 80 年代初蒋某富开始从事木材贩运，80 年代末 90 年代初从事珍珠种养殖，成为当地珍珠养殖大户，并因此完成了自身创业的原始积累，2002 年创办一个员工

200余人的棉纱厂，经营占地2000亩的苗圃地，并进军房地产业。调研时，当问及村庄变化最大是在什么时候开始的问题时，村民均一致回应是蒋某富当书记开始的。正如该村老人协会会长蒋某德所言："村里的变化就是从蒋某富当书记开始的，以前没变化。蒋某富当干部后一年一年好起来了。"从调研来看，蒋村"两委"人员均认为蒋某富书记的办法很多的，脑袋瓜很灵的。那么，蒋某富的脑袋瓜究竟灵在哪里呢？经调研梳理后发现至少体现在以下几方面。

1. 热心村级公益事业成就崛起之基础。众所周知，传统乡村社会强调道德规范和传统习俗，因而既是一个"伦理本位的社会"①，又是一个"礼治社会"。② 今天的农村虽然深受市场经济的洗礼，市场逻辑与人们的获利动机得到明显增强。但乡土毕竟富于地方性的，互帮互助、守望相助的乡土人情及其热心公益事业，对弱者的保护是一种基本的社会规范。在乡土人情的作用下，乡村社会不仅成为个人"赖以自我发展的'文化器具'"，而且成为人们在一定的社会空间范围内展开具有伦理性和社会交换性的互助的场合。③ 蒋某富深谙其道并身体力行。早在1990年，蒋某富个人出资10万元，抢救性地修缮了村庄一座最核心的古民居。之后，每逢重阳节、春节均要给村里70岁以上的老人发送各种福利；若有村民生病或红白喜事或需要帮助，他均程度不等地进行捐助或及时帮助。组织与率领村民重修宗祠的同时捐资10万元，村庄大道建设又捐资6万元。正如有村民所言：蒋某富当书记一年要倒贴3万元左右，包括争取项目等的开支都是蒋某富书记自掏腰包。当问及蒋某富书记好在哪里时，该村老人协会会长是这样回答我的："蒋某富当书记，大队的便宜一点都没拿去，还拿出来。别人都看在眼里，这里、那里的钞票都是他要来的，别人没办法的。"

2. 前瞻性地整理村集体土地的基础上推动旧村改造与完善村级基础设施。2001年在蒋某富书记的倡议下，村庄进行了前瞻性的土地整理，把整个村的土地都集中收回村里所有，并预留了公共用地。同时，通过对

---

① 梁漱溟：《中国文化要义》，上海人民出版社2005年版，第70页。

② 费孝通：《乡土中国 生育制度》，北京大学出版社1998年版，第49页。

③ 王铭铭：《村落视野中的文化与权力：闽台三村五论》，生活·读书·新知三联书店1997年版，第181页。

山坡地整理、改造以后，争取了 50 余亩土地指标，启动旧村改造另外又争取 40 亩土地指标。正是这一次大手笔的土地整理，为村庄后来的旧村改造赢得了较为自主的运转空间。正如有村民所言："蒋某富书记脑子是好的，办法很多的"。之后，村庄大道、祠堂、牌楼、接待中心等相继改造与提升。2005 年蒋村启动旧村改造，截至目前，该村已完成三分之二的旧村改造，成为当地新农村建设示范村。

3. 利用多重身份最大化争取各种政策与项目资源。上述可见，蒋某富书记是多重身份于一身，区、市两级人大代表，市级劳动模范、魅力村官、棉纱厂董事长、房地产开发商，当地最大苗圃基地的最大股东。其间，蒋某富书记积极为村庄争取资源与政策。人大代表建议办理情况意见表中有下述这样一段建议和意见是蒋某富书记所提的，可以略见一斑。

> 根据目前情况，艾某故居在各级领导的重视下及相关部门的支持帮助下发生了很大的改观。上级领导、离退休县级机关干部 20 多人，中外学者 30 多人，浙师大、金一中等多所大中学校 200 多人，宗教界、商会、北京中国影视专业委员会等其他各级人士前来参观者络绎不绝，总计人数达 4000 多人次。充分体现艾某这位享誉世界文坛的诗坛泰斗感召力，受到广大群众的信仰和爱戴。我们感到责任重大，为弘扬艾某文化，推进社会主义新农村建设及为众多参观研究者提供便利。我们应积极建设维修和扩大艾某故居、祖居，使后人感受到艾某诗歌文化的魅力。
>
> 艾某故居的建设在省、市、区、镇等各级领导及相关部门的支持帮助下，整体规划已编制并于 2006 年 9 月 12 日报省政府。
>
> 一、按规划拆除农户 80 户，并已全部安置，建成艾某大道石板路 2800 平方米。艾某文化景观广场石板路 3600 平方米都已建成并投入使用，共投入资金 190 余万元。
>
> 二、按规划修复艾某故居以及部分祖居相邻的古建筑群 1500 平方米，投入资金 60 余万元。
>
> 三、按规划建造艾某雕像需 10 万元。
>
> 艾某故居扩大、维修都是当务之急。建议贵局一如既往的关心，帮助艾某故居的建设，使艾某这位当代著名诗人的精神财富，得以发

扬光大。

　　显然，这是蒋某富书记利用代表身份为村庄发展进行鼓与呼。值得一提的是，蒋村是一个集体经济仅有十万元的村庄，何以可能解决上千万资金的旧村改造与整治，村道路硬化、村庄污水处理与古建筑维修。调查得知，自从蒋某富书记上任后，该村就从各个层面拿到了近 2000 万元的大大小小 20 多项财政转移支付的项目，大大提升了村庄的品质。我曾向该村村委会主任提过这样的问题："我注意到你们村集体收入很有限，要搞这么大手笔的项目，你们是怎样解决这个资金的困难?"蒋村村委会主任的回答是："资金哇，领导蒋某富会讨来的。"

　　4. 通过投标、购买与置换等方式最大化挖掘与配置村庄内生性资源的经营能力。蒋村拥有明清古建筑群，但为不同村民所有。在这种情况下难以形成规模效应与配置效率。于是，蒋某富书记提议村集体从农户手中购回这些明清古建筑群归集体所有。经修缮后，这些明清古建筑群如今成为该村主要的景点。为了更好地开发利用村级资源，做大做强村级集体旅游产业，2011 年成立村旅游开发公司。当问及成立公司的动机有哪些时，蒋某富书记是这样回答的："目的是两块：一块人杰地利，比较丰富。我们是名人的故乡，如何挖掘名人文化，而且我们还可以挖掘农耕文化，农业观光旅游、乡村旅游农家乐应办起来。这是目前村里最大的一个动作。挖掘资源，也是让村民周边老百姓致富，既投资又回报。"

　　蒋村是一个村集体年收入只有 10 万元左右的村庄，何以可能启运村庄改造。除了通过土地整理的方式集约一些空间外，最主要的是通过投标与置换的方式赢得旧村改造运转资金。事实上，蒋村虽然个体经济较为发达，但村庄集体几乎是一个空壳村。在这种情况下，村庄的发展寄托在经济型能人蒋某富身上，其崛起也顺理成章。

（三）一位被请回来的非农户口村主任①

　　姚某拉是今天把花村带上市场化发展之路的当之无愧的能人。早在

---

　　① 这部分材料主要来源于 2005 年、2012 年的实地调研，部分以《规则不确定的理性表达》为题发表在《浙江师范大学学报》2008 年第 4 期，此处有增减。

2005年，我们就开始了对花村的关注，并多次进村深入调研。姚某拉从2005年走马上任花村村委会主任，一直连任到今天，已近20年，其崛起彻底改变了一个以农耕社会为主的传统型村落走向市场化发展之轨。但严格地讲，姚某拉是非花村村民。姚某拉虽出生在花村，26岁那年，父亲退休，他按当初的国家政策顶父亲之职，由农民转为工人，成为该县教育局管辖下的教具厂的一名员工，其户籍也随之转为居民户口迁出村庄。姚某拉先后在教具厂从事销售，跑供销，后自办企业。到1995年，自办企业产值达500万元左右。2001年成立为有限公司，姚某拉自任总经理。2005年该公司就已达300多名职工，2700万元产值，成为当地的纳税优胜企业。

1. 发展拐点与姚某拉选民资格的成功争取。花村坐落在浙江省个体私营经济较发达的永康市的西南角，隶属永康市城西街道。村庄人口2000余人，在2000年之前，村落变迁与发展比较缓慢，基本上属于农耕为主的传统型村落，大部分村民主要从事种、养殖业，或到邻近的企业打工为生。进入2000年后，永康市决定开发城西工业园，迎来了花村历史上千载难逢的发展机遇。恰逢此时，也就是2004年11月中旬永康市村级组织换届选举正式启动。当村庄处在发展拐点时，需要一位强有力的村落领导核心人物的出现，而姚某拉无疑是扮演了这样的角色。对花村村民而言，基于对姚某拉个人人品、管理能力以及社会资源等多方面的综合考量，村民们认为处在发展拐点的花村急需能人当家，最理想的结果就是姚某拉参选并成为"当家人"。但是，就当时的村委会选举制度而言，姚某拉是一位特殊的村民。其特殊性主要表现为：一是户籍不在花村，不属于户籍管理体制下的花村村民；二是非农村户口的个私企业主。

在现有乡村治理体制下，农村经济精英要进入村庄公共权力组织，成为村庄"当家人"，主要的途径是通过村委会选举，成为村委会成员，而要参与村委会选举，首要的条件是具有选民资格。若按惯例，以户籍为依据进行选民登记，姚某拉不在选民之列不具有选民资格。在这种情况下，姚某拉要成为村庄"当家人"，就必须突破选民资格认定的传统做法。于是，围绕着姚某拉选民资格认定，村民心照不宣地上演了一场理性的集体行动。第一步，为争取姚某拉的选民资格积极找寻支持性制度资源。花村村民在反复研究相关法律与规定的过程中，终于在《金华日报》上刊登的《浙江省村民委员会选举办法》第十一条款找到了适用条款。① 为姚某拉进入村级公共权力组织提供了合法性依据。之后，村民多次借助会议平台讨论，最终以联村干部、村民代表和党员等参加的联席会议为平台，以无记名投票表决的方式通过姚某拉的选民登记，并在 2004 年以绝对优势高票成功当选村委会主任。其中，全村共有 1028 个选民，有 945 人投赞成票。当然，高票当选的背后也意味着村民群众在姚某拉身上寄予了极大的厚望，也程度不等地实现了对村民委员会选民登记的一种突破与创新。直至以后，姚某拉连任至今，掌舵花村近 20 年。

2. 市场化治村策略与胆识。姚某拉走马上任花村村主任后，自身很清楚村民对其的预期认同毕竟不是事实认同。不孚众望，姚某拉显示了特殊的治理才能与雄心，并以连任至今的方式得到村民的事实认同。

一是热心公益事业。与许多农村个体私营业主一样，富裕了的姚某拉未担任村主任一职之前，逢年过节都会去慰问村里的老年人，并送上红包和其他日用品。早在 20 世纪 90 年代初，在姚某拉的号召下，由他出钱，村民出力，给村里做好了水泥路。当上村委会主任后，姚某拉更是自己出钱聘请老干部值班，畅通村庄信息沟通、村民诉求机制。

二是高屋建瓴，规划引领。花村村委在发展经济的同时，也注重村民生活品质的提高。据姚某拉自己所言，在原有基础设施建设的条件下，其将在未来三年投入巨资，建造文化活动中心。该活动中心的建成，将满足村民不同的娱乐需求。届时，村级养老院也将同步开建，真正让花村村民实现老有所乐、老有所养，无后顾之忧。2013 年，姚某拉在接受我们访谈时，有过这样的一段总结性回应："2005 年上任后，如何最大化发挥 500 万元征地余款的社会经济效益，成为上任后的最核心事情。第一步抓村规划，结合市政府的开发工业园，决定建造综合市场、菜场，投资约 700 万元。当时用地不规范，集体用地，事后认可。第二年房租 100 万元，现 500 万元左右。先投资不分红，老百姓有意见，边改造边建市场，第一届 48 户。第二届考虑最多的是无资金如何开发。第一步返还地国有

----

① 《浙江省村民委员会选举办法》，对选民资格做了进一步规定。针对特殊人员，该选举办法的第十一条规定："选民应当在户籍所在地的村进行登记。有特殊情况的，户籍不在本村的人员，是否在本村进行选民登记，由本村具体选举办法按有关规定确定。"

出让，招投标增收 5000 万元，造建材市场，2012 年开业，三年培育期，年租金 800 万元；第二步新农村改造，100 户左右。第三届的步骤是：第一步，第一年开头，承诺届满每位村民分红 1 万元/年；第二步开发化工市场，全省较正规，领导也很重视，消防检收过程中，店铺 300 家；第三步农户改造累积 180 户，现遇到的难题是民房指标有限。如何摸着石头过河，非常规，未批就建。我的总结与感悟是：领导多支持，多关心。下一步：老市场改进，一层变三层，争取房租 1000 万元，建养老院和文化中心。"① 该镇朱镇长也深为感慨："花村不容易，原先很穷，征地后利用返还地，硬生生地建成了综合市场、化工市场等。"②

三是借势盘活村庄存量资源，发展村级物业经济。如上所述，从 2000 年开始，由于永康市工业化、城市化扩展的需要，花村土地逐渐被当地政府征用以用于城西工业区的开发。截至 2005 年，累计超过 160 万平方米的村集体土地被新区征用，按照当地政府的政策，百分之十左右的返还地标准和当地土地征用的补偿标准，花村一共获得返还地约计 13 万平方米，土地补偿费 1700 多万元，其中 1200 万元发放村民，500 万元预留村集体。在 2005 年，花村的土地征用基本处于收尾阶段，永康城西工业开发区则基本成型，当年就有 300 多家企业入驻工业开发区。伴随企业而来的还有成千上万的外来劳动者。对于姚某拉来说，摆在村"两委"面前的一个现实问题是家门口逐渐热闹起来的工业园区，失地村民和村庄何以可能找到更好的可持续发展路子。

在这种情况下，姚某拉长期从事个体私营经济的经营理性与能力有了用武之地。譬如，注重盘活村集体零用地，对属于村集体但没有经济效益的鸡场进行合理开发利用和改造，并投入原先预留在村集体的 500 万元征用款，用于建设大型综合市场以及外来人口之家。由于众多企业以及外来人员的聚集，外来人口之家瞬间被租用一空，大型综合市场生意也异常火爆。500 万元的投入当年就收回收益 180 多万元，但从市场需求角度来说，却还远远不能满足需求。面对这种情况，姚某拉率领村干部与群众在原有基础上再次大手笔地启动了花村大型综合市场二期、三期工程。分别

---

① 2013 年 11 月 8 日永康市花村村委会办公室访谈记录。
② 2013 年 11 月 9 日永康市西城街道访谈记录。

在 2007 年新建了村庄大型超市，2008 年又新建了饮食一条街与服装夜市。截至 2009 年，花村综合市场面积超过 1 万平方米。这些配套设施的建立，不仅仅方便了外来务工人员的衣食住行，也壮大了村级集体经济，村民个人收入也大大提高。此时，花村在综合市场上的村集体收入每年达 500 万元以上，有些店铺光出租一间租金就高达 7 万—8 万元。村民收入也实现了多元化，不仅仅有村集体经济的分红，还有房子的出租收入，有些村民每年租房的收入就达到 10 万元以上，一些传统种菜的老农，种植的蔬菜也有销路了。

四是充分利用政策，以招投标等市场化方式，积累村集体发展基金。2008 年，花村的发展进入了一个新的阶段。而永康市也在三级干部会议上多次强调，为了更好地规划与发展，不准把征地返还地分到农户家中。花村合理利用这个政策，抓住政策导向之机之力，对发展村集体经济进行了进一步合理规划。之前建设花村综合市场以及新永康人之家带来的丰厚回报，让花村人对发展村集体经济产生了浓厚的兴趣。经过相关调研，同时在永康市委市政府的大力支持下，姚某拉再次率领村"两委"在 13 万平方米的商业和工业返还地上扩大再发展，但遭遇到资金不足的现实难题。于是，基于该市政府给定的政策条件，花村"两委"决定对村集体土地进行公开投标转让，拍卖村集体土地获得的钱，为花村建材市场的建设奠定了雄厚的经济基础，建成周边三县最大的建材市场。在此基础上，花村分别又投资 4000 万元，建设占地 4 万平方米的花村市场和建设占地 10 万平方米的石材市场，为花村培育了可以不断生"金蛋"的"花村市场群"，使花村走上可持续发展道路。在一定意义上，这种规划与发展道路是一种为寻求更高的资源利用率、更高的投资回报率，通过挖掘、累积、拓展人力资源、社会资本、资金、土地等生产要素，进行创造性优化组合与运转，建构了村庄规划型市场化发展之路。

（四）一位使空壳小山村蝶变为全国文明村的兴村名师

如前所述，早在 20 年前，呑村聚集了 50 余家电镀、抛光等低小散企业，村庄个体私营经济虽然非常发达但污染较为严重，村庄生态环境恶劣，村集体经济几乎成为空壳村。在这样背景下，1963 年出生，早年有过供销员经历，在外经商，拥有一家酒店用品企业，收益较丰的陈某芳决定要为村庄、村民做点事情。于是他不顾家人和众多亲朋好友的反对，决定参加 2002 年村委会换届选举，被公推直选为岙村村委会主任，2005 年 12 月当选岙村党支部书记兼村委会主任，直至今天。在陈某芳近 20 余年的带领下，曾经远近闻名的空壳小山村蝶变为拥有 2 亿多元集体资产的全国文明村、中国美丽乡村百佳范例。陈某芳本人先后荣获温州市"为民好书记"、2007 年当选温州市十一届人大代表，2008 年当选为浙江省十一届人大代表、"2010 中国改革十大新闻人物""省优秀共产党员""第十届全国基层干部十大新闻人物""浙江省新农村建设带头人金牛奖"浙江省首批兴村（治社）名师等荣誉称号。从调研来看，体现陈某芳治村特色的主要有以下方面。

一是构建信任，提升村"两委"战斗力。中国社会尤其是乡土社会是一个讲人情面子的社会。在这种社会里，信任是最强的战斗力。一旦信任缺失村庄将不可治理。陈某芳深谙其道。一方面自己在外经商多年，需要更多地了解村情民意；另一方面当时的村情极为复杂，派系严重。在此背景下，2002 年，陈某芳当选后的第一件事就是——拜访村庄老干部与名望人士。正如陈某芳自己所言：那时候大家还不了解我，在拜访时吃了不少闭门羹，受了不少委屈。虽然，陈某芳在当时已是当地小有名气的成功老板，但陈某芳放低身段，一次不行，就去第二次，反复多次，通过诚心交流，化解了不少误会，更是赢得了村"两委"干部和村民的信任，极大地提升了号召力和感召力。说起陈某芳的号召力，曾任村书记的戴某庆连称自叹不如：过去自己当村党支部书记时，村里 20 多个党员都分派系，而如今村里有 60 多个党员，却能做到一条心，无职党员也积极加入村务管理中。

二是个人垫付费用，制定村庄发展规划。2002 年陈某芳主任上任后，邀请专家，结合专业部门意见，制订了村庄总体发展规划。当时岙村村集体经济收入仅 22 万元，而村庄规划设计成本需 27 万元。当时大家都担心村里支出的这笔钱会打了水漂，这个提议在村庄联席会议上被一票否决。在这种情况下陈某芳书记自掏腰包，由他个人垫付规划费用，待规划大致实现之日再将钱归还。为了凝聚共识，让村民更加深刻地理解村庄发展规划的战略意义，陈某芳书记带领村"两委"成员，挨家挨户耐心地做思想工作，深入细致地解释这个规划的长远意义，逐步消除村民的疑虑，才最终得到了全体村民的理解和支持。

三是以治水卖水为支点撬动沉睡的村庄资源。为了避免村庄发展规划陷入空转，发展村集体经济成为不二选择。为了发展村集体经济，岙村以经营村庄资源为理念，以治水为突破口，造坝蓄水，治水卖水。瑞安市一名乡镇公务员是这样告诉我们的：当时颇有商业头脑的村委会主任陈某芳想到一条妙计，他叫来了村里的石匠们选址，开山劈石，用了半年时间挖凿出一个蓄水 3000 立方米的山塘。挖出的石料全部卖给镇上的石材厂，基本做到收支平衡。首个山塘建起后，岙村的生活用水不仅得到解决，而且从 2003 年起靠着供水给其他乡镇的多家企业，村集体收入就有 260 万元，奠定了村庄可持续发展的基础。陈某芳自身也因此赢得了村民的广泛认可，从 2005 年起至今，陈某芳就一直担任村党支部书记兼村委会主任。之后，水资源构成了岙村发展的独特优势。村庄充分利用村庄较丰富的水资源优势，多元化筹资 123 万元，建成一座山塘、三条蓄水堰坝和一座蓄水 7 万立方米的自来水厂。此举不仅彻底解决了村民用水困难，还有偿为周边企业提供生产用水。据了解，单这一项努力就使村集体每年增收 150 余万元。

四是以环境整治为突破口盘活村级资源，增殖村集体资产。环境是生产力，没有良好的居住环境、生产环境和治理环境是不可能推进村庄可持续发展的。针对资源的有限性，合理配置资源促进最大效益，这既是市场运营法宝，也是陈某芳书记治村的重要特色。围绕土地资源、水资源和环境资源等村集体资源，陈某芳书记率村"两委"人员进行了一系列创造性的努力。

针对村级土地资源，岙村广泛开展治水绿化、整治青山白化、低效土地二次开发利用等。在整治青山白化进程中，陈某芳书记顶着亲属重重压力，先搬迁自家的祖坟。在陈某芳书记带头下，岙村终于迁移村庄坟墓 5000 多穴，通过整理两块乱坟岗，腾出 69.5 亩土地并向社会公开招拍挂，拍出了 3.5 亿元的高价，使村集体经济收入再上一个新台阶。在此期间，村"两委"还通过艰苦卓绝的思想工作，将分布在村庄内的 5 大宗祠和多个宗教活动场所全部迁移到了拆迁坟墓整理出的"畚斗肚"地块，由村集体投资 300 多万元建设了"陈岙宗祠文化园"，将钱、陈、董、叶、戴 5 大宗祠集聚安置，既腾出土地支持了旧村改造和婚纱摄影基地建设，又为宗族和谐共处提供了阵地。

针对居住环境，岙村在2009年启动旧村改造。为了赢得全体村民的理解和支持，岙村组织党员、村民代表到国内和省内先进村参观学习，既开阔了村民的视野，又增强了建设村庄的信心。同时要改造就得先拆除违章建筑，这是触及村民饭碗的事儿，难度可想而知。因为家里违章建筑要被拆，村里一妇女甚至裹了一身黄泥，跑到陈某芳家里，又是骂又是摔电视机，最后还赖在床上不下来。即便是这样的村民，最终也被陈某芳苦口婆心地说服了。在后来实施农房集聚改造中，该妇女主动带头拆了自家的房子。在旧村改造过程中，陈某芳书记原本可以分到3套房子，但他只要了1套。为了避免旧村改造中出现违规或者避嫌，村庄制定了一个明文规定，2亿多元的旧村改造一期工程让谁建，村民代表说了算；村里大大小小的项目，只能外村人来做；承包商送上红包，全数返还。如今，97%的岙村村民住进了花园般的别墅小屋。为了保证分配公平，岙村用抓阄的方式分配别墅小屋。

针对外来务工人员的居住环境，岙村通过对村庄152穴坟墓的迁移整理出20多亩土地，利用村域内私营企业的押金，相继建成了外来务工人员公寓，改善了外来务工人员的居住环境。

针对生产环境，岙村致力于消除村域企业“三合一”现象，取缔了无证电镀23家，小冶炼16家，抛光作坊30多家。2013年底，村域内10家合法经营的私营企业全部迁移至市电镀园区，同时还拆除了村属工业用地上的违章建筑，整合建成标准厂房500余间，进一步拓宽了收入渠道，为村集体每年增收300多万元，为村级治理提供了资金保障。

针对治理环境，岙村突出沟通、信息共享和公共服务。如上所述，陈某芳本人善于沟通与协调等个人魅力是岙村走向良好治理的不可或缺要素。但是，基于人格魅力的治理，缺陷也是明显的，尤其是会严重影响治理的制度化和决策的风险性。陈某芳深谙其道。因此，在村庄治理上，岙村特别重视沟通和信息共享。2012年11月，岙村投入近20万元，正式启动数字电视公开“三务”工作。小到十多元的矿泉水、刷子购买，大到数万元的工程款，进进出出很清晰，在家随时可以点播。村民只要在家中用遥控器点击，就可以通过电视查看。面对流动性与多元性不断增强的村落，岙村重视村级公共安全与外来务工人员的管理与服务。除了上述提到的建立外来务工人员公寓,改善外来务工人员居住环境外,岙村先后投资完善村级监控系统,基本上实施了全村路面巷道监控全覆盖,特别是加强了村级警务室的建设,党员自主成立了义务治安巡逻队,更好地服务村域公共安全。

综上,四位"老板"村干部的治理实践大致呈现以下几方面共性:

一是村庄的致富能人乃至村庄首富。在"公社所有,队为基础"的产权结构中,农民的个私产权是不充分与不完整的,而且主要是由生产队掌控。随着个体私营经济的发展,一部分村民不仅快速积累了财富,拥有了充分的完整的个私产权,而且凭借个私产权拥有了在村庄的影响力。

二是长期连任村庄主职干部,村庄治理烙上能人印迹。上述可见,陈村、蒋村、花村与岙村的主职干部的任期均长达 15 年及以上。在义乌陈村,陈某森书记从 1999 年被请回来当村主任,之后党支部书记兼村委会主任长达 15 余年,推动着陈村的迅速发展。永康市花村姚某拉从 2005 年当选村委会主任以来,在十年左右的时间里把一个农耕型为主的村落引领走向了市场主导商业型村落。在现阶段,姚某拉继续以党支部书记兼村委主任"一肩挑"的身份主导村庄发展。在蒋村,得益于蒋某富十余年的连任及其对外源性支持的努力争取,蒋村无论是空间结构还是产业布局均深深烙上了"项目进村"的烙印;在岙村,陈某芳从 2002 年当选村委会主任,之后党支部书记兼村委会主任至今已整18 年,村庄发展不仅以陈某芳当主职干部为起点,而且深深地烙上了陈某芳的治村烙印。

三是重视盘活村级资源,推进村级资产的保值与增殖。有形与无形资源是强化组织号召力与动员力的重要基础。在村民自身拥有个私产权的背景下,"老板"村干部们非常清楚必须通过壮大集体经济赢得村民的认可与支持。长期以来,传统的集体经济局限于内部资产、资金与资源的配置与封闭式流动,缺乏与外界与市场的交换,呈现封闭的低水平重复循环,难以实现村集体资源的保值与增殖,尤其是个体私营经济发展以后彻底改变了村级治理的微观经济主体,人们无心无意无暇顾及村集体经济,致使许多村庄成为经济空壳村。同时,许多村庄的集体资源,如土地、山林、池塘、区位优势等有形无形的资源通常又成为无人照管、无人经营的沉睡资产。基于经营思维,沉睡资产显然是一种严重浪费。在上述背景下,拥有丰富工商实践经验的经济能人主持村庄治理后，分类、重组、配置，唤醒与盘活沉睡的集体资源，化腐朽为神奇，自然成为"老板"村干部治理村级公共事务的重要抓手。基于资源和资产相对安全的原则，上述"老板"村干部普遍采用物业租赁的方式经营村庄公共资源，实现村集体经济的保值与增殖。

二　"老板治村"的主要特点

（一）"老板"成为村庄治理的主政者

随着农村个体私营经济的嵌入，农民分化与社会流动的加剧，当下村级公共权力结构呈现出"老板"主导的特征，催生了独特的"老板治村"现象。

"老板"是民间的一种通俗称呼，主要是指占有一定生产资料、拥有较强致富能力的农村个体、私营工商业经营者。他们在改革开放以来的经济发展中率先致富，成为农村发展和农民奔小康的示范者和带头人。调研中发现，村民一般把这些率先致富的有钱人称为"老板"，并成为农民群众心目中的能人，通过选举进入村级领导班子，甚至当上主职村干部，成为村庄治理的主政者。宏观地看，"老板"型村干部具有以下特点。

第一，内生，有情怀。所谓内生，主要是指"老板"村干部出身于农村，绝大多数家庭在农村。从调查的典型村落来看，所有的"老板"村干部从小生长在农村，是地道的农民出身。其中有很大一部分，尤其20世纪70年代之前出生的"老板"村干部，在人民公社时期均在生产队里从事过农活。如义乌陈村的陈某森书记先后在生产队里当过生产队长、创建过村办企业，成为该村最早的创业者；温州岙村的陈某芳、永康市花村的姚某拉、蒋村的蒋某富均不例外，均在生产队集体化生产时期已开始显现其创业、经商等才干。改革开放后，随着国家对农村个体私营非农经济的认可与支持，他们冲破了有限耕地的束缚，洗脚上岸，走南闯北，在个体私营经济商海中驰骋。

"老板"村干部虽然脱离了农业，即便成为企业家，甚至是跨国企业老板，但由于出生于农村，曾经长期在农村生活，在他们身上深深地烙上了"乡土情怀""家乡情结"。例如，在 2010 年高票当选义乌市梅村村委会主任的贾某林，于 2000 年开始在杭州自主创业，经过近 10 年的闯荡，现在杭州已拥有一家年产值约 2000 万元左右的公司，主要经营外贸电脑刺绣业务。2011 年去该村调研时，贾主任跟我们说了以下这样一段话，深深地感受其家乡情结与乡土情怀。

　　我们梅村在 2000 年时，也就是我去杭州创业的这段时间，说句实在话，那时梅村在那时也算是数一数二的富裕村，是最宏伟的时候。2001 年改选时，把有能力的人改选掉了，本来 2001 年旧村改造规划过的，2000 年我们义乌市市委副书记驻村在我们这里，但未抓住机遇，这对老百姓来说是一种犯罪。十年一规划，过了这个村就没这个店了，关键的问题看他们这一届是不是踏踏实实。我们村是捧着金饭碗在要饭吃，这是一个什么概念，我们的地段是佛堂镇第一村，佛堂北大门，过了这个街道就是江东街道，是城区了，是交通枢纽，这么好的地段没发展起来，真的很可惜。作为我们肯定会痛心疾首，因为我是梅村从小土生土长的。接下来是争取政策、先规划、再申报，申报之后如果成功，再制作细则，肯定要让每一个老百姓心知肚明，这是我们必须做到的。但政策上的东西有些时候没有到实施时，只能让他们在舆论方面进行引导与宣传，有些会认为你是吹牛皮，旧村改造哪有那么容易，非言非语肯定会有，既然是选上，我就不管那么多，关键是认真。我是 2011 年 1 月 13 日当选，高票当选。这次说实在，有些时候老百姓看得起我，有时我也是摸不着头脑，老百姓怎么会这么支持我呢？竞争村长，就我一个人竞选，没有这样一个村的，在这种情况下，我不好好干事情就对不起老百姓了。一共 701 合法票，正式选举是 651 人，我是 631 票，20 个人没投。他们越信任我，我就越感觉如果不为他们做实事的话就太对不起他们。

　　第二，致富能人。随着人民公社体制的瓦解，广袤的田野发生了深刻的经济社会变迁，农村个体私营经济得到了复兴与迅速成长，涌现出了一大批洗脚上岸，在商海中博弈的个体、私营企业老板。那些陆续进入村庄治理领导岗位，特别是担任村书记或村委会主任的个体、私营企业老板们，往往在商海中闯荡多年，积累了丰富的市场经验和经济资本。从调研来看，村党支部书记与村委会主任基本上是村庄致富能人。陈村的陈某森书记、花村的姚某拉主任，蒋村的蒋某富书记，英村的吕某南书记，梅村的贾某林主任均是村里的最富有者之一。

第三，能贤兼备。能人通常是指某方面才能出众的人。"老板"型村干部在村内拥有较普通村民更多的有形、无形财富，如知识、经验、财富、管理、声望、话语权、影响力或关系，等等。就现阶段农村而言，财富与资产拥有的多与少是衡量能人与否的重要指标，但不是唯一指标。"为富不仁"即便存在也会被村民歧视。从调研的村落来看，能连任主职村干部的"老板"往往是多种身份集一身的能人，尤其是"老板"村书记与主任往往是村庄中的经济精英、社会精英与政治精英等的融合体。上述描述可见，无论是蒋村的蒋某富、花村的姚某拉、陈村的陈某森还是乔村的陈某芳，他们的经历相似、身份相似更有治村行动相似，均为村庄先富群体，均当选为人大代表、均长期担任村庄主职干部、均有公益心和乡土情怀，集财富、道德、能力与社会地位为一身。

（二）"老板"村干部量质齐升

区别于集体经济背景下的能人治理，在个体私营经济发展的背景下，特别是在个体私营经济发达的村庄，村落中出现了一大批"老板"，他们积极介入村庄政治生活，竞选村级领导岗位。在这些村的村级班子中，"老板"村干部无论在数量上还是影响力上均占居优势。

就当下村庄治理的制度安排来看，村党支部委员会、村民委员会、村经济合作社管委会共同构成了村级公共权力组织，分别执掌着村庄治理的领导权、自治权和经济权。在实践治理过程中，这三个村级公共权力组织事实上是同构与一体化的关联执事，村党支部委员会与村民委员会实际执掌着村庄主要公共权力，尤其是村党支部委员会，成为村庄治理的核心。从数量上来看，农村个体私营企业"老板"在村庄公共权力结构中占据绝对优势，形成了个体私营经济能人主导村庄公共权力格局的特点。

早在 2004 年底至 2005 年新一轮村级组织换届选举中，永康市新一届选出村党支部书记 653 人、村委会主任 706 人，其中私营企业主分别占

220 人和 524 人。① 据有关的调查和统计，从 2013 年 10 月下旬至 2014 年
1 月换届试点中，浙江新一届村党组织书记，有创办企业经历的占
29.7%，有外出务工经商经历的占 35.1%，农业大户、专业户或专业合
作社骨干的占 11.6%。其中浙江省 70% 村书记主任，具有经商经历。② 无
论是从市（县、区）层面，还是镇、村层面来看，我们所调研的区域均
呈现个体私营经济主体在村级公共权力中拥有量的绝对优势。根据对收集
到的相关统计数据整理来看，在 2013 年浙江省村级组织换届选举中，瑞
安市 896 名村党支部书记中（曾）创办企业的、有外出务工经商经历的、
农业大户、专业合作社骨干共 774 名，占比为 86.4%；在 903 名村委会主
任中，经商办企业者 405 名，占比为 44.9%；在 898 名村经济合作社管委
会社长中，工商业主、农民专业合作社负责人、专业大户共 464 名，占比
51.7%。在江山市，289 名当选的村支部书记中（曾）创办企业的、有外
出务工经商经历的、农业大户、专业合作社骨干共 288 名，占比为
99.7%。在义乌市佛堂镇，2011 年村民委员会换届选举当选的 43 人中，
经商、办厂的就有 35 人，占比 81.4%。即便我们调研的参照村松阳县寺
平村，从其村委构成比例来看，同样呈现个体私营工商能人占主体的情
况。在寺平村，村党支部书记与村委主任均是私营企业主，其余的村
"两委"成员要么加工茶叶，要么从事贩运、养猪；在 33 个村民代表中，
50% 从事个体经营经济。

（三）"老板"主导村庄治理

　　能人治村下的村庄治理过程大致分为四种类型：一是垄断型。村干部
由"老板"组成，"老板"村干部垄断村庄权力，支配村庄公共活动，在
村庄治理中具有至高无上的地位。二是主导型。"老板"在村干部中占多
数，主导村务管理活动。从调研来看，这种类型较为普遍。三是均势合作
型。村干部力量相对均势，且能够基于合作推进治理。应该说这是一种比
较理想的公共权力结构，但目前相对少见。四是均势分化型。村干部力量

---

　　① 2005 年 7 月赴浙江永康调研资料；卢福营：《能人政治：私营企业主治村现象研究——
以浙江省永康市为例》，中国社会科学出版社 2010 年版，第 66 页。
　　② 祖轩：《选出干净办事的村班子》，《今日浙江》2014 年第 1 期。

相对均势但充满博弈，存在明显的派系竞争或宗族博弈，难以有效实现多元共治。一般而言，这种村庄往往陷入内耗，不利于村庄有效发展。比如，课题组走访过的义乌市义村，村庄个体私营经济非常发达，但由于历史上该村庄相对复杂，村庄经济实力最强的村民由于各种原因都没有直接进入村级干部队伍，而是用培植代言人的方式介入村级公共权力，遥控村级公共事务管理。由于村中经济实力最强者之间存在冲突，进而导致村级公共权力的离散化，村庄公共管理几乎陷入困境。

从调研来看，"老板"主导村庄是一种较为普遍现象，主要表现为个体私营业主们在推进村庄发展，促进村庄善治过程中发挥着支配性与决定性作用。如前所述，"老板"的主导作用主要体现在三方面：一是村庄发展的规划者；二是村庄资源的整合与动员者；三是村庄发展的运作与经营者。调研的陈村、蒋村、花村、岙村还是鲍村，无论是村庄居住环境、基础设施的完善还是村集体经济的发展路径，均深深地烙上"老板"村干部的治理理念及实践痕迹。

三 "老板治村"的策略选择

个体私营经济背景下的"老板治村"既不同于传统村庄治理，也有别于集体经济背景下的能人治理，突出地表现在治理策略的选择。

（一）"重义讲利"的交换理性

在自给自足主导的农耕社会，人们的经济行动主要是为了需求满足的目的所进行的家计性交换，"以义制利"成为中国传统价值取向，乡村治理中历来强调"义以为上"的价值理性或韦伯所言的实质理性，即经济取向的社会行动所进行的种种财货供给总是（将是或应该是）从某种价值判准的观点出发，且受此一判准检验。[①] 伴随农村个体私营经济的发展，村民自己掌握着自己的经济权力，而且绝大部分都是从事市场取向的个体私营非农经济，以市场为取向所进行的营利交换主导乡村的经济活

---

① ［德］韦伯：《经济行动与社会团体》，《韦伯作品集》Ⅳ，广西师范大学出版社 2004 年版，第 36 页。

动，表现出任何理性经济固有的"事前准备"主导着村庄治理，开始探索和运用利益杠杆的奖惩和交换理性实施公共决策和管理，完善村庄公共基础设施，提升村级公共服务水平，达致村庄内部的协调和稳定。

通过对访谈资料的整理与分析，调研村落普遍重视利益杠杆在村庄治理中的作用。例如，永康英村卫生保洁协议第五条规定：保洁员应自觉接受村卫生监督员及上级有关部门的卫生检查监督与指导，履行保洁员的职责，如有在上级卫生抽查中出现扣分现象，村委将扣除1000元人民币，以示罚款；如未出现扣分现象，村将奖给2000元人民币，以资鼓励。村委应教育好村民自觉遵守《村规民约》，养成良好的卫生习惯。下述案例是一个典型的在"利"和"义"之间通过交换理性建构非排他性的村庄公共选择。

松阳县虽是一个山区县，但寺平村所在的古镇是一个省级重点镇，寺平村是一个以经营茶叶主导的村庄。村庄有一半以上的人在全国各地经营茶叶，村庄约有三分之一农户加工茶叶，在一定意义上也是一个以个体私营经济为基础的特色村庄，村庄发展的后发优势正在显现。该村在实施旧村改造过程中，充分运用了"宅基地置换公寓"的新做法，即孤寡、贫困以及留守老人将宅基地交给村集体，根据房屋面积、构造结构得到相应补助，并免费搬进村老人公寓居住，直到终年。从传统"义利观"来看，"宅基地置换公寓"的做法挑战了"义以为上"的价值理性，值得商榷，甚至引起质疑。但从村庄实践效应来看，这种做法呈现合作共赢的交换理性。一是改善了孤寡、贫困等无力无钱的特殊村民的生活居住条件；二是解决了村庄公共事务的一些瓶颈性难题。通过"宅基地置换公寓"，村庄不仅节余了一些土地可以用来整体性开发，同时又能较好地推进村庄旧村改造的实施。

无疑，松阳县寺平村农村独居老人宅基地换公寓的案例，是一个挑战传统义利观，综合运用利益杠杆，呈现交换理性，达致合作共赢的典型案例。传统村庄是基于各种血缘、姻缘等关联的熟人社会，由此形成了复杂的"情面"，并根据"情面"进行差序式交往与选择。区别于传统的自然性个体经济，农村商品性个体私营经济活动在不断冲破村庄区域边界，超越血缘、姻缘等关联，走上了更为广阔且陌生的区域，与各种陌生经济主体打交道，进行经济贸易等工商实践的往来。在这种情况下，借助于规范性制度可以把经济主体的行为限制在自愿交易的规则范围之内，使交易的结果趋向有序有效。为减少与陌生人交往成本，提升交往效用，通过双方都能接受的规则进行交往成为一种简便易行又能提高效用的选择。如此，讲规范、讲契约的商品性经济逻辑势必深刻地影响着村庄治理。在我们调研的村落，往往是契约与协议并举，强调治理行为的制度化与规范化。村庄公共项目大到征地拆迁、旧村改造，小到村庄保洁，一般都以契约与协议的方式，规定行为主体间的权利与义务。

（二）自律下的表率

一个既能统治他人又能受人统治的人往往受到人们的称赞，贤明的统治者就是善良之人和有智谋的人。[①] 德行与德治是赢得认同与降低治理成本的基础，老板们深谙其道。调查中，曾与蒋村蒋某富书记有过一次深入访谈，摘录片段，引以为据：

> 问：你曾获得了劳动模范、区、市两级人大代表等多项荣誉称号，又长期担任村支部书记，你觉得自己有哪些优势？
>
> 答：优势也没有，主要是当书记也好，做事情也好，最关键的是要当好书记先自己做人做好，这个是关键。你做人不做好，书记也不会成功。
>
> 问：刚才你说要做人，怎样做人呢？
>
> 答：做人对自己必须要严格，对自己严格，对家里严格，对自己朋友严格。
>
> 问：表现在哪些事情上？
>
> 答：一个事情，如家里批房子一样，农村是最关键的。我自己如果要去批房子，整个村400户、500户，我够条件，能够批到。这个居住，谁不喜欢自己村里搞一套房子，这个是自己最大利益化。在这件事情上，这个就是自己让人家。譬如，大家最关注也最敏感的坟墓迁移，我首先就动员自己家族先带头。还有旧村改造，旧房拆迁均是动员家族、家人先带头。

---

① 《亚里士多德选集》，中国人民大学出版社1999年版，第81—82页。

事实上，由于村民拥有程度不等的个体私有财产，获得了经济自主权，使得"老板"村干部，除了经济上的特别致富之能令人尊重之外，往往还需要借助自身的表率和示范，才能成就其在乡村治理中的影响力与动员力。

（三）抢抓机遇

机遇指的是对一特定事物的发展而言并非必定出现，但一经出现就可能改变事物现存状态的事件和条件。通常具有两个特点：第一是不确定性，机遇能否出现，机遇在什么时间什么地点出现，机遇以什么方式出现，都是不完全确定的。第二，非常驻性，机遇对特定事物而言并不是总是存在和不变。即"机不可失，时不再来"[1]。这就意味着，只有主动把握机会、创造机会的主体才能在不确定性、非常驻性的机会面前使机会转化成机遇。市场经济复杂多变，这就要求经营管理者具有强烈的机遇意识，捕捉与创造瞬间即逝的机会。区别于"等、靠、要"治理理念，个体私营经济浸润下的村庄与经营主体，更是深刻地认识到机遇的可贵，处处充满着捕捉机遇的意识，努力抓住一切有利的发展机遇推动村庄自我发展。

区别于传统村干部的守望者角色，在个体私营经济发展背景下，村级公共权力的功能角色已从纯粹的守望者拓展到推动者、开拓者与发展者，多元角色于一身。在这种背景下，经济能人审时度势的机遇意识得到了彰显。从上述陈村、蒋村、花村和岙村四个案例来看，各行"老板"不约而同地在村庄进入发展拐点时成为村庄当家人，成为村庄发展的规划者、倡导者、开拓者和主导者，对于村庄的可持续发展起到了孵化功能。在访谈花村姚某拉书记时，其坦言：在村"两委"班子中，自己的思维和意识一直是比较超前的，其他村"两委"干部一般要花很长的时间才能明白过来。

一是抢抓发展机遇。无论陈村的陈某森、蒋村的蒋某富、花村的姚某拉还是岙村的陈某芳，他们均有一个共同特点是捕捉机遇，包括政策机遇、产业发展机遇以及区域发展机遇，及时推进村庄发展与转型，用办企

---

① 黄仁伟：《论机遇意识》，《北京日报》2010 年 11 月 1 日。

业的思路经营村庄，等等。借用机遇，想尽办法，打造“生蛋金鸡”，发挥“四两拨千斤”功能。类似老百姓所言，这类人很会动脑子。

二是审时度势规划村庄发展。从我们调查来看，村庄发展得比较理想的，差不多都有一个共同的特点，即对村庄发展有清晰的路线图。当然，路线图的规划、倡导与推动也基本上是由各路经济能人和“老板”型权威人物主导。无论是蒋村、陈村、花村还是岙村均有着大手笔的产业规划与村庄发展规划，而这些规划均是在个体私营业主们主政后提出。调查中，义乌陈村陈某森书记告知：1996 年，当时村情况不好，村民说让我回来，我是被推上去当村委主任。真正连自己的家庭、事业都搞不好的人，管一个村多少是存在问题的。如能力问题、经济方面说不定也会产生一些想法，没资本也做不了事情，当然品德不行也选不上。1998 年选为义乌市人大代表，当时提出新农村建设，但无规划，没有像样的东西拿出来，我问了，是不是给我一个政策，按规划，不要建建拆拆。让我试试看，只要有决心也能做到。1999 年义乌市把我们村作为新农村建设试点村之一，有了政策，我们马上就动手规划、实施，2002 年，三年内改造完成了。

蒋村之所以开始旧村改造，源起于 1990 年，蒋某富书记与当时的蒋某强主任去党校培训时，审时度势地意识到村里必须改造，不改造必然会落后，对不起村民。通过对蒋某强主任的访谈得知，当时村“两委”班子的确非常强硬也非常团结，当时有一个原则是先拆旧房子再批新房子，断了后路。旧房子拆掉，住哪里去，当时意见很大的。我们村的政策是我们出钱，给你租房，这样子群众也没多大意见，不然新房子建好，老房子不拆，很难做工作的。为节省钱，蒋村蒋某富书记腾出自己的三层楼房子免费供涉及旧村改造的农户居住使用。

（四）圆通促创业

“老板”村干部因长期的个体私营工商实践形成了独到的圆通思维、敢闯敢试的企业家精神与创业品格。圆通思维强调的是一种合作共赢的“帕累托”逻辑。事实上，早在人民公社时期，农民基于生存理性，通常采用买工分、交管理费或交副业款的“土办法”获得外出权。而这些土办法的一个显著特征是于个人、于家庭、于生产队甚至于社会都是有利的策略，背后折射的是均衡与互惠的行为取向。[1] 随着农村从生存型向发展型转型，农村工商实践形塑的圆通与合作共赢思维在村庄治理中得到进一步强化与运用。长期艰辛的草根工商实践，使得经济精英积累了审时度势、根据形势与利益损益做适应性调整的经验与能力，并自然运用到治村实践。一般而言，争取乡镇支持的前提下，最大化平衡村庄与村民利益是个体私营业主选择治村策略的基本取向。下述二位"老板"书记的经验事实就是极好的证明。

针对旧村改造的利益平衡，义乌陈村陈某森书记是这样告诉我们的：我们村旧村改造，关系到每家每户的根本利益。我们为老百姓做事情，就是让老百姓得到实惠，让他们有利益。这个利益不是这个给很多、那个给很少，我们要考虑整体利益，如何提高。包括家庭条件拮据的，我们如何照顾，条件比较好的又该如何办，一系列的东西都得通盘考虑，要善协调，说事实讲道理，两头讨好，老百姓摆平，搞不好上告，给政府负担，我们村无一人告状；若乡镇与村有矛盾、冲突时，要把握分寸与度。

在金华蒋村之所以对各种项目采用"包清工"的方式，该村蒋某富书记是这样认为的：旧村改造时，我们先做污水管道、污水处理池，上面再做硬化。我们不承包自己做。（围绕）国家项目，我们都是双赢的。老百姓不用贴钱又赚工资，国家出钱、村里不出钱、老百姓又赚钱，老百姓打工就是赚钱。项目肯定要有人做。什么项目都放到我们这里做，就是你能够完成上级交给你们的任务。这个就是我们的资源。

可见，就行为主体思维角度而言，"老板"村干部往往基于需求取向来思考，体现的是一种合作思维而非冲突思维。当村与乡镇出现矛盾、冲突时，"老板"村干部首先想到的是尽量不给政府增加负担。通过各种圆通手段，协调政府与村庄、干部与百姓之间的关系。当遇到发展困难时借助各种运作方式进行变通，进而推动治理和创业目标的实现。笔者与蒋村蒋某富书记有过以下对话：

问：请问现在村里急需做的事情有哪些？

---

① 参见应小丽《草根政治：农民自主行为与制度变迁——以 1952—1992 年浙江为例》，中国社会科学出版社 2009 年版，第 129 页。

答：现在我们整个精力首先是修缮古建筑和开发。

问：现在碰到的困难有哪些？

答：现在困难总是有的，我们就是要去解决。

问：有没有遇到资金上的问题？

答：现在资金问题只有克服。

问：如何克服？

答：动脑筋。

问：有什么设想？

答：运作噢。一个是向上运作。第二个向老百姓运作。第三，向企业老板运作。争取一下老板投点（资）过来。

调研中，我们注意到一个普遍的现象，"老板"村干部往往拥有化零为整的动员力。无论是蒋村、花村、陈村还是呑村都先后进行了大规模的土地整理，把碎片化的土地重新集中到村集体手里。若遇政府征地拆迁后的返回地，均不是化整为零，而是化零为整，村集体重新再次利用与开发。

区别于"等靠要"传统计划经济思维，"老板"村干部想得最多，做得最多就是如何通过争取、想办法、动脑子发挥村级组织的孵化功能，为村庄可持续发展建构平台。就调研来看，创业型发展可以概括为个体私营经济主体成为治理权威后的主流行为选择。通常是"借地生财"获得村庄发展基金后，致力于物业经济，包括厂房、菜场、市场等开发与利用，也有的根据村情进军旅游产业，有的致力于推动村庄市场化发展。

（五）经营政策

区别于传统自给自足的普通村民，个体私营经济老板在长期的工商实践中更能感受到国家与政策的力量，用足用好政策成为他们努力与成功之诀窍。

一是用活政策。个体私营经济发达的村庄往往是村集体经济非常有限甚至空壳的村庄。在这种情况下，村级组织的权威能力缺乏集体经济的有力支撑，故"老板"村干部通常把发展集体经济作为形塑权威的重要来源与治村抓手。从义乌市陈村对村旁铁路边土地的开发，到花村对返还地的综合运用，再到蒋村对山坡地的利用，先后都曾充分运用过政策擦边球的策略，大力发展"以地生财"的村级物业经济。陈村到花村再到蒋村的旧村改造、村级物业经济的启动资金均程度不等地来源于"以地生财"。例如，有的源自旧村改造中的土地分类投标所得，有的借用黄土丘陵进行土地改造，争取更多土地指标；有的通过土地转让，有的源自土地征收款等。

二是用足政策。村级公共权力的有效运用有赖对公共政策的有效把握。在新旧体制夹缝中成长壮大与打拼的农村个体私营经济老板们有着很强的自主意识，深刻懂得用足用好用活政策的重要性与必要性，造就了领悟政策的敏感性，自然地体现在治村理念与实践中。义乌陈村陈某森书记深有感触地说："我们的国家政策是火车头尾巴，火车头在前，政策在后，实践在前。"蒋村蒋某富书记则坦言："抓机遇，有时需要先上车再补票。"

三是争取外援。进入新世纪以来，随着强农惠农政策力度不断加大，"老板"村干部尤其是村集体经济比较薄弱的"老板"型治理精英更是积极主动地争取与充分利用强农惠农政策，为村庄积累各种发展资金。让我们以蒋村通过项目提升村庄公共基础设施与公共产品为例，再略加说明外援何以可能。[①] 如上所述，蒋村虽然个体私营经济比较发达，但村集体经济与收益非常有限，一年最多十万元集体收入。面对国家反哺农村这一历史性机遇，蒋村从村庄发展的现实条件和需要出发，以灵活多样、合理合适的策略，积极向上关联，提升"项目进村"的可能性。在蒋村连任 5 届村书记的蒋某富利用劳动模范、人大代表、财富精英等多重身份，最大化向上级有关部门争取项目资源。这主要表现为两方面：一是与部门挂钩和结对子。近 10 年，蒋村与所辖区、市级宣传部、土管局、卫生局、建设局、旅游局、文联等各级政府和职能部门取得广泛联系。正是借助于结对子或部门挂钩的方式，蒋村由此获得了一系列支农资金、产业政策等支持与倾斜。2006 年新农村建设指导员杨某成依托电业局单位的优势，为村里筹来了电网改造所需的 70 余万元资金；2009 年蒋村成为该市宣传部

---

① 应小丽：《"项目进村"中村庄自主性的扩展与借力效应——基于浙江 J 村的考察》，《浙江社会科学》2013 年第 10 期，是本项目的阶段性研究成果。此处有所删节。

长陶某华的蹲点村，陶某华利用自身资源不但解决蒋村土地整理后的一些遗留问题，而且为村庄争取了一系列项目，还给村里送来了上万元的图书及书架等文化厚礼。二是最大限度地动用各种社会资本。一般来说，各种惠农项目是自上而下地由政府发包，决定权主要掌握在部门甚至个别主管手中，要靠人去跑、靠人际关系去疏通，存在着很大不确定性。为了获得更多的项目，蒋村动用各种社会关系网络积极向各级政府部门跑要项目。调研中，镇、村两级干部均不同程度地谈到了"跑项目"这一现象。蒋村书记蒋某富坦言："村里人在外面当领导，包括村里的女婿，或者通过朋友。只要有路的都要走，什么都走。甚至跑到省里去要钱要项目。"曾任村委主任的蒋 GY 看来，"我们是见缝插针的，不管是什么都去讨点来，讨饭一样的。"截至 2013 年，蒋村围绕农房改造、古建筑保护、村庄整治、村庄文化建设等各类各级项目，硬生生地把一个几乎是空壳村的村庄通过各种项目，先后争取了近 1000 万元资金，开辟出了村庄自主空间，使村庄发生了翻天覆地的变化。如果没有个体私营业主对土地政策的充分把握，如果没有"老板"书记蒋某富对村情和政策的了解，没有对项目政策的用足用好用活的话，很难想象这类集体经济空壳村是何以可能撬动发展的。

（六）捐助奉献树名望

富未必受人尊敬，为富不仁者往往得不到村民群众的认同。故此，"老板"村干部懂得利用自身的财富优势捐赠公益、奉献慈善、接济贫弱等，借此获得民众认同，在村落社会中树名立威。从调查的村落来看，"老板"村干部基本上都曾有过捐资、关爱贫弱等公益事业。调查蒋村时，我与蒋某富书记有过以下这样一段对话。

问：现在村干部的误工费每年是多少？
答：我们是由政府给的。
问：村里面没有。
答：没有。
问：政府给，你大概多少？
答：我 9000 多元。

问，只有 9000 多元，不算多，你为什么愿意干，并且倒贴了很多？

答：这个不是钱的问题。为了老百姓，我们也做无形资产。赚多少钱不是目的，我们是为了后代，这个是谁手上做呀，这个是做好事呀，不是工资高低问题。（我）每年都为村里过年过节倒贴 4、5 万元，我工资从来没有（拿）的，都拿来给困难户的。

花村主任姚某拉也不例外，热心公益，乐于助人。如前所述，在当选为村主任之前，姚某拉就曾多次捐款建设村庄道路、凉亭等村级基础设施，在 20 世纪 90 年代为村庄修水泥路就捐款 10 多万元，同时给困难村民提供经济上的帮助。上任后，又经常由个人支付村庄公共管理的相关费用，私人出资聘用村民做村务联络员等。陈村的陈某森和岙村陈某芳在村民旧村改造有困难时给予垫资，有的垫资金额已超十年。至于连任多届的村主任与村书记，按规定其一年的工资是 9000—12000 元不等，在陈村、花村、蒋村和岙村，四位"老板"村干部均把这笔工资用于村公益事业。

四　"老板治村"的生成机理

在农村个体私营经济背景下，要回答"老板治村"的生成机制，至少需要回答两个方面的问题：一是"老板"何以可能获取村级领导而执掌领导权力；二是"老板"获得领导地位后凭借什么行使权力，实施治村行为，使权力得到有效运用。在影响"老板治村"的生成机制和因素中，以下四方面的变量关系尤为重要。

（一）政治吸纳

一般而言，经济实力、管理能力、人格魅力和政府的支持是不可或缺的治理权威来源。"老板治村"在一定意义上也是各级党委政府所主张与支持。一是"老板"的出现本身就是伴着国家推进农村个体私营经济的成长而壮大，本身就是国家结构现代农村的产物。正如习近平致全国个体劳动者第五次代表大会的贺信所指出：我国个体私营经济是改革开放的产物。40 年来，在党和国家鼓励、支持、引导方针政策指引下，个体私营经济在稳定增长、促进创新、增加就业、改善民生等方面发挥了重要作用。① 二是贤能型"老板"介入村庄公共治理也是政府之积极倡导。就调研来看，随着一大批个体私营业主的成长壮大，相关政府顺势及时地实施了政治吸纳与行政赋权战略。正如《中国共产党农村基层组织工作条例》第十六条明确提出村党组织书记应当注重从本村致富能手、外出务工经商返乡人员中的党员培养选拔。②

1. 积极培养"双强双带"型村干部。"双强"是指"服务能力强、致富能力强"，"双带"是指带头致富与带领群众共同致富。这是浙江省各级政府一直以来的倡导。早在1994年1月10日召开的永康市委扩大会议上，明确提出了"培养建设一支企业家型的农村党支部书记队伍"的号召，并采取了一些超常规举措。例如，选送一批年轻有为的农村党支部书记或党支书后备人选到大专院校接受正规化、系统化培训，其中私营企业主占相当大比例。又如鼓励私营企业主担任党支部书记。经过调整，永康市农村党支部书记队伍结构发生很大变化，1994年，全市企业家型农村党支部书记就占了28%。③

在2013年村级组织换届中，瑞安市建立外出能人信息库，引导鼓励创业有成、有时间有意愿帮助家乡建设的外出能人回村参选，使新一届村"两委"中的能人比例大幅提升，班子凝聚力战斗力大大增强。为切实抓好换届后的村党支部书记队伍建设，瑞安市在2013年又开始实施了百名"领头雁"工程。该工程的总体要求与根本任务是，每年精心挑选10%左右的农村党支部书记，建立健全选拔、培养、考核、激励体系，努力营造鼓励和支持农村干部干事创业、强村富民的良好社会氛围和工作环境。为了提升村级集体经济组织管理能力，在2019年，杭州市余杭区印发《余杭区扶持培育农村经营管理人才实施办法》。

2. 动员与支持贤能型"老板"进入村级公共权力。作为理性的行动主体，随着个体私营经济扩大再生产与转型，村庄经济能人出现外流现象

---

① 《习近平致全国个体劳动者第五次代表大会的贺信》，《人民日报》2018年1月23日01版。

② 中共中央印发：《中国共产党农村基层组织工作条例》，《人民日报》2019年1月11日01版。

③ 卢福营：《治理村庄：农村新兴经济精英的社会责任》，《社会科学》2008年第12期。

严重的事实，浙江省各级政府明确提出并采取了积极措施，实施"浙商回乡""乡贤回归"工程。2013 年 12 月温州瑞安市完成了 910 个村的村党组织、村民委员会、村经济合作社管委会、村务监督委员会换届工作，全市共有 319 名外出经商能人接受各镇街邀请回乡参加村级组织换届选举并全部当选。为了突出"服务能力强、带富能力强"的"双强"标准，金华市曹宅镇积极寻找并动员在外创业务工的优秀企业家、管理人员等能人回村参加村委会竞选。在各级政府积极引导与主动吸纳下，越来越多的贤能型"老板"开始参与到乡村治理实践，具有了行政性赋予权威的特征。换句话说。"老板治村"在一定意义上也是国家重新建构现代农村基层的重要结果。

（二）复合资本

在现代交换理论看来，社会交换主体不仅仅是理性的行动者，而且在理性原则的作用下，个人组成的群体按照他们所拥有的资源，和其对他人提供的互惠要求产生分化，有些人拥有比其他人价值更大的资源，他们可以从其他所有想得到他提供的较高价值资源的人那里得到报酬，这种报酬按其价值由小到大排列可分为四个等级：金钱、社会赞同、尊重或尊敬、服从，当社会行动者在交换关系中可以得到最高价值等级的报酬—服从时，它就拥有了权力。[1] 在个体私营经济嵌入后的村庄，治理权威的影响力首先来源于自身的复合资本优势，并借助于这些复合资本积累了普通村民无法比拟的优势，进而在社会交换中赢得认同。

1. 财富资本强话语。权力总是和某些稀缺资源有关。得益于国家对农村个体私营经济的承认与推动，以及市场取向的改革，财富迅速成为人们追逐的稀缺资源，拥有财富意味着拥有话语权，意味着成功人士，因此成为衡量权威与否的重要指标。这就不难理解在浙江农村70% 以上的村干部都是从事个体私营经济的当地财富精英。早在 1925年，俄国经济学家恰亚诺夫就曾指出：没有哪个农民会拒绝烤牛肉或者留声机，更没有哪个农民会拒绝拥有一大把壳牌石油公司的股票，如果

---

[1] ［美］乔纳德·特纳：《社会学理论的结构》（上），邱泽奇等译，华夏出版社 2001 年版，第 285 页。

他有这种机会的话。① 面对市场经济带来的不确定性，经济资本是最有力的发展之本与权威之源。相对而言，传统农村中存在的伦理权威，如长老型、家庭型权威，在充满不确定的市场经济面前，对于渴求改善衣食住行的"底层"百姓而言，其作用显得式微。正如韦伯所言，这是一种资本力，是指对于（营利经营中被当作资本来使用的）营利手段与经济机会拥有处分权者，由于此种处分权，并且由于经济行动是以资本主义的营利计算原则为取向，所以相较于他人而占有一种独特的权力地位。② 在个体私营经济大行其道的乡村，随着村民对收入增长的追求，悄然地改变了他们对乡村权威认识标准的转变，乡民们最稀缺最看重的是资本，拥有资本意味着拥有发展的机会，拥有着抵御市场风险的实力。

当有些村民拿不出足够的资金改善居住环境，又没有传统农耕社会下家族与人民公社时期集体力量依托的情况下，经济资本拥有者就能充分发挥优势，进而在自觉与不自觉中获得声望，拥有影响力与话语权，成为权威。如前所述，为更好撬动村庄公共事务，"老板"村干部尤其是主职干部通常有垫资行为。如义乌市陈村陈某森书记垫资十余万元，用于撬动旧村改造；诸暨市草塔镇前店从事珍珠生意的村书记边某强及主任各垫资 5 万元，用于启动村庄整治项目；花村的姚某拉、蒋村的蒋某富也不例外。

2. 社会资本强动员。在一定意义上，权威关系、信任关系和规范都是社会资本的形式或生成器③。根据布迪厄的定义，社会资本是一种基于人际网络的资源，也是一种持久性的网络资源，可以有更多的机会转换成经济资本。④ 换言之，社会资本是可以用行动者激活并服务于行动者的资源，财富的优先只是成为治理权威的一种可能而非必然，因此"老板"治村需要社会资本给予激活，方能在村庄治理中具有动员力与整合力。

为维护与发展自身产权，个体私营业主一般都非常重视对社会资本网

---

① ［俄］A. 恰亚诺夫：《农民经济组织》，萧正洪译，中央编译出版社 1996 年版，第 15 页。

② ［德］韦伯：《经济行动与社会团体》，《韦伯作品集》Ⅳ，广西师范大学出版社 2004 年版，第 36 页。

③ ［英］凯特·纳什·阿兰·斯科特主编：《布莱克维尔政治社会指南》，李雪等译，浙江人民出版社 2006 年版，第 243 页。

④ 刘群、钱民辉：《社会资本：教育获得差异的重要因素》，《中国社会科学报》2013 年 4 月 10 日。

络的构建,赋予"老板"村干部在获取市场信息、资源和实现市场交易等治村优势。一是热心公益带来的内生性情感型社会资本。农村个体私营经济在乡村大行其道的同时,道义的力量仍然是构成权威的原始基础。我们无法揣测这些财富精英热心公益事业的背后究竟隐藏怎样的动机,而且从有效性角度而言也无须揣测。从有效性来看,"老板治村"的确为需要的村民与村庄公共产品的改善起到了雪中送炭的作用。在我们所调查的村庄中,能够得到村民认同的治理权威均程度不等地拥有一个前置性的原始基础,即他们在未获取或获取村级领导权后都致力于各种公益事业。二是个体私营经济实践中带来的外源性社会资本。信息与权威密切相连。就经济学角度而言,在买卖双方都能获取充分信息即不存在信息非对称的情况下,市场就难以产生垄断权力。反之拥有信息一方则易产生权力与权威。相比普通村民而言,成功的个体私营业主往往拥有较充分的市场信息,在治村实践中因而更能有效地组织与整合各种力量,降低治理成本。蒋村之所以能从政府争取近 1000 万元的各类项目资金,彻底改变村容村貌,改善民生与村级公共服务。一个很重要的前置条件就是借助私营企业主蒋某富书记丰富的社会资本并使之服务于村集体经济的能力。当然,农村个体私营经济发展后,经济资本通过捐赠、帮抚等方式转化为社会资本,同时经济能人又通过与外界广泛建立的社会资本提升在村庄的威望。

3. 声望强整合。由于每个人在政治资源上的分配、使用政治资源的技能和效率的差别、个体的源动机各异,影响力势必是不一样、非均衡的。事实上,在调研的诸多村庄中,成功的个体私营业主通常拥有各种政治光环。陈村的陈某森、花村的姚某拉、蒋村的蒋某富和呑村的陈某芳不只是当地小有名气的私营企业主、村支部书记,而且均是区、市二级人大代表,呑村的陈某芳先后获得诸多国家级荣誉称号。据我们了解,这四位"老板"村干部均利用了自身的多重身份为村庄争取政策、项目资金等资源。当然,政治光环及其声望亦使得"老板"村干部在参与政策决策过程中较之普通村民有更多的机会、信息与影响力。

4. 业绩强认同。前面分析可见,"老板"村干部通常秉承做大经济蛋糕而非分蛋糕的理念倾向,较为重视发展村庄集体经济和组织的经济功能,并在治村过程中壮大了村庄集体经济实力,提高了村集体的公共福利,实现了村庄的有效发展。以治理的有效性带来事实权威,而且这些权威在实践生活中往往属于资深型村干部，往往连任数届村主职干部。正如布劳所指出的：在一个群体中赢得高级地位，不仅要求用杰出的能力给别人留下印象，而且还要求实际运用这些能力来为达到该群体的集体目标或它的成员的个人目标作贡献。① 若干资深型主职干部的主要业绩能略见一斑。（见表 3 - 1）

表 3 - 1　　　　　　　　若干调研村连任型主职干部的主要业绩

	姓名	年龄	村干部职务连任情况	主要治村业绩
鲍村	童某华	61	23 岁任生产队队长，后任村委会副主任（3 届），村委会主任（4 届），从 1995 年开始任支部书记到至今	盘活村土地等集体资源，发展村级物业经济，对村庄规划有想法有号召力，在发展个体私营经济的同时发展集体经济。2012 年，全村实现工农业总产值 6 亿多元，村集体经济收入 100 余万元，其中常年性收入 56 万元，1990 年开始新农村规划，属浙江最早之一；扩大热电厂、供气厂规模上发挥了较大领导作用，使一个穷困的山村发展到拥有 3500 万元村集体资产
陈村	陈某森	62	1998 年任村主任（2 届），2005 任村书记至今（4 届）	旧村改造、盘活集体资源，发展村级物业经济，从村集体经济不足 6 万元发展到拥有 2000 万元资产，村民人均收入 20050 元，成为民富村强的村庄，等等
花村	姚某拉	63	2004 年当选村委会主任至今，2017 年"一肩挑"，任村党支部书记兼村委会主任	完成旧村改造，建村综合大楼，发展物业经济、创建周边三县最大的建材市场、村庄综合大市场，培育了可以不断生"金蛋"的"花村市场群"，等等

续表

---

① ［美］彼德·布劳：《社会生活中的交换与权力》，孙非、张黎勤译，华夏出版社 1988 年版，第 148 页。

	姓名	年龄	村干部职务连任情况	主要治村业绩
蒋村	蒋某富	62	2000 年任支委，2005 年任村支部书记（1 届），2008 年始任村支部书记兼村委会主任	迁移坟墓、土地平整、村庄整治、电网改造、旧村改造、旅游开发、修缮村古建筑，村庄旅游开发，居家养老，发展加工产业；为村庄争取近 2000 万元的各类公共项目 22 项，彻底改善村容村貌，等等
陈村	陈某芳	57	2002 年当选村委会主任，2005 年任村党支部书记兼村委会主任至今	迁移坟墓、盘活村集体资源，村庄环境整治、建标准厂房，发展物业经济，推进村庄绿色休闲旅游产业。十年间从一个负债 120 多万元的村庄发展为集体资产超 2 亿元的富裕村，等等

在上述多重资本与绩效的交叠与累积下，作为致富能手，农村个体私营经济业主在村庄治理中具有较强的动员力、影响力，"老板治村"治理模式自然应运而生。

（三）社会期待

个体私营经济的原子化、逐利化与变幻莫测大市场之间的矛盾，给乡土社会带来一种从未有过的冲击与不确定性风险：一是村社集体的庇护功能消失的同时，普通村民愈益个体化、原子化；二是个体化、原子化的普通村民又不得不面对市场的风险与险恶，迫使他们更加专注于家庭生计、相关的具体利益以减轻面临的生存压力与市场风险。在这种情况下，期盼贤能型"老板治村"成为村民的一种理性选择。

伴随个体私营经济产权意识的增强，村民除了传承道义逻辑外势必更加注重个人利益，进入利益主导下的道义共同体的混合型乡土逻辑。从访谈来看，普通村民比较倾向贤能型"老板治村"，个中缘由突出地表现在两个方面：一是老板有经营能力和社会关系，较其他人员能争取到更多的村庄发展资源；二是自己有钱，至少不会从村集体里面打算盘，相对其他经济条件拮据的人来说会放心一些。事实也是如此，就调研村落来看，每一个迅速发展的村庄背后总有一位超强能力的卡里斯玛型书记或主任。

蒋村蒋某富书记自己是这样认为的：如果当书记，自己的事业肯定要有的。如果没有自己的事业，书记也当不好。为什么这样讲呢？我跟你说，既有事业有思想，脑筋开阔，自己富了，你的能力也能带动村民富了。自己都很穷了，自己都富不起来，你咋带动村民富起来。如果自己都不富，很穷，要当村里主要领导，你不称职、不能带领村民、富裕村民。最起码老百姓要富，首先自己要有这个本领。

早在 2005 年对永康市西城街道陈书记访谈时，其明确肯定：能人当干部较理想，有实力，视野开阔，否则无法管理，职位也不稳，对集体的东西不会拿回家，只会奉献，盖老年协会、造工路，可以搞一些公益事业，如不是老板，想发动群众也较难。

义乌市梅村联村干部陈某则认为：生意大、脑子灵活。若挣钱都不会，还能管好一个村庄吗？第一，思想活，路子宽。第二，善于联系各个部门，为村庄拓宽一些资源。

调研中，义乌市梅村村民也谈了自己的看法，认为：老板当村干部的好处是有钱不计较，譬如现执行零招待，那么村庄是一个熟人社会，人情往来，这些一般群众当村干部是吃不消的。

义乌市大陈镇的一位乡镇干部是这样告诉我们的：经济能人参与村级组织建设，基本有钱不计较得失，甚至拿出自己的钱为村庄做贡献。素质好、能力强，能办成事、办好事，有影响力、号召力和奉献精神。

联村干部杨某新认为：有钱的人上来是不用担心的，他有钱了嘛，他都有家产的，他选上来的目的可能就是想再增加下自己的社会地位，他基本上是要和你政府走在一起的，他也不敢乱来。

社会交换在重要的方面区别于严格的经济交换。基本的和最关键的区别是，社会交换带来未作具体规定的义务。① 基于此，在利益主导和理性选择的合力下，期盼经济精英主政成为各地村庄的共同选择。有的村庄甚至是怕老板不想当。正如义乌陈村一村民所言："老百姓心中有一杆秤

---

① ［美］彼德·布劳：《社会生活中的交换和权力》，张非、张黎勤译，华夏出版社 1988 年版，第 109 页。

的，我们村村干部带的头我们很信任的，我们相信他们带头的，有什么不好的我们也提，他们也会改。在我们村绝对没有公款吃喝，抽烟、请客吃饭都是他们自己掏钱的，贴钱的干部。这样的干部哪里去找呀？所以选来选去就是他们，基本上全票通过的，还怕他们不当呢。"村民相信历经市场风雨的成功者定比一般村民更具有独到之处，较一般村民更能借助于财富精英的复合资本与优势维护并实现村庄和村民的利益。上述一系列访谈本身就成为很好的注脚。

当然，农村个体私营经济发展的同时也大大助推了当地的市场化与工业化进程，使得许多村庄面临着工业化带来的历史性巨变，迫切需要贤能型"老板"引领。我所调研的村庄均经历了这样的历史性的巨变，而且在历史性巨变之际若无贤能型"老板"引领，村庄通常会陷入"有增长无发展"或者是治理瘫痪两种状态。因此，基于社会交换与理性选择，村民迫切希望能人领航村庄发展。值得一提的是，当村庄面临工业化市场化带来历史性变迁时，村民的选择已不再是传统的生存理性，其行为的出发点和价值标准不再是基于自我生存，以使生命得以延续，而是开始以发展理性的眼光看待"老板治村"的优势。在义乌陈村，我访谈过一些村民，其认为：即便有人出2万元钱买我这张选票，我也不会把选票卖掉。我这一票是肯定要投给陈某森书记的，因为我们相信他，他做事公道公正，能够推动村庄的发展。这在一定意义上预示了村民们开始从狭隘的自我封闭的小农走向了自主的开放的理性农民。在花村之所以引发村民争取姚某拉选民资格的集体行动，一个主要的原因是村庄利益格局发生变化，原有的权力结构已不能适应新的利益与村庄的发展，关键时刻还是要请贤能型老板出来整合与引领。

（四）自我形塑

权威是通过一系列日常言行而建构起的某种影响力。自古以来，中国老百姓对于乡绅都有一些朴素期待，乡绅们自己也是以这些朴素期待为要求而重视自我的日常形塑。当代的经济能人同样深谙其道。调研中，我们注意到，"老板"村干部往往比较重视通过非正式社会关联网络形塑自我日常性权威，包括尽其所能为村民提供力所能及的接济和帮助，热心公益事业，通过自己在外面闯荡积累的业缘、亲缘、朋友等私人关系扩大自己在村庄的影响力，保持与乡镇政府及上级政府官员良好关系等等。这也正是翟学伟所指出的：判定一个个体是权威者还是服从者并非由这个人的角色决定，而是由该个体所处的网络中的相对优越位置及其个人关系脉络来决定。①

"老板"村干部较之普通村民更重视自我日常形塑，更具有参与效能感的活跃度与内在动力。正如亚当·斯密所言：商人们普遍都有成为乡绅的强烈欲望，当他们的愿望实现时，他们常常是最好的改良家。一个商人习惯于将他的金钱主要用在有利可图的计划上，而一个普通的乡绅则习惯于将钱主要用在花销上。一个常常看到自己的钱用出去又收回来，还带着利润；另一个，当他一旦把钱用出时，很少有希望再看到它。这种不同的习惯自然会影响他们在每一种事务中的脾气和性情。一个商人普遍是一个勇敢的经营者，而一个乡绅则普遍是一个怯懦的经营者……凡是有幸居住在一个位于未经改良的乡村的商业城市的人，一定会常常观察到，商人按这种方式的运作，比起一般乡绅来，要活跃得多。此外，长期经营商业在一个商人身上自然形成的讲秩序、重节约、谨慎小心的习惯，使得他更适于执行任何的改良计划，获得利润和成功。②

综上，区别于普通村民，无论是陈村的陈某森、花村的姚某拉、蒋村的蒋某富还是呑村的陈某芳，治理权威的获得至少来源于四方面的优势：一是经营成功带来的能力优势。包括机遇意识与经营能力，政策领悟与运用能力、争取外部资源能力、高超的动员力和整合力；等等。二是长期公益事业带来的人品优先。三是关系资源优先。四是政治吸纳带来的政治优先。从治理绩效来看，"老板治村"的能力主要体现在四方面：一是机遇意识与经营能力；二是政策领悟与运用之能力；三是争取外部资源之能力；四是高超的动员力和整合力。就经验判断来看，这四种能力集一身的经济能人，通常又是被嵌入在日常关系网络中的日常权威。这种日常关系网络包括其与家人、亲属和邻里等非制度性的生活关注，是村庄的日常权威，并通过村民自治这一制度平台转变为治理权威。这种转换在农村个体

① 翟学伟：《中国社会中的日常权威——关系与权力的历史社会学研究》，社会科学文献出版社 2004 年版，第 45 页。

② ［英］亚当·斯密：《国富论》（上），杨敬年译，陕西人民出版社 2001 年版，第457 页。

私营经济背景下具有"合法合理合情"的生成能力。

　　作为一种基层能人政治模式，"老板治村"的生成及其实践，表明从农耕到市场急剧转型，从生存逻辑到发展逻辑支配下的乡村能否健康发展的关键不仅在于乡村自身是否拥有多少存量性资源，更重要的在于是否拥有能助推村庄发展的贤能型村干部。我们可以发现，在农村个体私营经济背景下，村庄的个体化与原子化，村庄自治能力又极为薄弱的情况下，若无贤能型村干部的引领，村庄往往会陷入瘫痪状态。作为一种能人治理类型，"老板治村"模式的崛起是一种必然趋势：既有来自普通民众的期待，也有各级党委政府对贤能型"老板"的吸纳，更有贤能型"老板"自身人力资本转化而来的权威，是政治吸纳、社会赋权与自我赋能，共同助推了贤能型"老板治村"现象的成长。

第四章 农村个体私营经济背景下的公共参与

乡村治理有赖于能人主导，但更需共同体成员共同参与，合作推进村庄有序有效治理。村民公共参与的数量和质量是良好治理的重要标志，特别是广大村民对村级公共事务的知晓与关心，对公共管理过程的参与，对公共管理者的信任和支持，是走向良好治理，推进村庄发展的基础。当下，在农村个体私营经济裹挟与刻画下，一方面，村民的参与权利、权力和能力日益增长，村民的公共参与呈现自主性；另一方面，基于对独立的个私产权的维护与争取，村民的参与呈现功利性。

一 公共参与的支持资源

党的十九大明确提出健全自治、法治、德治相结合的乡村治理体系。① 基于乡村治理语境，公共参与特指村民基于自治、法治与德治相结合的乡村治理体系框架下，自主地介入、参与到村庄公共事务的酝酿、设计、决策、实施和公共资源分配等村级公共事务管理的全过程，是村民表达意愿并作用于村庄公共事务运作的显性行为与过程。

（一）经济性支持资源

就现阶段村庄治理而言，村民公共参与的孕育与生长不仅仅是村民自治赋予的制度性权利，更是农村个体私营经济发展过程中，经济自主赋予

---

① 习近平：《决胜全面建成小康社会夺取新时代中国特色社会主义伟大胜利——在中国共产党第十九次全国代表大会上的报告》，《中国共产党第十九次全国代表大会文件汇编》，人民出版社 2017 年版，第 26 页。

与催生的产物。

一方面，农村个体私营经济发展造就了拥有独立利益的市场经营主体，强化了村民的经济自主和人格独立。国家对农村个体私营经济的承认与大力推动，从根本上改变了国家、集体与农民之间的利益格局。一是拥有个私产权的村民自己掌握、运用、支配生产资料，能够依据市场规律自主调配经济资源。经营产权上的独立性与自主性使农民从依从与顺从的状态中解脱出来，成为拥有独立利益的个体。正如有学者所言："市场的闸门一旦打开就难以合上，人们对财富的热情和捍卫自己财产的决心将推动着历史滚滚向前，并逐渐约束政府的行为。当市场成为一个社会生存发展繁荣的源泉，便没有人敢忽视这一力量，即使是强大如政府也不例外。"[①]二是行政权力作为单一治理中心的直接指挥和控制逻辑已不再奏效，行政权力必须在市场法则的基础上，根据相关利益主体共同建设的规则进行资源调配。因此，一个拥有独立经营产权的农民参与村级公共事务治理本身就是一种权利性资源。

另一方面，农村个体私营经济发展强化了乡土社会的自主性，使农民获得了自主选择、自主交往的平台与自主流动的空间。这有三个方面的原因：一是产权在经济社会中的基础性作用所决定。二是农村个体私营经济发展变迁的过程本身就是一种社会化的产物。作为一种以赢利为特质的个体私营工商行为，借助于资本的扩张能力冲破一切阻碍其发展的樊篱，将乡村社会卷入全球化的商品生产和交换体系之中。在蒋村，正因为来料来货加工使农村中老年个体与广阔的市场乃至全球各地发生关联；在松阳寺口村，正因为电子商务平台使习惯于农产品简单加工的农民，开始与线上线下的网民发生关联；正因为外贸生意的往来使村民开始走出村庄，奔赴全国乃至全球的展览会，使传统农民因市场、因贸易突破了地域上的限制，彻底打破乡土社会的封闭性，摆脱了对乡土社会的依赖。三是农村个体私营经济促成的社会流动。这里的流动既有空间流动，也有职业、财富与地位的流动。根据布劳的研究，在一种日益发展的经济中，富人可以在

① 吴晓燕：《集市政治交换中的权利与整合：川东圆通场的个案研究》，中国社会科学出版社 2008 年版，第 299 页。

穷人不更穷的情况下变得更富；富到某一地步，任何人都不会因此更穷。① 随着个体私营经济发展的流动社会，人们之间虽有经济冲突，但这种冲突可以通过参与的方式加以缓和，不至于采用非此即彼的斗争型、暴力型思维方式加以缓和。

简言之，伴随农村个体私营经济的发展，农民在自主决策、自主经营和自负盈亏中强化着个体的权利意识和自主意识，不仅使农民从依附者变为一个独立的社会经济生活主体，而且建立在个人利益基础之上的经济自主权是一切权利的基础，成为公共参与得已发生与发展的重要前置资源。

（二）理念性支持资源

作为一种价值，理念是行动的先导，公共参与需要以具备参与公共事务意识的个体为媒介。对于充满着复杂社会结构的社会过程来说，价值一直具有重大的意义。因为，对于没有任何直接接触的个体和群体之间的社会交易来说，大家一致赞成的标准可以作为中介联系。共有的基本价值可以在一个社会的千百万人之间形成结合纽带和社会团结。② 农民作为一个拥有个私产权的主体，通过与市场交易，通过与其他市场主体的平等交往，较大程度地提高了参与所需的权利意识、规则意识和民主意识，为村庄参与式治理打下了一定的理念基础。

其一，个私产权的重建强化着农民的权利意识。在长期的历史上，中国农民没有参与公共政治生活的权利。尽管他们也可能通过家族、宗族组织等方式参与社区事务管理，但这种活动只是一种自然和习惯性权利，而没有国家法律的正式认可和保护。③ 随着国家对农村个私产权的承认与推动，农民不仅有了稳定的个体私有权边界，而且在经营中累积起日益增多的归属自己所有的经济资源，拥有了越来越多的私产。随着私产的增加，它一方面强化着农民的自主能力；另一方面又产生维护与争取私产的权利意识与努力。反过来对扩大再生产的渴望，对私产的维护与争取又强化着

---

① ［美］彼德·布劳：《社会生活中的交换与权力》，张非、张黎勤译，华夏出版社1988年版，第189页。

② 同上书，第27页。

③ 张厚安、徐勇、项继权等：《中国农村村级治理：22个村的调查与比较》，华中师范大学出版社2000年版，第68页。

村民对优化村级环境、完善经济政策、保障企业安全生产等公共治理新需求，催生与强化村民的权利与公共参与意识。

其二，个体私营经济的交换逻辑强化着农民的契约与平等意识。早在1884 年，恩格斯在《家族、私有制和国家的起源》一文中就指出：只有能够自由地支配自身、行动和财产并且彼此处于平等地位的人们才能缔结契约。① 个体私营经济的确立与发展重建了农民的个私产权，拥有了自主支配财产和自身的前置条件，同时，工商取向的个体私营经济本身也在生产经营与市场交换过程中强化着农民的平等意识与契约意识，改变着"以农为本"的自给自足的礼治型传统乡村社会的运行逻辑与治理基础。在个体私营经济发展中，人们的交往已超越血缘、家族与村落边界，走向了更为广阔的市场空间。正是个体私营经济的市场逻辑、资本逻辑与交换逻辑，使农民突破了传统特殊取向的礼治社会的行为处事边界，建构着基于陌生人之间的一种交往逻辑与普遍性的规则意识，使普遍取向的规则意识开始走进乡村。在与外部市场交易、交往、交流与交换过程中，农民逐渐了解、熟悉与运用规则，寻找、表达和参与到利益分配的过程中，进而又更好地维护和增进自身产权。正如韦伯所言：货币经济一方面为个人在自己的营利成果和消费上提供了客观的可计算性，另一方面，通过货币媒介的"间接交换"的发展，方才开启了自由满足个人需求的可能性。② 在一定意义上，农村个体私营经济是一种货币取向的非人格化的交易经济，这种经济有助于人们超越身份，摆脱人们对强权的依附，改变着乡村社会的规则基础，培育、增强着农民的规则意识，构成一种开放的平等的经济关系。

（三）能力性支持资源

按照美国学者科恩的理解，如果不具备理性，就绝无可能通过参与来实行自治。而一个有理性的人，至少应该具备以下三种能力：一是设想一种计划或掌握判断或行动规则的能力。二是在具体情况下运用这一规则，

---

① ［德］恩格斯：《家族、私有制和国家的起源》，《马克思恩格斯选集》（第四卷），人民出版社 1972 年版，第 74 页。

② ［德］韦伯：《经济行动与社会团体》，《韦伯作品集》Ⅳ，康乐、简惠美译，广西师范大学出版社 2004 年版，第 284 页。

或按照行动计划办事的能力。三是清楚表达思想，与人讲理的能力。① 就此而言，农村个体私营经济主体在工商实践的长期浸润下，不仅突破了封闭性地域的限制，改变了人们对权力的强烈的依恋感，而且深刻地改变了人们的思维方式与行动能力。基于维护产权的需要与工商实践的锤炼，村民参与能力受到不断地形塑，包括博弈、谈判、妥协与合作等理性参与能力。尤其是农村个体私营经济的货币交换与赢利逻辑提升了交换双方的议事与合作能力。"和气生财""合作共赢"成为村民们的日常用语，主导着各自的市场交易行为，或许这就是孟德斯鸠所讲的善良的风俗。因为商业能够治疗破坏性的偏见。因此，哪里有善良的风俗，哪里就有商业。哪里有商业，哪里就有善良的风俗。这几乎是一条普遍的规律。② 这种风俗传导到村级公共事务治理往往体现为一种基于合作的理性参与。

在蒋村调研时，曾与一位雇工 100 多人，从事纺织日用品的私营企业主交流，由于企业产品的原材料与石油提炼有关，由此每天必须关注的第一件事情就是国际石油生产与油价的行情，由于企业产品主要针对东南亚市场，使得他不得不关注东南亚的经济形势与政局，正是在市场实践中，从事个体私营经济的村民不得不走出狭隘的村落区域，不得不摆脱小农思维，并在实践中逐渐提升自主观察世界、客观理性评判社会与合作共赢等公共参与能力。

可见，从事市场交易的主体，他们自己做主、自负盈亏、自担风险，作为自由和自主的力量，他们的一切行为都是为了他们自己的、深思熟虑的目的和冷静考虑的手段。所以在商人那里，一切都是善意的协议，作为买者他同一部分人打交道，作为卖者他同另一些人打交道，而且也许与相距遥远的人打交道。③ 自主、沟通与合作能力就这样在工商实践中被形塑，成为参与式治理的基本要件。

总之，农村个体私营经济的成长与发展及其派生出来的个私产权，一方面强化了农民的权利意识，构建了基于经济交往的有机的村落网络社会，同时又在个体私营经济的刻画与锤炼下，共同形塑了参与治理的权利

---

① ［美］参见科恩《论民主》，聂崇信、米秀贤译，商务印书馆 1988 年版，第 59 页。
② ［法］孟德斯鸠：《论法的精神》（下册），许明龙译，商务印书馆 1997 年版，第 14 页。
③ ［德］斐迪南·滕尼斯：《共同体与社会》，张巍卓译，商务印书馆 1999 年版，第 116 页。

性、理念性与能力性支持资源，赋予了参与治理的可能与成长。

二 公共参与的典型实践

治理需要权威的行动网络，但也需要民主的网络结构共同推进有序有效的公共之善。从上面的分析可以看出，农村个体私营经济的发展赋予了公共参与的权利、理念与能力等支持性资源，公共参与顺理成章地在实践中生长，呈现基于利益的分层与分化现象。为了印证这一点，我们以村级组织换届选举、旧村改造、宗谱重修和项目建设等重大村务的参与治理过程为例，进一步理解利益关联度与村民群众公共参与的互动。

（一）村级组织换届选举中的选择参与

村级组织换届选举是事关村庄公共权力更替的村庄政治大事，在一定程度上每一次的村级组织换届构成了"村庄政治的狂欢节"。基于村庄不同的经济格局和产权结构，尤其是与村民个体的利益关联度，村庄的狂欢程度与样态各异，村民的公共参与，无论在动机、态度上都是不一样的，呈现公共参与的非均衡状态。

1. 强利益关联度村庄的村民积极参与。从我们调研来看，当村庄处在发展拐点，或者存在着与村民强利益关联度重大事情和利益分配之际，村民参与就显得非常积极。

在花村，村民之所以积极参与 2005 年的村级组织换届选举，尤其是参与村委会主任的换届选举。主要原因有二：一是村庄遭遇征地纠纷。原有村干部结构呈现的是人民公社时期的好人型结构而非能人型结构，不能有效地维护和发展村民利益。村庄附近一家实力强规模大的企业集团，为了扩大再生产，向该村征用一些土地。但在征地的过程中，村民们认为原有村干部不能站在村民的角度维护村庄和村民利益，而且引发了村企较为严重的征地纠纷。一些村民曾前往北京上访但未果后力图通过上诉维护村庄和村民利益之际，村庄迎来了 2005 年的村级组织换届选举。二是迫切需要村庄能人来维护村庄利益和抓佳村庄发展机遇。2000 年之后，得益于工业化和城市化的发展，村庄大量集体土地被当地政府征用，用以发展工业园区。在这种情况下，村民们预感到村庄千年未有之发展拐点的到来，若错过千载难逢的发展机遇，将是对村庄对自己甚至是子孙后代的重大损失。谁能抓住机遇，何以可能抓住机遇，成为村民较为关注的共同话题。在这种情况下，村民自发地组织起来，物色村庄当家人，并千方百计地动员户籍不在村的非农户口的私营企业主姚某拉回村竞选村委会主任。当姚某拉的选民资格遭遇质疑时，村民又千方百计地找寻一切可以支持姚某拉选民资格成立的制度性支持条款，并策略性地通过正式与非正式的博弈，终于使当地政府用特例的方式承认姚某拉的选民资格，在 2005 年高票当选花村村委会主任。

永康市花村、义乌市陈村、金华市蒋村、嵊州市鲍村和温州岙村之所以主职村干部长期连任，一个很重要的原因就在于，村民认为除了现任村干部能驾驭村庄发展，维护村民的利益之外，村庄本身无其他村民能与这些连任村干部媲美。在村民看来，这些连任型村干部之所以能胜任，主要原因就在于这些村干部能力超人，当村民个体受损时，这些村干部能够为村民维护、争取与增进利益。

2. 弱利益关联度村庄的村民消极参与。从我们调研来看，若村民利益与村庄关联度较弱的话，村民对于村级组织的换届选举往往较为消极，认为张三还是李四当选都无所谓，反正村干部好坏如何与自身利益关联度不大。蒋村是一个村集体经济非常有限的村庄，在 2011 年村级组织换届选举时，曾发生有村民用色拉油收买选票，并成功当选主职村干部。之后，该村干部违背村庄规定，违规私自扩大自家院落用以堆放加工来料。如此，普通村民都看在眼里，敢怒不敢言，进而纷纷效仿。这正是普通村民的务实理性，恰恰因为村民个体的理性带来集体的无理性，选出了一个充满私心的不合格的主职村干部。当然，每次的村级组织换届选举在给予村民公共参与机会的同时，也在训练和考验着村民的参与能力。

综上，村级组织换届选举中，村民无论是积极争取还是消极参与，与己利益的关联度构成了参与态度与方式的重要变量。

（二）旧村改造中的务实参与[①]

旧村改造是现阶段许多村庄公共事务的重中之重。纵观调研村落，均

---

① 本节素材主要来源于 2005 年、2008 年、2011 年、2015 年对陈村间断性的实地跟踪调研。

先后进行了程度不等的旧村改造，而且村民的参与是比较积极的。在此，我们试图从义乌陈村旧村改造的实践中去探索参与治理的实践逻辑。如前所述，义乌市陈村是一个个体私营工业经济发达的村庄，早在 2005 年就拥有个私企业 78 家，部分企业的业务拓展到海外。1999 年，伴随工业化、城市化的发展，适应日渐富足的村民群众迫切希望改善居住环境，陈村的旧村改造因此被提上议事日程，并在实践中呈现着争取与博弈的公共参与逻辑和参与治理趋势。

1. 争取。农村个体私营经济赋予村民经济自主和独立人格，强化着村民争取利益的筹码和能力。区别于农村人民公社体制下的依附与无力，村民力求通过各种样态的争取，积极表达与影响着旧村改造。

首先，主职村干部积极争取政策和村民支持。长期的个体私营经济的实践中，主职村干部深知"在商言商"与"在商言政"是一对辩证统一体，而非对立面。这种政治经济学的思维理念辐射在村级公共事务治理，势必体现着对政策资源的争取，赢得地方政府的认可成为主职村干部参与的主要动机。如前所述，1998 年，陈村村民陈某森作为一名跨国企业的私企"老板"，出任陈村村委会主任。鉴于当时村庄个体私营经济急剧发展，原先基于农耕社会下的村落空间布局已无法适应个体私营经济扩大再生产的需求，再加上富裕起来的村民急切希望改善居住条件。在这种背景下，1999 年，主职村干部及时向镇、市、土管局提出村庄改造设想，并积极争取建房启动用地。最终，在义乌市委市政府的大力支持下，不仅落实了建房启动用地，而且被确立为全市旧村改造的试点村之一。同时，在旧村改造方案草拟进程中，为了让村民知晓旧村改造的设想，村干部挨家挨户地了解村民对旧村改造的想法，下发问卷调查表，展开深入调查。在此基础上，为了赢得村民尤其是村内头面人物的支持，村干部多次带领党员、村民代表等前往萧山、绍兴等地考察取经，使村民在眼见为实中感受到旧村改造带来的美丽转型，进而赢得村民对旧村改造的认可与支持。

其次，旧村改造方案讨论中，以村民群众或村民小组为单位争取个体与群体利益的私利性表达为主。在参与过程中，我们注意到村民群众尤为关注的是启动资金的筹措、管理与监督、宅基地的调整以及新房的分配等与自身利益紧密关系的内容。在此过程中，村民们纷纷通过会议参与、街头议论、与村干部接触、电话沟通、查看公开栏等制度化与非制度化的方式，多渠道、多手段介入旧村改造方案的热烈讨论；有的村民群众以口头或书面等不同形式，向主职村干部等表达对旧村改造方案的意见和建议。据统计，约有三分之一家庭递交了调查表，以书面形式反馈了对旧村改造的意见。同时，针对一些旧村改造中的重大问题，陈村则主要以村民小组为单位组织讨论，形成集体意见，反映到村庄决策和管理部门。

最后，旧村改造方案抉择中的协商与平衡。这里的协商主要是指村民围绕公共事务和公共利益，通过公开讨论、持续沟通、协调分歧，实现治理最大公约数的一种集体协商实践。鉴于村民家庭之间经济实力与需求的差异，陈村召开村"两委"人员、党员和村民小组长、村民代表联席会议，反复讨论，对房型及安置工作采用多样化、多层化的多选择策略。规定条型房采用投票方式落实，住宅房由村垫付资金分期分批建造。每期竣工后，各拆迁户根据核定的新旧地房价抽签落实（特殊位置除外），差额找补；套房则为解决经济困难户或与子女分居的父母的住房，由村统一建造，拆迁户以旧房旧基调换套间一套，差额找补；别墅则根据新旧地价，协商落实，用地面积略为放宽，新增面积照价收取。房屋按规划自行建造；还有不需建房的，规定旧房及地基收归集体，按核定价格只付给地基费。

2. 监督。旧村改造过程中的巨额资金运作与施工质量成为村民最关注的问题。在一定意义上，关注本身就是一种参与。陈村规定旧村改造中每一天材料的明细账、使用情况要每月及时公布。这种关注主要表现为查看、询问、议论与质疑村务公开栏中的旧改材料明细账、使用情况、财务公开资料，询问建筑材料的价格和资金运行状况，部分村民还正式或非正式地向村干部反映情况，以提出建议、意见或批评等方式参与。在此进程中，有村民根据自己的心理评估曾质疑过材料价格的合理性。比如，铝合金的采购，村民起初认为价格较高，怀疑有问题，经供货商证实这是由于行情的原因，而非采购者不规范的问题。显然，村民的广泛参与是防范村庄公共财政运作产生偏差和蜕变的最有效机制。

同时，由于旧村改造是一项技术性较强的工程项目，需要专业化的管理，需要专业人士和专门机构处理和解决日常性的事务和常规性问题，以保障财务运作的高效化、规范化。例如，材料的优劣、施工质量的保证、旧房评估、新地基价格、施工质量与工程款项的监督等，无建筑经验或非专业人士是难以胜任的。基于这样的认识,村民自发地推选专业人士建立起项目组织,实施"委托——监督"式参与。陈村在旧村改造启动后,按照每小组 2 名,由村民代表选出有建筑经验、懂材料和懂财务的专业人员,组成旧村改造办公室,下设财务管理小组、工程管理小组等,专门负责与旧村改造工程相关的事务性和技术性工作,对工程的财务运作和管理实施全程监督。如登记、丈量旧房占地面积和建筑面积,立表造册;参与评估旧房价格、旧房地基价格,新地基价格;代表村"两委"与拆房户签订拆迁协议书;接受建房户的申请和资格审查;配合土管员、规划员办理土地报批、定点放样;发放土地使用权证和房产使用权证;管理旧村改造的所有资料和档案,掌握结算旧村改造中的资金运行情况,钢材、水泥、沙等建房材料的进价、认购,施工质量的监督与管理,每一天材料的明细账目的制作与及时公布;旧房占地面积和建筑面积的登记、丈量;旧房价格、旧房地基价格、新地基价格的评估等均由旧村改造办公室实施具体管理。

截至 2013 年,陈村旧村改造从 1999 年启动,历史十余年,分五批渐进推进终于圆满完成。其间,没有任何一项上访问题的出现,而且旧村改造总体规划在今天仍然具有前瞻性,旧村改造的成本、质量和效率都得到了村民的认可,兼顾了村庄的经济利益与福利导向。陈村的旧村改造不仅成为浙江省最早的旧村改造村庄之一,而且成为浙江省乃至全国的样板与典范。全国各地纷纷前来取经。旧村改造时的主职村干部,从 1998 年始任村主任,后又兼任陈村村支部书记,已连任五届村主任,四届书记,成为书记主任"一肩挑"的魅力型村庄治理权威,深受村民的信任与敬重。

上述可见,陈村的旧村改造从酝酿到实施方案的出台再到成功运作,绝非是村干部一时的心血来潮和排斥村民群众的单向运作,而是一个"自上而下"发动和"自下而上"响应的过程,是村民功利性参与和村干部主导型参与相结合,对村级公共事务进行协同共治的过程。

(三) 族群事务中的集体行动

浙江农村个体私营经济主要以农户为基本生产、经营单位。家户生产的孤立性与社会化大生产之间的张力,家户生产的个体化与激烈市场竞争的张力,滋生着个体无力与脆弱感,同时反过来刺激着人们对群体力量的渴望，对互助与合作的向往，以克服个体的无力和家户个体私营生产的不确定风险。在这种背景下，我们就不难理解建祠修谱日渐成为许多村庄的一种集体行动的趋势。下面，我们通过蒋村建祠续谱的族群公共事务观察村民的公共参与。

如前所述，从经济布局来说，蒋村是一个以来料加工、小微企业为主的个体私营主导型特色村。村庄姓氏以"蒋"氏为主，行政村与族群属于同一空间场域。蒋村又是一个文化资源丰富，拥有名人的效应文化特色村。该村在历史上号称为"财主村"，集富裕大户20余户。自古人才辈出，在册人口1200余人的村庄，截至目前担任正科级干部职务以上30余人，大专本科学历多达三百余人，硕士、博士近二十人。2009年，村庄将重建蒋氏宗祠，继修《蒋氏宗谱》提上议事日程。

1. 内生。基于乡村家户制传统，家族的力量以民间的非正式组织而存在，在村庄占有重要的潜隐地位。为了快速推进重建蒋氏宗祠，蒋村成立了以老人协会会长为组长的蒋氏建祠续谱理事会，理事会会员可进可出，一般都是村里德高望重的老人、退休教师等构成。理事会全程负责建祠续谱之各项工作，包括宣传与动员、建立相关制度规约、筹资策略、监督和竣工庆典等重要事项。在理事会成员主导下村庄建祠续谱有条不紊地推进，并于2010年农历正月初八圆满竣工。

2. 自治。在建祠续谱广而告知后，村民通过各种途径各种方法纷纷捐款，筹劳筹资约180万元。其中，筹资部分主要有三类人构成：第一类是村内企业家与经商大户。包括村书记、个体工商户、私企老板等。第二类是公职人员。第三类是个体散户，包括与村庄姻缘关系的人员。如女婿、外甥之类。在六个月的时间里自筹建造完工占地面积约670平方米的宗祠。2010年2月21日，蒋村举行了隆重的建祠续谱竣工庆典。在这次庆典活动中，只有族人之分而无村民之分，不分身份与职业，也不论财富多与寡，族人都一视同仁地参与蒋氏宗祠暨圆谱大典。

（四）"项目进村"中的搭便车

"项目进村"特指各级政府以"项目"发包的方式，通过各种规范程序，对村庄实施财政专项转移支付，改善农村基本公共服务的一种供给机制或公共事务管理方式。得益于村庄区位优势、文化名人效应、古建筑群与村级治理权威的争取，从 2001 年开始，蒋村先后获得了省、市、区各级专项资金项目近 20 项，财政转移约 2000 万元，广泛开展村庄整治、道路硬化、路灯亮化、村庄绿化、村级排污工程建设、村级文化景观广场等村庄基础设施建设，村容村貌焕然一新。

表面上看，"项目进村"是各级政府、村庄与村民等多元主体，基于权力（发包）与市场（竞争）相结合的运作方式，属于非科层型竞争性授权。[①] 但在实际操作过程中，各行动主体地位与效力是不一样的。"项目进村"何以可能进村、如何进村，进村后如何实施与分配等均表现为具有公共权力优势的县、乡镇、村干部主导。

首先，相对村庄这一主体而言，县、乡镇政府等行政主体在项目审核、内容确定、分配和评估等环节拥有很大的处置权、决定权和支配权，村庄更多的是一种形式上的出席。

其次，相对村民而言，拥有村庄公共权力的村干部实质是"项目进村"的争取者与实施的主导者，包括要不要申请、申请什么项目、如何申请，如何运行和监管基本上由村干部说了算，普通村民除了积极配合和协助的任务之外，较少关注也较少有自主权和影响力。正是在这个意义上，"项目进村"首先并不是一种基于农民主体的内源性治理安排，而是一种具有外在于农民主体的外源性治理安排。

区别于建祠续谱中积极参与的一致性，针对各种项目能否进村、如何进村、如何最大化发挥项目作用，蒋村村民的参与呈现多元、多层的选择性参与，甚至呈现参与表象。

一方面，主职村干部积极争取项目并参与项目运行。项目能否进村、如何进村在很大程度上不仅取决于拥有公共权力的县、乡（镇）权威，也需要村庄的积极参与。在蒋村，如何争取各种财政转移类项目是村干部近几年来思考与运作得最多的村级公共事项。主职村干部通过关系策略、合作策略与转换策略积极争取与经营项目，充分展现了村庄尤其是主职村干部的能动性与自主性。[②]

---

① 唐文玉：《合作治理：权威合作与民主型合作》，《武汉大学学报》（哲学社会科学版）2011 年第 6 期。

② 具体参见应小丽《项目进村中村庄自主性的扩展与借力效应——基于浙江 J 村的考察》，《浙江社会科学》2013 年第 10 期。

另一方面，大多数村民关注但不介入。蒋村之所以能得到各种支农项目的青睐，在很大程度上又得益于当地政府的支持。在城乡差别业已分化的背景下，"项目进村"首先是国家为了改善农村公共产品，建构国家与农民有机联系的一种制度安排与现实选择，是国家主导下的一种自上而下的外源性输入。各级政府因此成为最重要的主导者和"推手"。在此背景下，项目给谁、如何给，事实上不是简单的程序申请就能决定的，在很大程度上仍然取决于政府的战略意图与倾向。应该承认，村民从内心还是非常认可主职村干部为改善村居环境和推进村庄发展对涉农项目的争取。然而，一旦这种公共行为与自己利益关联度不大时，村民往往以搭便车的方式参与。首先，参与方式的非正式。从表面上看，基本上所有涉农项目都是由村庄公共权力和村级组织讨论达成共识后开始自下而上逐级申请，呈现参与取向。但事实上，普通村民的参与主要停留在议论、发牢骚等非正式的参与。其次，参与主体意识缺位。各种进村项目虽事关村庄公共利益，但普通村民较少把自己看成是项目的主人，认为那都是乡镇干部、村干部的事情。你让我咋参与我就咋参与，顶多是自身利益受到影响时的私己性参与。最后，参与功效感不强。就目前来看，在进村项目的实施、运行等过程中，村民的参与主要起着支持与配合的作用，是一种象征性的参与，普通村民自身无效能感可言。调研中，蒋村村民普遍认为，村庄各种项目是村书记"跑"出来的，是村干部的本事，是私人网络的个体性所得的"功劳"。

三 功利取向下的选择性参与

不难看出，在村级治理中，上述村民公共参与是一种功利取向下的选择性参与，即以功利为重要导向，根据功效和利益与"己"的关联程度，基于利益成本的算计，决定是否以及如何参与的一种有选择、有弹性的参与实践。

（一）私利主导与事本倾向

利益是行为的基础和动力。"利益考虑是人们是否愿意介入政治的一个重要原因"①，这种利益包括经济利益，也包括情理利益等有形与无形的利益诉求。区别于价值层面的权利型参与，选择性参与并非按照抽象的权利出发，而是诉诸功利，以参与产生的后果来衡量的一种参与实践。当然，从上述典型公共事务参与实践可知，村民公共参与首先是基于私利的维护与发展的一种参与。在以资源拥有为基础的个私产权的土壤中，人们对于利益的维护与争取无疑是积极主动的。例如，当村庄是一个集体经济空壳村时，村民对于村级组织的换届选举往往持无所谓的态度，呈现消极参与。

区别于西方学者把参与式民主当作出发点与治理目标，在村庄治理实践中，选择性参与主要是以实际可行的务实的管理方式而存在，旨向何以可能更有效地解决个人与公共事务为出发点，彰显事本倾向。一方面为了维护或增进个体利益，个体基于与己为中心的利益关联度选择参与方式、手段；另一方面旨在集思广益，以便更有利于解决公共事务难题。例如，旧村改造实施方案的决策过程中，各村庄都进行了广泛、深入开放的酝酿、交流与沟通，找寻效率与公平相平衡的方案。调研过程中我们也注意到，在不同的产权结构和产业形态下，村民公共参与的方式、方法、广度、深度与效度呈现各异，农村的参与治理呈现较为鲜明的选择性特点。从上述案例可知，如果公共事务与自己个体利益、情理关联度不高，村民参与兴趣难以高涨，反之积极参与。

（二）弹性与伸缩

任何村庄要实现良性治理，都不可能由某一角色或某一群体独立于其他角色和群体之外孤立地运行。因此，村庄治理的当下含义更强调通过村民的普遍参与促使多元主体对村庄社会公共事务进行协同共治，构建一种排他性的新型治理关系。② 上述案例与调研表明，村级公共事务的决策与执行并不完全是由村民直接决定，更不是完全由精英或乡镇干部或少数人确定的，而是干部主导民众参与，组织与个体合作共商的产物。无论是陈村的旧村改造，还是蒋村的宗祠重建与家谱重修，从开始酝酿到实施议案

---

① 〔美〕罗伯特·达尔：《现代政治分析》，王沪宁、陈峰译，上海译文出版社1987年版，第133页。
② 应小丽：《公共财政运作中的村民参与——浙江省义乌市D村的旧村改造为例》，《中国农村观察》2005年第6期。

的出台再到运作，绝非是村干部一时的心血来潮和排斥村民群众的单向运作过程，而是一个"自上而下"发动和"自下而上"响应的过程，是村干部与村民不断交换信息与协商的合作过程。①

值得一提的是，村民对于这种合作往往具有很强的弹性，要不要合作，如何合作、合作程度以及要不要参与、如何参与、怎样参与等选择，在很大程度上，利益的关联度是其中的一个重要变量。一般而言，对于旧村改造这类涉及每个村民的公共产品，村民都给予了极大的关注。对于重建宗祠与重修家谱，族人同样给予了极大关注并积极参与。相反，面对"项目进村"中各种村级公共产品，普通村民呈现的是一种参与表象，要么被参与要么是一种事不关己高高挂起的冷漠。与此同时，选择性参与具有伸缩性，会因利益这一块石头丢在水面而引发的波纹一般，愈推愈远，参与的广度、深度会因波纹的变化而变化。上述蒋村的案例就很典型，对于建祠修谱与项目进村中的公共产品供给与建设呈现两种截然不同的参与态度、力度与深度。前者属于动员下的积极参与，在村民群众看来，族内事是自己事，村级基础设施等公共产品的供给与己关联度不高自然采用关注但不介入的超然态度，看不到在场的声音，恰是离场的背景。

（三）自主下的非均衡

自主是行为主体按自己意愿行事的动机、能力或特性，包括自由表达意志，独立做出决定，自行推进行动的进程等。选择性参与是一种基于利益成本算计而做出的一种自主选择。是一个群体或共同体大部分人对影响他们福利的事件的志愿卷入②。但由于每个人占有的财富、信息、能力等资源的不同，人们即便是一种自主的自愿卷入，但卷入的影响力与效度存在差别。

从调研来看，为了保证处于不同需求梯度村民参与的自主性，无论是陈村围绕旧村改造，还是蒋村建祠修谱等重大村务都不约而同地建立了以农户为单位的纯民间性理事会或领导小组，建立了较为规范的参与规则与

---

① 应小丽：《公共财政运作中的村民参与——浙江省义乌市 D 村的旧村改造为例》，《中国农村观察》2005 年第 6 期。

② 赵光勇：《参与式治理：通过"参与"实现"地方治理"》，《观察与思考》2013 年第11 期。

利益分配。同时，通过每家每户发放小册子、张贴公示、召开村联席会议等方式将相关决策、制度安排、收入、支出及其细目公布于众，也将面临的困难、解决的办法向全体村民公开，相关重大项目等实行公开招标，在很大程度上保证了公共事务的公开性、制度性、协商性与合作性。

客观地说，在个体私营经济背景下，村民公共参与显示了村民群众在重大村务面前已实际拥有一定的表达权和参与权，能够自主地采取一定的方式介入村庄公共事务的运作过程。但是，在村民分化的背景下，由于利益、地位等的差异，不同层次村民的参与呈现出非均衡状态。无论是参与机会、参与方式还是参与效果等，都存在着明显的差别。[①] 尤其是在以资源占有为基础的个私产权的背景下，拥有较强经济实力的村庄精英，其参与能力、权利意识会随着个私产权的增进而增强，更广泛地影响、形塑着乡村秩序的建构。与之相应，拥有资源较少的治理主体参与的影响力会被边缘化。当然，以资源占有为基础的参与影响力与能力会随着拥有资源的多、少、强、弱而发生变化。

（四）过度与不足并存

从村庄治理实践脉络中，农村个体私营经济的个体性、分散性及逐利动机，形塑了村民强烈的个人经济理性与工具理性，过度的理性极易带来治理的分化、治理的不可欲以及整合的不可能等集体行动困境，难以有效地进行乡村社会的公共性建设。正如哈耶克所分析，理性乃是人类所拥有的最为珍贵的禀赋。我们的认辩只是旨在表明理性并非万能，而且那种认为理性能够成为其自身的主宰并能控制其自身的发展的信念，却有可能摧毁理性。[②]

1. 过度与不足并存。个私产权确立不仅强化了个人利益，同时加快了利益分化。在个人利益强化与利益分化的新的利益格局下，人们势必希望通过公共参与维护和争取利益。表现有二：一是有重大项目上马预期或有重大利益分配的村庄，村民的公共参与往往异常积极。二是无重大利益

---

① 参见应小丽《公共财政运作中的村民参与——以浙江省义乌市 D 村的旧村改造为例》，《中国农村观察》2005 年第 6 期。

② ［英］弗里德利希·冯·哈耶克：《自由秩序原理》（上），邓正来译，生活·读书·新知三联书店 1997 年版，第 30 页。

分配的村庄，村民的公共参与往往异常冷漠。这两种极端化的公共参与在村级组织换届选举时表现得尤为典型。例如，在城市化快速推进，返还地及基础设施建设项目等外源性资源不断输入的背景下，村干部岗位吸引力也随之不断提升。当有重大项目上马预期或有重大利益分配，村干部岗位竞争就会异常激烈。例如，在温州瑞安市塘镇，正因为有 50 多个村涉及征地及后续建设工作，涉及建设资金总投入 50 多个亿，村干部岗位的竞争在这些村里异常激烈。与之相反，在一些偏远山区，由于集体经济薄弱、村干部报酬低，难以满足生活需要，青壮年大多不愿当村干部，导致村级组织人选难觅，素质难以达到相应要求。

2. 参与的"不在场"与"不在场"的参与并存。所谓参与的"不在场"主要是指一种消极的参与，虽参与了公共事物，但参与主体态度仍是一种事不关己、高高挂起的无所谓与冷漠型参与。这种参与的"不在场"在很多情况下是一种动员式参与或者是给面子式参与。例如，"项目进村"的外源性公共产品供给中，村民呈现的是一种参与的"不在场"，对进村的公共项目无所谓消极。"不在场"的参与主要是指一种遥控式的参与。基于各种因素的考虑，参与主体并未在前台呈现。调研中，我们发现"不在场"参与往往通过非常规方式进行。例如，指派"代理人"参与、"遥控"式参与。比如有些在外经商人员自己不参选，但是通过各种手段"遥控"在家的亲友参选，达到影响甚至控制村级组织班子的目的。

（五）效用与限度并存

调研来看，在个私产权为基础的土壤上，"选择""参与"与"治理"三者的相遇与交集，不仅改变了治理的经济社会基础，而且共同奏响了当下农村治理的新景致。

1. 效用。从价值层面来看，选择性参与扩大了村级治理的民意基础。村级公共事务中村民参与的广度与效度是村级治理民主化的重要标志。选择性参与作为村民参与的方式，首先将重大公共事务的决策置于村民的监督之下，并通过上下合作互动决定村级公共资源的分配与处置，从而大大扩展了村民参与村级治理的广度和深度。在多样态、多形式的参与中，不仅增强了村民对村级公开事务决策及实施的了解，而且通过对公共事务的选择性参与使村民感受到作为主体的存在与责任，进而减缓治理中公共性与个人性的纠结，更能理性地理解与妥当处理村级公共事务与个人事务间的取舍。

从村级资源配置与分配来看，选择性参与助推了自治的成长。选择性参与治理虽以利益为主要驱动力，并根据利益关联度进行选择，但正是在各种样态、各种平台的参与中，强化了对村级治理行为的监督，训练与培育了村民自我管理、自我教育与自律意识，有助于使利益各方理性地处理公共事务与个人事务之间的冲突，提升人们平衡个人选择与公共选择，公共性与私人性之间的取舍能力。正是在旧村改造的参与中，老人以及拥有财富较少的村民通过投票参与和监督式参与，使得陈村在旧村改造进程中存在的困难得到了决策主导者的关注与支持。正是在公共参与中，蒋村的村民感受到了族人共同体的存在与主人翁体验。当然，由于是选择性参与治理，所以在项目式公共产品供给与环境整治过程中，虽然有一部分村民被参与抑或动员型参与，但不得不承认这种被动参与本身也在一定意义上提升了公共事务的民主化、科学化和公平性。

2. 限度。选择性参与毕竟是一种工具型、事本型为主导逻辑的治理模式，就参与绩效来看，在实践中势必存在着值得关注和解决的问题。

一是重眼前轻长远，极易导致治理的碎片与派系。从目前农村的实践看，个体利益主导的选择性参与治理，时常会过度关注眼前忽略对治理的长远考虑，极易出现治理碎片化的现象。所谓碎片化是指乡村治理过程中缺乏系统考虑，呈现功能分割，成为一种"头痛医头、脚痛医脚"的"临时救火"的事本主义行为。参与主体因此往往站在个体利益的得与失，而非站在村庄全面协调发展角度来献计献策，致使村级公共事务难以有效达成共识，甚至会因为治理主体作用力和着力点不一致，形成基于利益的村落派系，出现力量的相互抵消，影响村庄的有机团结。我们观察到，在一些村庄正是由于村民个体只关注眼前利益，把村庄返还地化整为零，未能有效地整合实现规模开发，导致返还地碎片化，无法有效支持村庄综合性的整体发展目标。

二是重结果轻过程，影响参与的充分性与民主性。基于选择性参与的逻辑，参与主体主要关注利益的实现与增进程度，因此，村民群众对于参与过程往往不关注。在公共部门，一项决策是否成功制定，由两个基本标准来衡量：一项有效率的成功决策，它是高质量的、适时的，同时能够得到决策执行者的理解，被他们接受；一项负责任的成功决策，要关照公共利益并且使公共经费的使用得当。有效的公共事务管理者能够在其管理决策的范围内确定问题，然后做出有效率的、负责任的决策。在公共组织的决策过程中，首先要明确目标，不要仅仅只想解决问题。然后再以集思广益、充分参与等最基本的方法来制定备选方案。① 正如调研时一些党员和村民代表所反映：村里在对重大事项进行民主决策时，往往只重结果、不重过程。党员和村民代表们"会前不知道、上会就投票"的现象还比较明显，没有会前沟通程序，也没有会后的及时公开。如果村干部能力强、"统得牢"，表决就容易通过；如果村干部能力弱、威信差就难通过，容易使民主决策变成走过场。

三是重效率轻效果，弱化治理的公共性。基于公共性价值取向，致力于提高乡村社会整体福利与乡村可持续发展能力的整体理念是参与治理的价值基础与着眼点。但在实际运用过程中，往往按照相关治理主体各自利益来考量，同时又把参与动机与目的简单化约为成本与收益的计算，难以对治理进行系统性与长远性考虑，更难以保证治理中的公共性。选择性参与治理有可能帮助参与主体实现一些"摸得到""看得见"的具体利益，解决一些具体的问题，但时常也因为参与的选择性，极易过滤公共治理的公共性价值取向，把村庄治理当作流水线上的产品。事实上，如果选择性参与治理带来的是公共精神内涵和价值立场的缺失，那么，它就不应属于良治与善治。

---

① ［美］罗伯特・B. 登哈特、珍妮特・V. 登哈特、玛丽亚・P. 阿里斯蒂格塔：《公共组织行为学》，赵丽江译，中国人民大学出版社 2007 年版，第 6 页。

第五章　农村个体私营经济背景下的政社互动

　　作为国家与社会关系的重要表现，政社关系是影响乡村治理结构及其效能的重要变量。党的十九大和十九届四中全会均明确提出要加强政府的主导作用，更好地发挥社会的作用，实现政府治理和社会调节、居民自治良性互动。同时，《中华人民共和国村民委员会组织法》（2010）第五条明确规定：乡、民族乡、镇的人民政府对村民委员会的工作给予指导、支持和帮助，但是不得干预依法属于村民自治范围内的事项，村民委员会协助乡、民族乡、镇的人民政府开展工作。显然，这些制度安排规定了静态层面的政社互动特质。那么，置身于乡村治理实践，需要进一步追问的是个体私营经济发展中的乡村社会究竟会孕育出怎样的政社互动图景，将是下文的一种努力。

一　社会基础的转变

　　在田野调研中，我们注意到在自主决策、自主经营与自负盈亏的商品性个体私营经济实践中，每个经营主体愈加独立、愈加自主的同时又愈加依赖外部，愈加离不开社会化。自主的个体与兑现自主的能力间存在着严重的落差，陷入个体化悖论。

（一）经营的独立对市场的依赖

　　恩格斯在《家庭、私有制和国家的起源》一文中曾指出：随着商品生产，即不是为了自己消费而是为了交换的生产的出现，产品必然易手。生产者在交换的时候交出自己的产品；他不再知道产品的结局将会怎样。当货币以及随货币而来的商人作为生产者之间的中介人插进来的时候，交换过程就变得更加错综复杂，产品的最终命运就变得更加不确定了，商人是很多的，他们谁都不知道谁在做什么。商品现在已经不仅是从一手转到另一手，而且是从一个市场转到另一个市场；生产者丧失了对自己生活领域内全部生产的支配权，这种支配权商人也没有得到。产品和生产都任凭偶然性来摆布了。① 在传统乡村社会，小农可以不依靠市场完成农业的简单再生产，基本上能自给自足地满足家庭与家族成员的基本生活物品及日常生活需要，所从事个体商品交换不属于赢利型经营，主要属于韦伯式的家计型经营，目的是通过各种物品的交换满足自己所需要的收益。

乡土工商业天生就以市场为搏击的舞台，市场的风吹草动都深刻地影响着个体农民的境遇，构成了个体农民难以有效对抗的市场风险。改革开放以后，随着国家允许到鼓励与支持农民从事个体私营经济以来，农民获得了经营权与个私产权的同时却又愈来愈原子化。从调研来看，在浙江，作为独立的个体商品生产者和经营者，绝大多数主要通过家庭作坊等方式从事简单的、低技术含量的商品生产，独自面对又高度依赖市场，市场的强悍与个体的无力形成严重反差，离散的个体渴望获知更多的市场信息服务、渴望建构优良的市场有序竞争机制，渴望拥有良好的扩大再生产平台。这些渴望以公共性的问题表现出来，恰是基层政府与村级组织有所为、有所互动的空间所在。

（二）生产的分散对生产的社会化

从调研来看，虽然许多村庄的个体私营经济呈现块状特点与产业关联，但总体呈现生产的分散性，散落在乡村田野。在分散的生产过程中，虽然生产多少、生产什么、如何生产由经营主体自主掌控，具有独立性，但其生产是出于交换非家什需求，已被深深地卷入到社会化体系。生产独立的同时又不再是孤立的生产经营单位，而是社会化大生产链条中的一个环节，但又无力面对生产的社会化。由于信息的不对称抑或获取信息的能力不足，农村个体私营经济的生产时常会与社会需求之间出现脱节，出现供给与需求不对接，致使"浪潮经济"不断出现，成为一颗不能长大的

---

① ［德］恩格斯：《家庭、私有制和国家的起源》，《马克思恩格斯选集》（第四卷），人民出版社 1972 年版，第 171 页。

"小老树"。在这种情况下，如何使个体生产与社会实现有效对接自然成为农村个体私营经济的一种困难，需要相应的基层组织加以沟通与协调。

（三）生活的个体化对外部的依赖

个体私营经济的发展给予了村庄、农民一块可触摸的经济资源，构成了与其他行为主体讨价还价的支撑。个体私营经济在冲破村庄边界的同时，促使村民的生活愈加个体，但又不能由个体独自完成，而且主要依靠与市场交换得到满足，并取决于个体自身的购买力与支付能力。在乡村工商业植入下，村民之间的守望相助、互帮互换正在逐渐货币化与市场化。施坚雅和舒绣文所说的"蜂窝结构"已经被打破，费孝通所说的"熟人社会"也逐渐淡化，萧凤霞所描述的"细胞组织"也发生了物理和化学变化，整个乡村形成了纵横交错的市场关系和货币付费制度。[1] 在这种背景下，村民不仅增强了对外部供给的依赖，同时又遭遇组织与合作的困境，反过来又强化了对外部力量与组织的依赖。

（四）自主对无力

区别于依赖家庭或放大的家族进行自我生产逻辑，个体私营经济逻辑的狡黠就在于当个体自主愈是强化的同时，却发现自己兑现自主的能力愈是衰弱。

以个私产权为基础的乡土工商业的发展，经营收入的多元化提高了家庭的自主性和独立性。随着个体私营经济的发展，工商型村落逐渐取代农耕型村落，并对村庄与村民自主意识的成长产生两大关键性的影响。一是多元化的非农收入增强了村民的自主意识。二是增强了对外界的依赖。随着村庄与村民逐渐拥有了市场领域的相对独立的自由活动领域，其积极行动能力是在不断提升，但又不得不承认，村庄与村民行动能力的提升又是与市场的不确定性连接在一起，构成了自主性增强下的无力感。如上所述，在个体私营经济背景下，村民身份和职业向异质型转化的同时，每个个体需求与权利的实现程度在很大程度上又依赖自身的购买能力和消费能

---

① 卢昌军、邓大才：《从"以业为商"到"以农为市"》，《华中师范大学学报》2007年第4期。

力，形成自主下的无力现象。

由此，我们看到了个体私营经济主体的结构性困惑抑或是个体化悖论：农村个体私营经济的日益发展和市场化日益加深的双向运动下，经济自主性日益增强的同时是对市场风险不确定的一种隐忧与焦虑。在这些因素的影响下，村民渴望基层政权和村级组织能够为个体有效对接市场提供新渠道和新平台，实现扩大再生产的内在需要成为事所必然。

二 引领与吸纳下的乡政

众所周知，在科层体系下，各级公共组织往往通过目标管理责任制的方式，把各种行政任务和指标层层量化和分解，分配给下级组织并对下级组织进行考核和评价。在严格的科层规范上下序列中，作为国家行政系统的末梢，乡镇政府这"一根针"承担着发挥"上面千条线"功能的重任。从规范意义上而言，乡镇政府与村委会之间并无严格意义上的科层逻辑关系，同时乡镇政府也不具有人民公社体制下掌控村庄经济、生产资源等优势。在此背景下，乡镇政府如何与乡村社会实现合作共治，提升乡村治理的有效性，考验着乡镇政府的治理能力与智慧。从调研来看，各级政府尤其是乡镇政府在乡村治理实践场域中，引领与吸纳成为发挥政府主导作用的主要实践形态。

（一）辅导与激励

追求村庄治理的最大公约数，推进有效治理是乡镇与村庄的共同目标。然而，随着村庄、村民经济自主权的确立与强化，村庄治理最大公约数目标的实现手段、方式与平台已不再是由基层政权单方所决定，也不再是简单的行政命令服从方式所能奏效。从调研来看，基层政权组织更多是通过辅导性与激励性支持，帮助村庄实现治理的最大公约数。辅导性支持往往在村级组织换届与村干部培训等环节表现得较为明显。

村级组织换届是村庄最为热闹的乡土政治剧，关联着村庄社会稳定，而且深刻地影响着村庄治理主体结构，影响村庄治理的有效性。因此，乡镇政府特别重视对村级组织换届选举的辅导性支持，包括排查村情与选情，整合与组织人力资源，实施分类指导，提供权威性建议与帮扶等。在 2017 年村社"两委"换届选举中，义乌市为了突出事业选人，严肃选风选纪，书记市长共同担任换届领导小组组长，镇街党委书记全部驻镇住夜现场指挥，每个村社督导力量确保不少于 6 人，即一村一名镇街班子成员、一名联系部门督导员、一名"两代表一委员"、一名公安民警、一名法律服务工作者、一名联村干部，切实帮助解决村级组织换届选举中面临的复杂问题。为了保证村级组织换届选举工作顺利平稳，针对选举中的发票、画写选票、唱计票等环节，在村委会选举前夕召开选举模拟培训会。

主职村干部与乡镇政府在治理理念、思路上能否达成共识势必成为二者良性互动的基础，乡镇政府因此非常重视对村干部治理能力的辅导。从调研来看，为使村级干部明确岗位职责，熟悉工作方法，提升履职能力，尽快进入工作角色。乡镇政府往往会结合村级组织实际情况，根据新、老村干部个体差异，有针对性地开展分班分类培训，为提升村干部履职能力进行辅导。除进行履职能力辅导外，有的就新老班子如何及时办理交接手续提供帮助与监督，有的就新一届村级班子和村干部如何做好工作分工给予指导，为村级组织正常运行提供有力支持和保障。2017 年村社"两委"干部组织换届选举之后，义乌市通过"千名书记集中宣誓""万名党员集体宣誓"、拍支部"党员全家福"、签下强村富民"军令状"等方式凝聚合力，增强村组织战斗力。

事实上，乡镇政府重视对主职村干部进行辅导性支持，除了维持选举秩序之需要，更希望通过引导与培育，选出真正想干事、能干事、会干事而且与乡镇政府保持正向联结的村干部队伍，实现基层政权组织意图与村庄无缝对接。

一般而言，主职村干部通常没有经过系统的公共管理知识学习与训练，当村庄面对复杂的公共事务或冲突，村庄治理出现无序与失效时，乡镇政府通常也会提供各种帮助，包括制订村庄治理规章制度、项目设计、为村庄争取资源等给予帮助性指导。在武义县后陈村，当工业进村出现村庄治理无序时，乡镇政府就直接派工作人员进驻村庄，与村干部一道分析村庄的实际情况，共同解决村庄面临的难题，进而有了全国第一个村民监督委员会创新性制度的出台。又如，义乌市建立"导师传帮带"帮扶机制。从浙江省"千名好支书"等队伍中遴选 29 名"治村导师"成立治村导师团，充分发挥个人特长，分片区进行现场指导、交流座谈，开展传帮带等活动。

除了上述辅导性支持以外，乡镇政府通常也会采取一些激励性措施，以调动村干部的工作积极性。从调研村庄来看，乡镇政府时常会出台一些激励性措施，遵循物质激励与声誉激励相结合原则，明确角色认知，赋予社会认同及价值，激发村干部的工作热情和使命感。例如，义乌市探索建立村干部基本报酬和离任村干部生活补助正常增长机制，优秀村干部进镇街班子、上挂涉农单位履职锻炼、定向招录事业公务员编制等做法，激发干事创业热情，让村干部在更大的平台发挥作用。2019 年，嘉善县魏塘街道连续制定出台了 5 个干部正向激励考核办法，其中《关于进一步规范村（农村社区）干部、工作人员等报酬待遇与管理的意见》，创新修订了《各村（农村社区）目标责任制考核办法》《各城市社区目标责任制考核办法》，进一步明确村（农村社区）干部队伍设置，健全和规范了村（农村社区）干部报酬与年度考核奖励挂钩机制，既保障了村（农村社区）基本工资报酬，又更加突出了考核奖励比重。①

（二）吸纳与规范

建立在个体私营经济基础上的村庄由于利益分化、主体多元，时常会遭遇动员与整合的困境。在这样的背景下，如何有效地完成政务性、区域性公共事务在很大程度上需要具有较高威望、较强社会动员能力和执行能力的经济能人来担当。因此，吸纳与发挥乡土优秀人才在村庄治理中的重要作用日益成为当下乡镇政府的战略性工作。与农村个体私营经济发展共成长，具有超强致富能力、动员能力的乡村工商优秀人才，不仅能用自己的资金、市场运营能力反哺乡村建设，而且更为重要的是具有视野开阔、思路敏捷、较强组织能力和现代市场经营理念，这些对于助力农村经济社会全面发展具有突出的作用。因此，如何积极建构一套规范的吸纳机制，发挥经济能人在农村治理中的积极功效，自然成为乡镇工作的一种必要与必须。

---

① 朱闻达：《嘉善魏塘街道"四个先行"垒好村社换届"奠基石"》，浙江党建网，2020 年 4 月 21 日，http://www.zjdj.com.cn/xbsy/202004/t20200421_ 11898856.shtml。

　　从调研来看，各乡镇实施的领头雁工程根本上是为了更好地吸纳乡土工商优秀人士的一种选"前"推"优"制度安排。在瑞安市，农村"百名领头雁"工程的目标任务是根据农村基层组织建设和乡村振兴的基本要求，每年精心挑选 10% 左右的农村党支部书记为对象，建立健全选拔、培养、考核、激励体系，对于进入到领头雁工程的人员实施了准入制，明确提出按照好中选优的五大原则，从现有的村党组织书记中选拔一批优秀骨干，作为"百名领头雁"工程的培养对象。在义乌，从毕业返乡大学生、创业青年、转业军人等群体中，通过实施"千名雏雁奋飞计划"，择优建立 1536 人的后备干部库，通过"头雁"结对帮带、提供试炼岗位、安排实事任务、联系困难群众压担历练，实现精准帮扶培养。在浦江县制定实施村（社区）后备干部"红色薪火"工程，着力打造一支数量充足、结构合理、素质较高的村级后备干部队伍。其选拔标准是年龄 35 周岁以下，高中及以上文化学历，身体健康，本人户籍在本村（社区）。高校毕业生、种养大户、退伍军人、大学生村官、外出务工经商优秀人才等可酌情放宽条件。2015 年开始，为着力解决农村干部后继乏人问题，武义县委组织部、县委宣传部、县委党校、团县委、县人力社保局等单位联合实施"红领新青年工程"，探索建立农村后备干部培养机制，在 2017 年村社换届中，共有 114 名"红领新青年"当选为村"两委"干部。

　　"政治路线确定之后，干部就是决定性的因素"①。承受着各种考核压力又不可能以科层化的方式去命令村干部的乡镇政府深谙此道。当乡村优秀人才成为村干部之后，对村干部及其治理行为实施规范性调控顺理成章地成为乡镇政府对村庄实施调控性指导的主要内容。根据调研，对于村干部任免和管理引领是较常见也是较传统的做法。

　　一是鼓励干部交叉任职。适应乡土实际，基于提高交叉任职比例不仅可以减少干部数量，降低治村成本，避免内耗，提高治村效能，而且在一定程度上也有助于乡镇对村干部的引导与调控。调研中发现，各乡村均普遍倾向引导书记与主任一肩挑。早在 2011 年，浙江省委省政府修订印发了《浙江省村级组织工作规则》，明确党支部、村民委员会和社管会三套工作机构通过交叉任职等方式相互整合，建立村务联席会议制度，以村务

---

① 《毛泽东选集》第二卷，人民出版社 1991 年版，第 526 页。

联席会议为工作主体，统一实施村务决策和村务管理。同时又把村党支部纪检委员会、村务监督委员会和社务监督委员会三个监督机构整合为一套班子，共同发挥监督作用。

二是引导乡土优秀人才进入村党支部。作为一项推动乡村治理主体建设的重要抓手，乡土优秀人才是乡村治理的重要资源。《中国共产党农村基层组织管理条例》第二十三条、第二十五条、第二十六条明确规定：各级党组织应当注重加强农村基层干部教育培训，不断提高素质。重视发现培养选拔优秀年轻干部。村党组织领导班子应当由思想政治素质好、道德品行好、带富能力强、协调能力强、公道正派、廉洁自律，热心为群众服务的党员组成。① 从调研来看，个体私营经济发达区域早已非常重视对乡土优秀人才的吸纳。早在 2013 年，温州瑞安市就已明确提出从本村优秀村干部、致富能手、退伍军人、外出务工返乡的农民党员中选拔带头致富、带领群众致富"双带"能力强的担任村党组织书记；建立完善村级后备干部人才库，实现村级后备干部"正职一职两备、副职一职一备"，保持农村干部队伍的生机与活力；加强党员发展工作，进一步规范党员发展程序，提高党员发展质量，各村每两年至少发展 1 名 35 岁以下青年骨干入党，35 岁以下青年党员、妇女党员要达到 25% 以上等举措。

三是规范与强化村党组织在村级组织建设中的作用。规范的制定与输出过程实质是治理主客体的权力与义务、角色与作用权威性引导与明确化的过程，是治理行为可预期化的过程。《中国共产党农村组织基层组织管理条例》第二条、第十九条明确规定：镇党的委员会（以下简称乡镇党委）和村党组织（村指行政村）是党在农村的基层组织，是党在农村全部工作和战斗力的基础，全面领导乡镇、村的各类组织和各项工作。党的农村基层组织应当加强对各类组织的统一领导，打造充满活力、和谐有序的善治乡村，形成共建共治共享的乡村治理格局。② 抓好村党组织建设不仅是制度所赋予，更是乡村治理实践之需。从调研来看，乡镇党委都较为明确地提出了严格落实加强村干部队伍建设的主要措施。包括明确村干部

---

① 中共中央印发《中国共产党农村组织基层组织管理条例》，《人民日报》2019 年 1 月 11 日。

② 同上。

行为规范、加强教育培训工作、落实创业承诺制、建立交心谈心制度、建立定期评估机制、完善民主评议制度、加大惩处力度、强化激励保障，同时为了确保每名村党支部书记有明确的工作目标指向，乡镇党委往往会通过各种制度的出台进行权威性引导。例如，在村级组织换届完成后，乡镇党委一般会出台村干部实施创业承诺制度，委派驻村干部，引导村党支部书记带领村"两委"班子制定工作规划，确定每年工作目标，在党员大会和村民代表大会上做出公开承诺，并制作公示牌予以公示。另外，乡镇党委会协助村庄健全村党组织运行机制，建立一套严格执行村委会向村党组织汇报重大问题和重要工作制度。例如，在义乌，市级层面建立村干部整治立规创优联席会议制度，由组织部长任组长，定期召集公检法纪及相关涉农单位等成员单位召开联席会议，碰头研究推动"村干部整治立规创优年行动落实"，市委常委会每个季度专项听取"村干部整治立规创优年"行动开展情况。各镇（街）分别召开"村干部整治立规创优年"行动动员部署会，结合工作实际制定细化的行动实施方案，把村干部"八条铁律""五带头二十条标准"等相关要求传达到每一个村，每一名村干部，引导全市村干部主动签订严守纪律和规矩承诺书，并将承诺书在村内公示，自觉接受村民监督。2019 年，衢州市提出了全面推行村党组织书记县级党委备案管理，建立村级组织换届选举负面清单和联审机制，严禁村干部承接或违规插手本村工程项目建设，深化赌博问题专项整治等系列举措。[①]

（三）项目式引导与资产监管

作为乡村特定发展阶段的一种治理体制选择，"项目进村"特指各级政府以"项目"发包的方式，通过各种规范程序，对村庄实施财政专项转移支付，以完成预期的专项任务或目标，进而改善农村基本公共服务的一种供给机制。进入 21 世纪，"项目进村"日益成为改善农村基本公共服务，推进城乡融合发展的重要抓手，成为镶嵌在乡村治理中的一个重要变量。调研发现，乡镇正是借助于各种支农项目为重要抓手，引导着村庄

① 于山：《衢州出台"双十条"意见 标本兼治推进扫黑除恶专项斗争》，《浙江日报》2019 年 4 月 14 日。

的发展走向，尤其是对于强个体私营经济弱集体经济类型的村庄来说，通过向上级要项目来弥补村级集体资源不足，进而改善村级公共产品，既是村庄的急需，同时又体现乡镇对村庄的一种调控新机制。

项目式引导呈现技术治理特质，是一种具有外在于农民主体的自上而下的外源性治理安排。一般而言，作为一种看得见的方式，程序与格式可以防止标准的飘浮不定，强化刚性约束。[①] 基于唯有依靠形式理性设计和程序技术的控制，才能严格体现资金拨付部门的意志，有效制约"项目进村"实施过程中的变通和随意行为的项目思维。[②] 乡镇政府正是通过项目申请、审核、分配、批复、实施、监管、验收、评估、审计及奖罚等一整套理性的复杂程序和技术系统，调控着各乡村治理主体间的责任、义务与权利。

集体资产是实现治理的基础性条件。除了发挥项目牵引作用外，乡镇对乡村治理实施调控的一个重要手段是对农村集体资产和招投标项目进行监督。农村集体资产是指法律规定归乡（镇）、村集体经济组织全体成员集体所有的资产，包括集体所有的土地和自然资源，集体所有的各种流动资产、长期投资、固定资产、无形资产和其他资产。又可分为公益性资产、资源性资产和经营性资产。从调研来看，乡镇政府往往通过村账乡（镇）管模式，通过规范村级工程项目招投标，对村级集体资源、资产与资金的监督式管理。例如，宁海县制定出了《宁海县村级权力清单36条》，涵盖村级重大事项决策、项目招投标管理、资产资源处置等19项村级公共权力事项以及村民宅基地审批、计划生育审核、困难补助申请、土地征用款分配、村级印章使用等17项便民服务事项，基本实现了村干部小微权力内容全覆盖。

（四）绩效考评与关怀

在乡村治理实践中，乡镇时常会对村级组织和干部的工作进行定期或不定期的考核和评比，根据工作表现给予相应的奖励和惩罚。

一是述职与评议。从调研村落来看，村党支部书记每年年末要分别向

---

① 应小丽：《"项目进村"中的技术治理逻辑与困境分析》，《行政论坛》2015年第3期。
② 参见渠敬东《项目制：一种新的国家治理体制》，《中国社会科学》2012年第5期。

上级党组织和党员、村民代表作述职报告，接受上级党组织和基层党员群众的监督评议。镇街党（工）委年末要组织力量对村级工作完成情况进行考核，考核结果要报市委组织部备查。有的地方，则实施"双述双评"，由街道党工委、办事处组织村干部在年底或年初向群众进行述职述廉，并接受村民群众的民主评议。主要内容包括班子整体和班子成员个体的工作述职、述廉，年度工作民主评议和村干部基本报酬（补贴）民主评议。

二是动态考核。考核是对村干部绩效的一种评价。在一些乡镇，每年年末，在乡镇指导下，各村专门召开由党员、村民代表共同参加的村"两委"成员评议会，对村党组织和村委会执行决议情况进行考核评定，将误工报酬与考核结果直接挂钩，确定奖惩措施，确保村级各项工作执行落实到位。除了届中考核外，常规的做法是进行届末考核，由各镇街驻村联系领导和驻村干部组成考核组，开展对本届村级班子的工作成效和表现情况进行全面的考核，考核村干部能否兑现届初提出的履职承诺，并将考核结果作为新一届村级班子人选的重要依据。对于创业承诺，镇街党（工）委则结合实际制定村党支部书记任期及年度目标管理办法，年终实行量化考核。

三是关怀。在乡村治理实践中，考评与考核有助于体现乡镇的施政意图，但在个体私营经济发展下，村庄经济日益自主的同时，乡镇与村庄关系由人民公社治理体制下的人身与资源操控转变为有限的资源操控，出现了日常运政过程中治理者被治理者强弱关系的"倒置"（事实上而非价值评价上的）。[①] 随着村庄经济自主消解，乡镇传统行政权威弱化的背景下，在乡土社会摸爬的乡镇干部也自然懂得"礼"在乡村治理中的积极作用，在平时生活中也非常注重与村干部的情感培育与交往，行政权威与人格魅力并举，以便更能得到村干部对各种政务性、公共性事情的大力配合与支持。正如义乌陈村书记陈某森所言："我与书记、镇长的私人关系都很好，一般情况下，只要他们需要我，我是不会拒绝且会尽力配合。他们越是信任我，我就越不好意思不好好干了。"针对这些情况，一些乡镇在给

---

① 吴毅：《小镇喧嚣：一个乡镇政治运作的演绎与阐释》，生活·读书·新知三联书店2007年版，第607页。

村干部定规矩给压力的同时，开始注意从制度层健全对村干部的厚爱机制。例如，在义乌市探索建立村干部澄清保护机制，降低村干部队伍"污名化"风险。探索建立村干部基本报酬和离任村干部生活补助正常增长机制，优秀村干部进镇街班子、上挂涉农单位履职锻炼、定向招录事业公务员编制等做法，激发干事创业热情，让村干部在更大的平台发挥作用。

毋庸置疑，乡镇对村庄的引领与支持，吸纳与调控有助于避免村民自治过程中的无序与无效等随意行为。然而需要注意的是，每一种治理主体介入都有其特定的适用边界。乡镇的引领与吸纳，支持与调控一旦被过度放大时，作为一种以村民自治为旨向的村庄治理，其蕴藏的自治性以及自我服务、自我管理与自我监督等自治能力的提升会被扭曲被偏离，反过来又制约着村庄治理往更高层次、更全面的有效发挥。

三 自主非自负的村治

（一）顺势下的操盘

顺势而为是商业领域、股市领域中技术派最讲究的规律之一，意味着在遵循大盘走向的前提下展开自主的操盘，在进与退之间争取利益最大化。此处，顺势下的操盘主要是指，在村庄治理实践中，以主职村干部为代表的村级组织，在遵循、跟从乡镇大盘之趋势下，以是否有利于村庄利益或具体目标为尺度，在综合考虑多种因素的基础上选择与乡镇政府的互动形式、手段与程度。

农村个体私营经济的发展以及"乡政村治"治理格局共同强化了村庄利益的独立性与主体性。一方面，村干部、村民非常清醒地认识到村庄发展的关键还得依赖村庄自身的积累与努力。绍兴市鲍村会计是这样说的：我们村庄土地都是出租的。乡镇等上级都鼓励我们把地卖掉，我们不肯，一旦卖掉，一次性收回的钱说不定在一届干部任期内都会用掉，那后面的子子孙孙难以享受福利。所以，我们只是出租土地，每年都有一定的租金，村干部也会更合理规划使用，世世代代可以靠土地享受福利。

另一方面，村干部、村民非常明白村庄的发展离不开乡镇政府的帮助与支持，赢得政府的青睐是村庄的共同期盼。因此，在村庄治理实践中，自主而非自行其是共同构造了乡镇与村庄互动中的一种主要形态。我们设计了一个访谈题目："如果村级事务与乡镇意图出现矛盾与冲突,你们会怎么办?"访谈发现,村干部较一致的回答是:"尊重乡镇意图的前提下,与乡镇沟通,争取与动员乡镇的支持,我们不会与乡镇干部唱对头戏的。"一般情况下,涉及村庄重大村务的决策一般都会与乡镇主职干部或驻村乡镇干部事先请示与汇报。一方面显示对乡镇的尊重;另一方面在一些重大村务上的确需要乡镇干部在政策上的把关、组织的动员与出谋划策。例如,旧村改造中的土地性质的转让、集体产权制度改革方案的请示、农村产业发展的规划等等。2009 年 12 月 29 日的鲍村会议记录中写道:"关于沙滩畈沙场收回土地问题,经讨论决定:(1)按照 8 月 20 日村'两委'讨论决定,坚决收回沙滩畈沙场土地。(2)向镇政府、派出所汇报将在 1 月 1 日采取必要的强制收回措施。(3)探讨利用法律措施收回土地。具体强制措施再次讨论。"

(二) 遵从中的圆通

调研中发现,村庄对于乡镇的各种行政性与事务性任务一般不会采取拒斥,而是运用圆通的策略。

1. 尽可能谁都不得罪。下述是一份鲍村经济合作社与社员童某于 2013 年 6 月 9 日签订的拆违协议:鉴于童某在鲍村老国道桥边未经村同意擅自搭建钢棚房壹间,根据上级指示精神必须予以拆除。现经同意,创造和谐社会,文明执法。该房限于 6 月 16 日由童某自行拆除。考虑到童某经商的实际困难,拆除后待拆违风潮过后,若有多余空地征得村里同意允许重搭。但村里需要或上级督查时,童某必须无条件拆除。为严格执法,特订此协议,望双方遵守。

2. 合作的表象化。调研发现,对于不符合村庄实际,非村民当下需求的行政性又不能给村民带来显性收益的任务,村庄往往采取形式化合作,你要我干啥我就干啥的态度,消极参与,呈现合作的表象化。例如,开设农家书屋、配备农家图书在实际工作中很难得到村庄的真正重视,但村庄也不会不行动。事实上,整天忙于个体私营经济的经营主体较少有闲情在村级组织开设的农家书屋进行阅读。但是村庄也不会因此而拒绝不合作不执行,恰恰相反,村庄会遵照乡镇指示开设农家书屋、配备农家图书、购买文体用品等，是一种非实质性的参与与合作。正如台州一村会计所言：很多都是虚的，给下面增加负担了，我这个村里经济条件好一点，很多资料还都多一点，别的村都没有的，政府一来检查，他们没有的就把我们的资料拿过去搞一下，应付一下。

显然，村庄深知村庄发展离不开政府的支持，尤其是在个体私营经济发展后，村民越来越原子化与离散化的背景下更需乡镇的组织性动员与资源支持。所以，即便有时村庄在不是特别乐意的情况下仍然会配合与支持乡镇。

（三）创造性调和

当乡镇与村庄出现张力时，为了实现村庄利益的最大化，村庄往往会运用创造性策略重新造就一个能够良性互动或双方均能接受的平台与空间，在宏观与微观、大势与现状之间进行创造性地调和，避免因张力而堕入艰难的紧张。

随着国家的体制性权力上收至乡镇，在乡镇以下便产生了一个相对独立的社会空间。这个社会空间是由一个个独立的利益主体组成的，同时也存在公共事务、公共权力，有了群己的界限，有了个人权利与公共权力的博弈。[1] 在治理实践中，当遇到乡镇目标与村庄目标不一致时，村级组织并非自行其是，更不是逆向而行，而是在避免与权威、正式制度发生正面碰撞的前提下，以相对温和、圆通的策略力求突破纠结，实现风险最小化和利益最大化。[2] 2012 年 7 月与义乌市陈某森书记的访谈能略见一斑。

> 问：乡（镇）与村庄出现矛盾冲突时，你会怎么办呢？
> 答：我们要考虑不能自己去搞一套，度、分寸要把握好，如果真正上面要来追究的，首先要追究领导责任，那么我们也吃不了兜着走，也是麻烦。有的时候我们自己不承担责任。我有一次也是因为土

---

① 徐勇：《乡村治理与中国政治》，中国社会科学出版社 2003 年版，第 47 页。
② 应小丽：《草根政治：农民自主行为与制度变迁——以 1952—1992 年浙江为例》，中国社会科学出版社 2009 年版，第 220 页。

地问题上面要追究，其实当时书记镇长是蛮支持我的。土地管理部门要插手这个事情。后来我想了想，书记镇长呢是吃国家饭的，我是吃米饭，反正我是为老百姓负责，如果说有责任我会承担，劳改我也会去的……我不要书记镇长去承担责任，责任我来承担。

通过创造性调和的策略，村庄不只是促成了与基层政府的有效合作，还有助于增进村庄外源性支持，更重要的是传递了换一种方式互动与合作的启示与压力。在一定意义上，这种创造性调和的能力与农村个体私营经济的成长经验有关联。前述可知，浙江农村个体私营经济业主绝大部分都是20世纪80年代初，伴着改革开放的春风洗脚上岸的农民。这些业主绝大多数曾有过迫于生存压力，用非制度化的手段撬开人民公社治理体制缝隙的经历，形成了"行商—坐商—企业主—企业家"的角色转换轨迹，形塑了灵活、多变、善变的思维。正是这种思维使村庄与农村基层政权的互动出现摩擦时，能够实现创造性调和。

四　政社互动的建场效应

田野调研进程中，深感提炼一个能最大限度地包容和体现政社互动特性的概念实属不易。因为，政社互动作为乡土政治剧的重要剧情，实践中并非结构化与模式化思维就能描摹。之所以用建场效应来概括治理实践中政社互动特性，主要是注意到在相生相克、相辅相成的政社治理场域中，乡镇与村庄互为主角、互为剧中人，共同演绎了合作与依赖，互导与互构的动态情景剧，展现了斑斓的信息与丰富多彩的建场效应魅力，激活着乡镇与村庄网络化互动的合力与动力。

（一）联合建场

在政社互动这场乡土政治剧中，权力与规则来往，遵从与自主的平衡、实力与有用的交换，是基于不同情景展示各种不断变化的变式与"来往"。正是在乡镇政府的辅导性与激励性支持，吸纳与规范性调控、技术性治理、监督与评价性调控下，实现了对村庄治理有序性的一种助力。与之相应，正因为村庄对乡镇的自主而非自行其是，正是遵从中的圆通与创造性的转换，村庄不再是简单的无自主性顺从者，也不是毫无权威意识的无政府主义者。乡镇行政权威得到了尊重与坚守，同时村庄治理又更能符合村庄实际，更具有实践效用。

乡镇与村庄互动下所构建的场域可用这一段话来表达：我在物理的场域之中，但我不知道能否进入意义的场域；我渴望进场，但不知道会不会被清除在场外。只有一点似乎可以明确：在当下，是不能退场的，不管主动还是被动。如此，联合建场就成为一种希冀，尽管我们之间存在着张力。① 当然，在乡镇与村庄联合构建的场域中，决定乡村互动关系的不仅仅是乡镇自身的行政权威与体制压力，而且也取决于村级组织的态度和行动方式，二者在村庄治理这一具体时空场所中的交集，共筑着村庄治理的未来走向。

（二）互赖与互构

产权是自主的基础。发达的农村个体私营经济以及个私产权的确立赋予了村民独立的利益主体意识与自主的条件，使乡镇与村庄互动呈现互赖、互控与互构之特性。

互赖。所谓互赖，是指互动主体相互依赖，合作共生的一种互动实践与关系。在乡镇与村庄共同演绎的一幕幕乡土政治剧的舞台上，没有绝对超脱、独立的自治权，是一种有限的权力，接受党的领导和政府的支持，受广大村民的监督。镇与村在乡村治理场域中是互相支持和依赖。正如陈某森书记所言：本村的经济发展经验只适应本村，要谈发展经验必须因地因时因村制宜，否则将得不偿失。但也有一句话也应牢记：没有政府的支持，任何事情都无法办成。

就村庄而言，个体私营经济带来的离散化与个体化悖论构成了对权力支持与依赖的需要。产权的个体化强化村庄、村民利益感与自主性时，极易陷入个体化悖论之中。就村级组织而言，由于个体的离散，村庄集体经济的缺失，使得村集体经济缺乏组织动员与整合能力，亟须农村基层政权给予支持与帮助。调研的多数村庄都有村主职干部主动地拉拢乡镇干部，希冀农村基层政权的帮助与支持的现象。

---

① 成伯清：《格奥尔格·齐美尔：现代性的诊断》，浙江大学出版社1999年版，第143页。

就村民而言，经营主体从自己的私人空间和家族小团体中走出来，走向更广阔的市场，在长期的工商实践中意识一系列公共性问题、交易环境等问题并非个体自己所能解决，而是需要一个超越经营主体的公共性组织给予帮助。如此，在乡镇与村庄共建的场域中，经营主体同样渴望农村基层政权的引导与规范。

就农村基层政权而言，农村基层政权同样需要村级组织与村民的支持与配合。在人民公社体制废除后，国家的体制性权力虽然上收至乡镇，但功能性权力却进一步向下延伸。[①] 因此，面临着许多行政性任务以及自身组织绩效与功能的发挥均需要村庄支持与配合才能完成。而且在产业下乡进程中，不确定性的农村治理问题同样有赖村庄、村干部和农民等治理主体的集思广益，共同有效地推进地方治理。在这种情况下，互依互赖与互控自然构成了当下乡镇与村庄的常态图景。

值得一提的是，控制并不必然是单向的，或单边的。它也可能是共有的，或相互的。[②] 控制的形式并无清晰可辨的界限。它们相互融合。[③] 从乡镇政府的视角来看，在"政社合一"的人民公社治理体制下，乡镇的行政性任务与生产指标可以轻而易举地落实，作为一个生产单位的村级组织是没有与上级政府讨价还价的任何可能和要求的。然而，随着家庭承包制和村民自治的推行，村级组织与农民在生产上经营上拥有了自主空间，生产什么经营什么自己均可能做主。但是，伴随基层政权组织制度性权力上升到乡镇一级，乡镇的功能性任务却愈加增多，乡镇与村庄的互赖也是一种互控的追求治理最大公约数的过程。

互构。所谓互构主要是指农村基层政权组织与村级组织等行动主体在互动中相互影响、相互形塑，互为主角，互为剧中人，在角色的动态转换中演绎、形塑着建场效应。

拥有产权就是拥有一份保障，改变着村庄对权威的依附，改变了乡镇政权的全能领导方式。人民公社时期，国家基层政权统摄农村经济和政治资源，农民缺乏独立性和自主权，被迫依附于政府。所以，农村基层政权

---

① 徐勇：《乡村治理与中国政治》，中国社会科学出版社2003年版，第47页。

② ［美］罗伯特·达尔：《现代政治分析》，王沪宁、陈峰译，上海译文出版社1987年版，第63页。

③ 同上书，第55页。

对农民的管理具有绝对的权威性。① 个私产权意识的强化正在重塑人们的行为，解构传统农业社会非此即彼的小农行为理念，建构着人们竞争与合作思维，同时也改变着乡镇政权的全能领导方式。发达的个体私营经济意味着农民能够自主经营、自我管理，提升了个体的自主性与自立性，改变了逆来顺受的精神状态，政治效能感也因此不断增强，进而有的村民开始认为：我们还在推着政府朝前走呢。

与此同时，农村基层政权通过组织动员、规范输出、资源供给、项目进村以及绩效考核等方式，在助力与规范村庄发展的同时，改变着国家与农民的传统汲取关系，改变着"交了粮就是自在王"的传统农民的形象，推动着农民成为参与式农民，形构着农村基层政权与村庄的积极关联。正如徐勇教授所研究：区别于西方经典理论，民主是在大众压力下统治者让步的结果，政府在民主化进程中扮演着消极的角色。但从中国的村民自治进程看，政府的主动性是民主化进程必不可少的因素。②

动态。就现阶段来看，在乡镇与村庄共同构建的复杂交错的多重互动景象中，基于不同的地位、身份、规则、权力等因素的交错，乡镇政府、村庄与农民在掂量与权衡着各自利益的同时互构着彼此之间的多重关系，又小心翼翼地进行着一系列"场"的铺设。但在这个联建的场域中，各主体虽互为导演互为剧中人，但力量、影响力及其角色是处在变动不居状态。应该承认，个体私营经济发达的村庄，农民个体的市场力量与智慧并不代表其在治理中的力量与智慧。毕竟，在今天的乡政与村治互动中，农村的治理模式与农村产业发展本身就是政府的一种规划性安排，农村基层政权掌握着主动。一个典型的例子就是界定产权离不开国家，保护产权离不开制度。因为，没有国家保护产权，其交易成本就会极为高昂，甚至可能回到霍布斯的"人与人战争"的丛林状态。③

---

① 张厚安、徐勇、项继权等著：《中国农村村级治理——22 个村的调查与比较》，华中师范大学出版社 2000 年版，第 354 页。

② 徐勇：《乡村治理与中国政治》，中国社会科学出版社 2003 年版，第 51 页；《草根民主的崛起：价值与限度》，《中国社会科学季刊》（香港）2000 年夏季号。

③ 邓大才：《产权的政治逻辑：产权怎样、如何影响政治——从产权政治功能的视角考察》，《学习与探索》2014 年第 9 期。

（三）有界理性

在乡村与村庄联建的场域中，乡政与村治的互动是有自在规定性的，非可随意乱串演的，互动是有界的。

首先，乡政与村治的联合建场以具体时空场所为界。个私产权包括财产权不仅对个人具有保障功能，特别是对国家强权具有划界、对抗的功能，能够有效地防止国家行政权力对个人财产的侵害。[①] 在这其中，空间量度的有限性主要是指具体建场在体积上既不能无限制地扩大，也不能无限制地缩小，而总要保持一个适于演观活动进行所需要的"度"。[②] 这就意味着，在乡政与村治互为制衡、互为形构的空间中，他们必须共同遵守同一个社会惯例或互动规则。从调研来看，这个社会惯例通常以不恶化乡政与村治关系为界限，以各得其所，合作共赢为理想追求。鲍村童书记是这样告诉我们的：镇一般会过问村的经济发展状况，新农村规划，用地指标，村委会选举，干部违规等。村是自治组织，一般涉及审批的问题会需要镇的支持，一般情况下，只要合法合理，镇对村的工作都较为支持。正如有学者所指出：政府在为市场、社会提供运行的制度基础，补充和匡正市场、社会失灵之外，它还必须重视对市场、社会能力的培育和发展。在这一背景下，政府不仅需要认识市场和社会自主管理的重要性，还需要对它们提供阶段性的扶持和培育，防范因为其能力不足而导致市场失灵、社会失灵。同时，新兴工业化国家的已有经验显示，政府的这一扶持应随着市场、社会的能力提升而逐步退出，以防止政府行政力量对市场、社会自主性的侵蚀。[③]

应该承认，场域中的每个主体都有自己获益最大化的希望。但在现实世界中，限制条件的变化与他人行动的不确定性，意味着最明智的行动路线或不是最小最大策略。一方面，以实践理性为基础。所谓实践理性是指

① 邓大才：《产权发展与乡村治理：决定因素与模式——以粤、湘、鄂、鲁四村为考察对象》，《中州学刊》2014 年第 1 期。

② 孙宝林：《剧场效应：一个被忽视的研究对象》，《艺术百家》1999 年第 3 期。

③ 郁建兴，高翔：《农业农村发展中的政府与市场、社会：一个分析框架》，《中国社会科学》2009 年第 6 期。

互动场域中的行动主体，基于目标导向与实际情景，权衡既定目标合理性的基础上，适应性的选择互动策略与技术，其驱动力是利益与成本的权衡，是工具性与社会性的统一，而非主体的抽象权利与主观任性。从调研来看，无论是乡镇还是村级组织与农民等主体，当遇到有交集有计算时，是否选择互动以及选择何种互动方式或策略主要取决于各互动主体对拥有资源机会的认知、村级公共利益的考量、个人利益的考量等方面评估的基础上，互动双方进行适应性调和。

另一方面，从功能上来看，互动产生的效应是不确定的。田野调研表明，在"国家—社会"的分析框架内，将国家与社会设定成为西方学者所惯用的强与弱的一种对立性关系去分析、评价乡镇与村庄的关系，这种研究思路具有偏颇性，至少在我们调研村落的治理场域中未必是对官民互动状况的一种真实描摹。恰恰相反，乡镇互动不再是简单的乡镇与村庄的博弈，而是缤纷异彩，有冲突也有平衡，有竞争也有妥协，有矛盾也有联合，在耦合与共生中呈现多重面相。

其一，在农村个体私营经济发展背景下，个体私有产权的确立强化了村民的自主性与利益主体性，同时个体的离散化又进一步弱化村集体行动能力，极易引发市场失灵和社会失灵而诱致的公共性危机，陷入个体化悖论。同时，村民自治虽然从乡村孕育但伴着外源性输入而成长，自治能力还远未发育。农村基层政权的辅导性支持是需要的，至少能训练并提升民众有序行使自治的能力，推进有效治理。因此，与个私产权相伴的是乡土自主能力提升的同时，乡土社会又不断寻找政权的支持与帮助。

其二，基于对乡土社会的规划性改造、公共组织的使命以及行政逻辑支配下的农村基层政权，同样也需要村庄的支持与配合。

其三，存在值得注意的两种互为逆向的趋势。第一种趋势是农村基层政权过度介入的可能。如同任何一枚硬币都有两面性一样，乡镇政府对村庄治理的过度规导也会对乡村治理带来一些伤害，这种伤害主要有弱化村庄自主性、自治能力、治理的同质化与模式化等问题。第二种趋势是农村基层政权衰败的可能。在治理实践中，吴毅教授注意到"弱国家—弱社会"双向并存现象。从我们调研来看，受制于村民个体主义的反制与公共意识的缺失，以及乡镇自身治理能力的缺失，乡镇、村庄与村民有可能陷入互为抱怨、互为隔离，互为不信任的最糟糕的治理状态。这就提醒人们要有良性互动的思维，在重视社会自主能力培育的同时，也得注重当农村基层政权强制性权力退出后，农村基础性权力的萎缩及强化乡镇治理能力纳入考虑的视野，这已不是一种逻辑演绎和理论假设。

第六章　农村个体私营经济背景下的治理挑战

前述分析表明，农村个体私营经济对乡村治理产生了深刻影响，形塑乡村治理逻辑，雕琢国家与社会、乡镇与村社、国家与农民的网络互动关系，促进有效治理的同时又面临了一些新难题和新挑战。

一　农村个体私营经济背景下的治理新需求

农村个体私营经济的发展强化村民经济自主和独立人格，同时又加剧了村民的分化与流动，弱化村民对村庄共同体的依赖，给乡村治理提出了更高的要求与需求。

（二）流动人口管理与服务

如果说农耕社会下的农民流动是以村庄、集市为中心进行交往和活动的内聚式流动，那么在个体私营经济背景下，农民流动更多是一种跨区域、跨共同体、跨市场、跨行业的开放式流动。如何有效地对流动人口实施管理与服务，构成了个体私营经济发达村庄的一道难题。

《浙江蓝皮书 2014 年浙江发展报告》提供的资料表明，浙江农村的流动人口主要是由两类构成：一类是省外流入的务工人员；第二类是离开村庄外出经商者。2012 年底，浙江有流动人口 2200 多万人。[①] 2010 年浙江省省外流入人口已经达到 1182.4 万人，占全部常住人口的 21.7%，其中，具有大专及以上和高中学历的省外流入人口分别占 4.0% 和 10.4%，

[①]　陈华兴、黄宇：《浙江蓝皮书 2014 年浙江发展报告》（政治卷），浙江人民出版社 2014 年版，第 48 页。

远低于全国平均水平。伴随这一现象而来的是劳动者素质低下。① 在中国五金之乡，农村个体私营经济较发达的永康市，据统计该市户籍人口58.5 万人，登记流动人口 58.09 万人；乐清市户籍人口 127.79 万人，登记新居民人数达 64.34 万人流动人口。② 2019 年仅在永康市生活就业的云南省镇雄籍人就有 11 万多人，占到永康市外来人口的五分之一。③ 瑞安市是农村个体私营经济的重要发祥地之一，外来登记在册人员逾 53 万人，社会治安情况复杂，刑事发案高位运行，社会管理难度很大；外出经商创业人员达 20 多万人。④ 2012 年，台州市黄岩区有 4 万多户瓜农在全国各地种瓜总面积达 25 万亩，遍布全国 17 个省（市、自治区），北起东三省，南到海南岛，一些瓜农已走出国门，年创产值 24 亿元，⑤ 面对人口大进大出，村庄治理带来了一系列新课题，较为典型的有以下这些：

1. 流动农民的权益。早在 2002 年，有学者就已注意到农村人口流动给乡村治理带来一系列新的课题。例如，徐勇教授、徐增阳教授在《流动中的乡村治理》中专门分析过了农民流动对乡村治理的影响，他们主要按照流动—收入增长—资源增长—社会稳定的逻辑进行分析。邓大才教授在《小农政治：社会化小农与乡村治理》一书中注意到的是中西部农村人口外流给村庄带来的治理效应，认为大量的剩余劳动力外出，给乡村治理提供了一个宽松的资源环境。⑥ 受个体私营经济发展的影响，浙江农民的流动虽然主要是一种经营性流动，但其遇到的权益保障问题与务工型流动并无二致，只是相关研究更多地关注务工型流动农民的权益保障问题。

一方面外出经商的村民因受空间阻隔，难以充分行使村务民主管理

① 《2014 年浙江当代发展报告·浙商卷》，浙江人民出版社 2014 年版，第 116 页。

② 《浙江非国有经济年鉴》编辑部编：《浙江非国有经济年鉴》（2014），中华书局 2014 年版，第 317、399 页。

③ 陈晓苏、童英晓：《载着千余名镇雄籍员工 我市首趟"返岗直通车"今晨抵永》，《永康日报》2020 年 2 月 17 日。

④ 中共瑞安市委组织部：《关于开展基层组织示范创建和后进整顿工作思考》，2014 年。

⑤ 牟同飞、黄保才、周薇薇：《当好外出瓜农的"金融保姆"——黄岩农合行实施"三大工程"打造农村金融主力军》，《台州日报》2012 年 10 月 28 日。

⑥ 邓大才：《小农政治：社会化小农与乡村治理》，中国社会科学出版社 2013 年版，第 187 页。

权。如村级组织换届选举时，外出村民的选民委托范围如何界定成为一种治理中的悬置。另一方面，因为是流动人口，在其生活和工作地无权充分享受民主权利。[①] 改革开放以后，一些农村党员因生计需要背井离乡、外出经商务工，部分村庄外出党员甚至多于在家常住党员，由此对党组织正常工作带来较大影响。调研中，我们发现一些地方由于外出党员过多、到会率过低，党员发展及其他党内各项工作会议的有效性难以保证；有些地方日常党组织活动难以开展，每月一次的党组织生活会变成只在春节外出人员返乡高峰期间召开的"年会"。

2. "走读式"干部现象。从严格意义上讲，在现有体制下村级干部是不拿薪金的在职村官。因此，村干部致力于自己的创业致富，外出经商、办厂等也无可厚非，而且也是村干部拥有影响力与话语权的重要指标。但是，外出务工与经商又难以有效兼顾村庄公共事务。于是，一些村干部只能采取"走读"的办法，尽可能两边兼顾。但由于一个人的精力是有限的，在这种情况下，干群沟通势必受到影响，村干部对群众想什么、盼什么，了解不深、把握不准，各项工作不能完全符合群众的需求和愿望。对于村民群众来说，当他们有需要向村干部进行沟通或者是表达诉求时，又常常找不到，由此会埋怨村干部"看不到人也捞不到魂"，进而影响干群的和谐关系，甚至会引发村庄信任危机。

3. 人口流入村庄呈现治理新命题。区别于其他区域，受个体私营经济的牵拉，个体私营经济发达的村庄往往呈现外来人口流入现象。在我们调研的村庄都存在着外来人口，而且有一部分村庄外来人口超过本地户籍人口。如义乌陈村、梅村，还有绍兴鲍村，永康花村、英村等外来流动人口均超过本村户籍人口。义乌陈村本村户籍人口与外来人口与之比高达1：7。面对庞大的外来流动人口，传统的乡村管控模式或者以村庄或政府为单一的治理主体均显得力不从心。

一方面，面对近十年"突如其来"的外来流动人口，村级公共组织一时难以适应，缺少抓手。就目前村级管理这个层面来看，村庄乃至乡镇政府主要发挥着"守夜人"功能，满足于不出事、不影响村级公共秩序，

---

① 卢福营：《农民流动：嵌入村民自治的新变量——浙江奉化市庄家村调查》，《华中师范大学学报》1999 年第 2 期。

难以有效提供公共服务。当然，从调研来看，也有些村庄已开始考虑实施协同治理，为外来流入人口提供服务，建外来人口服务之家。

另一方面，村庄治理陷入公共服务供给难以有效满足需求。人口流入势必带来一系列公共服务需求，加剧村庄治理压力。例如，外来人口的计生管理和服务、公共卫生、环境治理、社会治安、公共医疗、子女教育等方面。在义乌梅村调查时，村书记向我们讲了一个很现实的问题：该村常住人口2700余人，外来人口也接近这个数。农村外来人口进驻后垃圾处理压力大。就村庄层面而言，垃圾处理的承包费不能少，否则活（垃圾处理）肯定干不好。垃圾又不能一烧了之，否则影响环境。如果烧，抓一次要罚5000元。

在农村没有大量流动人口涌入之前，村委会有着相对稳定的管理资源配置，往往根据实际情况确定人力和物力，以达到有效管理的目的。当大量外来流动人口不断涌入，村级组织以及当地镇政府的管理资源显然不能适应实际情况，人手紧缺、财力匮乏、公共设施不健全。值得注意的是，浙江的农村个体私营经济主要以家庭作坊、小微企业为主，因此所吸纳的外来务工人员在生活方式、受教育程度等现代性素养方面总体低于流入城市的务工人员，这更是加剧了人口流入村庄在村庄协调与秩序等方面的难度。

（二）良好土客关系的营造

俗话说"强龙压不过地头蛇"。但从调研来看，一些个体私营经济比较发达的村庄相反出现了"地头蛇压不过强龙"情况，本地常住人口对外来人口又爱又恨。除了上述提到的外来人口治理能力乏力以外，一个很重要的因素是与农村个体私营经济的"低小散"的经济形态与粗放布局有关。与之匹配，流入到村庄的外来流动人口绝大部分属于务工型人员，主要特征有二：第一，"三低一高"，即低学历、低年龄、低技术和高度流动性。浙江农村的外来流动人口主要来自省内和省外经济欠发达的乡镇，大多数以小学、初中低学历为主，年龄一般20岁左右，从事技术含量较低的工种或行业。如从事搬运、机床、染漆、建筑为最多；高流动主要表现在职业流动性大，频繁换工种换职业，或者本身的行业就是颇具流动，如从事流动经营餐饮、摆地摊等个体工商，来去不定，甚至居无定所，造成管理上的难度。基于外来人口自身的因素，其法律法规意识以及公德意识相对薄弱，带来了村庄污染、公共物品损害严重，加大了治理和服务的难度。第二，来源广泛，身份多元。2012 年，义乌外来人口突破151.3 万人，来自全国所有省、自治区和直辖市，共有 50 个少数民族。其中流入人口排前三名的省份分别是江西省，27.02 万人；贵州省，19.6万人；河南省，17.5 万人。[①] 在湖州织里镇，童装产业 20 世纪 80 年代初从家庭手工作坊起步，20 年后，成为全国最大的童装产销基地和棉坯布集散中心。2007 年当地外来暂住人口 15 万（人），超过常住人口 5 万余人。[②] 以永康市花村为例，其农村外来人口不仅来自省内欠发达区域，更多地来自于贵州、江西、广西、四川、云南等占较大比例，而且身份复杂。如有婚嫁到村者、经商务工者、租住者、移民等。受农村个体私营经济的牵拉，"三低一高"与身份多元的外来人口加重了流入地教育、公共服务、村庄秩序等方面的复杂性与艰巨性，也严重影响了这些外来人员自身的融入感、归属感。受制于各种公共治理资源的制约，村庄本身无力对外来人口实施有效管理与提供服务，致使本地户籍村民出现了对外来流动人口的惧怕，惧怕他们的不文明、惧怕他们的无规则等，形成了倒置的土客关系。在英村调研时，我们有这样一段访谈：

> 问：村里风气怎么样？
> 答：还可以啊，小偷小摸派出所上午抓去了，下午就放掉了，没用，派出所不养他的。打又不敢打。
> 问：赌博呢？
> 答：天天赌博都没事，天天都有的，都可以看得到的。
> 问：本地人还是外地人？
> 答：都有，外地人输了，没钱了，就去偷、打架。
> 问：为什么上午抓了下午就放？
> 答：都怕麻烦的，他穷，又没钱，外地人又没人管，你关个三天

---

① 《义乌外来人口首次突破 150 万》，《金华晚报》2012 年 1 月 14 日。
② 《织里：壮士扼腕告别"三合一"伤痛》，2007 年 6 月 7 日，长兴新闻网，http://cx-news.zjol.com.cn/cxnews/system/2007/06/07/000296921.shtml。

五天又没用。所以现在形成小偷公司了，老乡啊，亲戚啊。我们这里菜市场旁边有个超市，小偷好多人来，偷了好多次了，好多人都看到。你抓到了打他，你要赔医药费，他打你没事的。这个风气不好的，现在搞这个人性化，就把这些人养起来了。打也不能打了。我前两天就抓到一个，我在家里洗澡，他就跑到我楼上了，二楼，我上去的时候他跑不出来了，他站在厕所那边像小便，我等了很长时间才把他抓住。他的身份证也是假的。

（三）劳动关系纠纷与安全生产

除了传统的田水之争、邻里之争、婚姻、宅基地等以外，随着个体私营经济的发展，各种新矛盾新纠纷新问题，如企业生产隐患、经济合同纠纷、劳资纠纷等新的矛盾接踵而至，尤以劳动关系纠纷和安全生产为典型。在义乌佛堂镇调研时，我们访谈了一位退休后返聘在综治办的老干部，与我们进行了这样的讲述：今年特别1—7月特别多，最难解决的是非正常死亡，已达16人。企业员工猝死7个，又分几类：一是工作时间工作场所猝死，视工伤认定，一般40多万（元），企业负担较重，以前赔上60个月，现要赔上20年，调解难度大。去年溺水死亡较多，加强防范；传统纠纷也发生质的变化。外来民工流动大，合同不签，走掉之后投诉要钱。数量多，以前外来民工要求不高，有的不是真心实意；还有签过劳动合同后的纠纷；个人之间、打临工引起的纠纷；企业员工与企业主纠纷；意外、伤害、死亡。

调研发现，坐落在村内的企业许多是家庭作坊式的小微企业，违章乱搭乱建等均程度不等地存在。如台州地区的玉城街道大峃村有1140人，村内在册工业企业50家，以汽配、鞋业为主，小作坊更多。违章搭厂棚、厂房的现象非常普遍。虽然经济相对发达，但村中路狭窄，弯弯曲曲，新房挨着旧屋。该村书记无不感慨，村庄内工业居住混杂，生产安全隐患严重，居住环境恶劣，已严重影响村民的生活和村庄的进一步发展。[①] 为了节省经营成本，这些小微企业往往把生产、仓储与企业职工宿舍合在一起，吃住加工融为一体，称为"三合一"企业。这些企业往往存在重大

---

① 包建永：《从户到村，土地流转新招惠了农民》，《台州日报》2012年3月27日。

的安全隐患，极易导致群死群伤恶性火灾事故。

如何有效地解决上述个体私营经济发展中派生出来的新矛盾和新问题，无疑是乡村治理过程中亟待解决的现实命题。从治理来看，针对新纠纷与新矛盾，我们陷入乏力状态。义乌市一位退休后返聘的调解人员感慨万端：现今频繁出现的纠纷与矛盾真是层出不穷，我们只能调节，双边各让一点，我们也无其他办法了，调节不成功，实在不行只能上法庭。

综上，有发展无公共，经营过度治理短缺、流动人口治理与服务的尴尬、倒置的土客关系；等等。这些难题既有工具理性带来的陷阱，也有私性扩张带来的价值理性缺失；既有乡土工商业发展带来的结构性失衡，也有社会缺席的紧张。透过对个体私营经济背景下乡村治理难题的捕捉，不仅折射出治理实践的多棱面，更提醒人们需要基于治理有效进一步思考难题背后的风险及其预防。

二　农村个体私营经济背景下的治理风险

在个体私营经济的冲刷下，乡土工商裹挟着经营、竞争、成本、价格、赢利、收益、理性、经营开放、流动，深刻地改造着、分化着同质化的乡土社会，工具理性迅速成长为今天乡村治理的常态，同时适应个体私营经济发展的乡村整合机制又没有很好地建立，乡村治理风险逐渐显现。

（一）"老板治村"的风险

能人治理型模式下有两种派生状态，如果能人在积极发挥治村能力外，能够有效地平衡民主与权威的关系，积极主动地引领与培育村庄自组织能力与合作意识，那么就会形成能人主导下的合作共治。如果无法有效地处理权威与民主的关系，而是权威至上，那么当村庄自治能力没有得到很好的发育的情况下，能人治理型模式很容易进入能人至上的支配型治理模式，构成能人治理风险。老板治理蕴含着这样一种假设，即老板是全知全能的，天然代表村民的意志。但事实上并非如此。一方面，能人不可能是全知全能的，仅仅依靠能人并不一定能治理好村庄所有的事情；另一方面能人自身也有局限，也可能犯错误。主要表现为以下几方面：

1. 能力结构失衡带来的风险。实事求是地说，个体私营老板的创业能力、经营能力与市场敏锐性值得认可。但较之治理企业，治理村庄更具挑战，这就极有可能带来懂经营不等于懂治村的尴尬。

经济能人在工商实践中积累了丰富的市场经营经验，但毕竟市场上的经济活动与村级公共管理无论在宗旨、动机与策略上等都存在较大的差距。个体私营的经营思维不一定能带来良好的治理效果。一个重要的原因是个体理性不一定能带来集体的公共理性。正如联系义乌梅村的镇干部陈主任所言：懂经营不一定懂农村工作，村情要清楚，村里人情往来这些乡土知识了解得太少了，工作不仔细。为任务沟通而工作，要钱与要项目是不一样的，得转换思路。事实上，治企业不易治村更难，治村能力有待提升。义乌陈村的陈某森书记也曾感慨：在厂里我自己能够说了算，在村里就不一样了，涉及方方面面，需要统筹平衡思维。针对"老板治村"这一事实，义乌佛堂镇干部陈某是这样评价的："老板治村"存在不足主要有：第一，文化底蕴薄弱；第二，自以为是，法律掌握少、政策道德底蕴不高，新农村建设要求懂政策、法律。光有想法，底气不足，谈何容易；第三，一根筋，我是老板，不靠谁。现在村庄要懂经营，也要懂农村工作。第四，有钱不太会计较，零招待之类自己能够掏出来。没钱的话，通常会斤斤计较，不利于工作。

值得一提的是，"老板"村干部由于既要忙自身的工商实践，又要忙村里的公共事务，在精力与时间上时常显得力不从心。在瑞安市吴镇长看来，"老板兼干部会出现精力不够，培育团队弱"。佛堂镇综治办潘某认为：事情多，忙于事务，若村里有事情往往找不到。"老板治村"往往呈现阶段性特征。刚上任时是较能配合，也希望能干一番事业。但若发现心有余而力不足后，就会出现热情骤减乃至消失殆尽，最后回归自己的企业，就不管村里的事。

2. "老板"异化的风险。异化是现代社会及政治理论、神学、社会学及心理学中的一个核心概念。最简单地讲，异化指分离或疏离状态。[1]个私老板所拥有的巨大势能往往带有"双刃剑"性质：一方面，个体私营老板较普通村民更具有自主的空间与能力，能突破历史惯性和利益牢笼

---

[1]　［美］戴维·米勒、韦农·波格丹诺：《布莱克维尔政治学百科全书》，邓正来译，中国政法大学出版社2002年版，第17页。

的锐利武器，成为乡村治理的掌舵者，造福于乡民；另一方面，如果缺乏有效的监督与制约，缺乏自律，"老板治村"也极有可能迷失方向，尤其是社会责任与公共价值等未能跟进的话，极有可能利用自身超强的运转能力影响到村级治理的公共性与自主性，带来对村庄自治和公共性的侵蚀等异化问题。

依据翟学伟的分析，日常权威的渗透性来自面子在中国人际交往中的基础性，而作为交往基础的面子，有一个非常重要的特征就是个体往往通过违反规则、章程、制度乃至法律来体现自己是一个有面子的人。[①] 在实践中，老板借助自己因财产而拥有的超强自主性与势能，往往较其他普通村民更具有非制度化运行空间，上车再买票的可能。正如金华市傅村镇杨某兴所言："现在违章、违法、抢占用地很多是干部，老实人不敢，每年拆，乡镇也很烦恼，书记主任与镇对着干，无法开展工作，不拆不行，拆了村干部不支持工作。"在此意义上，乡村治理的有序性与有效性成也能人，败也能人。

3. 财富绑架。从调查来看，财富绑架治理突出表现在以下四方面：

一是抬高了进入村级组织门槛。从调研来看，个人财富成为村民赖以进入社区公共权力领域的手段和"法宝"。正如一些村民所言：若你不是老板，是当不了也是不可能成为村干部的。当不了主要有两方面考虑：一是老百姓本身不信任。因为，一个自己都不能致富的人何以可能引领村庄走上共同发展；二是在集体经济较为有限甚至是空壳的情况下，如果你没有一定量的财富支撑，也是难以推动村级组织运转的。在无形之中，抬高了进入村级组织门槛。普通无财富优势的村民无形之中被挡在了村级公共权力之外。正如永康市某干部所言："书记、主任由老板来当占70%，在村里基本上是头面人物，不是做生意就是当老板，不办厂当不了书记主任。"

二是金钱操纵选举。金钱操纵选举主要是指村民为了能够进入村公共权力领域，运用经济手段拉选票的现象。这种现象在个体私营经济较发达的村域较为突出。调研时有些群众反映：前几届贿选之风最盛的时候，有

---

① 翟学伟：《中国社会中的日常权威——关系与权力的历史社会学研究》，社会科学文献出版社 2004 年版，第 207 页。

些村是拉着板车挨家挨户分东西的。2013年浙江省村级组织换届选举时，浙江省纪委等部门联合下发《关于严肃村级组织换届纪律的通知》和《浙江省防止和查处村级组织换届贿选行为暂行办法》。其中，特别界定了向选举人赠送现金、存单、银行卡、会员卡、有价证券、支付凭证或实物等列为九贿选情形。调研的各县市纷纷对换届选举纪律，包括防止和查处九贿选情形，由各村通过会议、广播、标语、黑板报、宣传单等多种形式大张旗鼓地进行广泛宣传，使选举纪律家喻户晓。这些文件的发布和贿选现象的存在说明，金钱操纵选举已成为一个不可忽视的问题。

三是个人财富和经济因素影响村级管理。任何管理与服务都需要相应的人力物力与财力支持。然而，农村个体私营经济发达的村庄，村级集体经济通常又相当薄弱，村级公共组织缺乏必要的经济能力。在这一背景下，村庄的公共服务往往要求助于较富的村民。例如，在调研的村庄，节假日尤其是春节期间，都是请一些地方戏班子来演戏，丰富村民的娱乐文化。其中，请戏班子的演出费、村庄居家养老服务中心与老人协会的运转等，往往都得向私营企业和先富群体筹资或接受捐资。有的与个私企业合作开发。调研时我们注意到一个村庄90%的土地都流转给了本村的私营企业。在这种背景下，需要谨防的一个问题是，公共权力组织在获得个私产权所有者对公共事务支持以后，何以可能在决策和管理过程中保持公共取向而非财富取向，成为保证乡村治理效率与效益平衡的重大课题之一。

四是治理手段的金钱驱动。在个体私营经济背景下，个私非农经营收入成为村民个体和家庭的最大经济利益来源，村落集体组织则无力给予村民更多的利益支持。基于这一利益格局，参与无涉自身利益的公共事务极为消极。在这种情况下，村级组织为了动员村民积极参与，往往运用财富杠杆引领。譬如，出席各种会议，甚至党员会议都要发放30—100元不等的会议费。

应该承认，"老板治村"不仅是农村个体私营经济发展的使然，也是自我形塑、村庄的期盼与政府的吸纳的发展。近几年，浙江村级组织换届选举特别强调对"服务能力强"和"致富能力强"的"双强型"村干部的吸纳与引导的背景下，个人财富和经济因素总是自觉不自觉地介入村级治理，成为重要的变量。然而隐忧的问题是，个人财富的介入在有意无意间可能绑架村级治理，已成为一个不可回避的现实问题。

4．"老板"自治风险。从我们调研来看，老板村干部与普通村民是由一张网状的关系丛所构成，不再是单一的干群关系。在干群这一关系中还镶嵌着错综复杂的劳资关系、行业竞争与合作、生意伙伴关系，商海竞争与合作关系和邻里关系，是伙伴、是雇工、是邻里、是亲戚、是干群又是生意上的竞争对手等多重角色的混合。但在多重角色点缀下的网状关系丛中，财富带来的财产权起着支配与主导功能。在个体私营经济发展背景上，人们对财富的极度渴望，唯财富马首是瞻，极易消解村民自治的风险。

在个体私营经济发展背景下，个私财产权的确立不仅强化了人们的经济权力而且财富的急剧分化带来了人们对财富的极度渴望。在一定程度上，财富的多寡成为衡量村民是否有能力、有水平、有话语权的重要指标。在这种背景下，拥有财富优势的老板们不仅在客观上得到了认可，而且也助长老板们的自信甚至是自负。因为，个体私营经济上的各种事务都是老板自己说了算，在客观上也极易把老板心理运用到村庄治理，秉承老板思维与家长制理念的治理运行方式，极有可能侵蚀村庄自治能力的良性培育，普通农民往往成为被管理的对象而不是自治主体，使村民自治成为老板自治，财富与权力耦合，极易使治理陷入老板自治的封闭状态。

一是村民自治变成"老板"自治。"老板治村"、经济能人的崛起是经济社会发展使然，尤其处在急剧转型与充满变数的转型大环境下，能人的引领与导航可起到事半功倍，提升治理效率的作用。但调研发现，在村庄治理中，老板们往往会把个体私营经济管理方式运用到村务管理，把自己当成村庄的老板，发号施令，有较强的自我优越感，平等、协商等理念和作风相对薄弱，严重影响普通村民的参与意愿，使村民自治变为能人自治，权威主导变成了普通村民参与表象。正如义乌大陈二村的陈某认为：有钱的人当村干部，经济实力强不会贪污，有能力、有实力、有奉献精神，经营思路可以带进村级管理。但管理上得民主，加强监督，不能当成家庭经营，学会自身监督。

二是依附"老板"。农村治理有效有序的构建需要经济能人介入，但经济能人介入是一把双刃剑。一方面，现阶段，处在急剧转型，充满不确定性又缺乏足够集体经济能力的村庄的确需要一个强有力强智慧的经济能人引领；另一方面，经济能人的主导尤其是支配，极易侵蚀本就自治能力脆弱、发育不良的村落社会有机体，使村庄进入到一个越来越脆弱、越来越寄希望于能人甚至依附于能人的消极治理，导致与距离一个富有积极良性的内源性自治能力的乡村社会越来越远。因此，需要我们进一步思考的是，经济能人主导乡村治理应该以什么方式主导，其主导的原则是什么，对这个问题的回答是避免"老板"、能人治村风险的首要前提。

（二）"村穷民富"风险

从积极角度而言，"村穷民富"是藏富于民。但是由于"村穷"，村级组织因缺乏财力难以有效推进公共基础设施、改善生产环境和保障民生，极易引发村级组织的合法性危机，引起人们对村庄共同体的疏离。一般而言，对组织的认同与忠诚是以组织能够为成员提供有效保护、服务和福利等有效性基础之上的，若无法提供，组织的合法性危机不可避免。

众所周知，历史上绝大多数乡村社会是一个同宗聚居、守望相助的情感共同体，是一个对内开放对外封闭的利益共同体。对内开放典型的表现为"抱团"，主要是面向同宗同族，通过共同体的力量共同应对外界的各种挑战；对外封闭主要表现为对非同宗同族人的排斥。在历史上，村庄的基本公共产品通常是由功成名就的名门望族、乡绅或族长等经济社会精英人士出资或合力组织承办。如凉亭、村庄道路等公共基础设施和基本公共服务。人民公社时期则主要依靠公社、生产大队与生产小队等集体力量共同维持低水平的村级基本公共产品与基本公共服务。改革开放以后，村落集体组织则从人民公社管理体制时期的"衣食父母"，转化为一个需要家庭与个体支持与配合的组织，而非村民的利益供给主体。在这种背景下，当村级组织难以通过服务勾连起与村民个体关系时，村级组织"被冷落""被疏离"就成为难以避免。究其原因有二：

第一，家庭组织成为村民最主要的复合型经济实体。利益的关联度与依存度是决定人们对一个组织认同与忠诚的重要指标之一。在个体私营经济背景下，村民以个体经营、家庭作坊或小微企业为最主要经济组织模式，进行劳作、进行生产。家庭不仅仅是一个生活单位，而且是一个经营单位和微观生产组织，尤其是家庭非农经营收入成为村民个体和家庭的最主要经济收入来源。同时，村民和家庭经营收入不再是建立在村集体组织的供给上，村民通过市场化经营与广阔的社会大市场进行交换，突破了村域生态资源环境的限制。正如毛丹教授考察尖山下村所注意到的一个现象：工厂带来的收入，表面上来自于机器生产的效益，实际上更重要的是产品的原材料、产品的商品化都与村落外相对发达的市场环境形成交换。村落在这种新的交换过程中能否获得足够的效益，根本不再取决于本村的土地资源类型，更多地取决于资金、交通、产品技术和质量、信息、市场营销以及生产组织方式。[①] 村民个体与村集体之间利益关联度与依存度的弱化，不可避免地引发村民对村集体的疏离。

第二，村集体无法有效满足个体私营经济发展带来的治理新要求。家庭组织虽然成为村民最主要的经济收入来源。但由于个体私营经济大多在村落范围内，难免需要村级组织提供个体私营经济发展建设所需的公共设施和各类社区服务。诸如：水电设施、道路交通、环境卫生等，各类审批手续的审核、证明提交等规范管理服务，个体私营经济可能带来的环境污染、火灾隐患之类风险管理和监督，外来雇工管理与服务，劳资矛盾与纠纷、个体私营经济本身在村落内有序发展的安全保障，以及信息交流、组织援助、技术支持、贷款担保等支持性服务需要村落管理组织供给。但就目前来看，有限的集体经济难以支撑与满足个体私营经济的日益增长的公共需求。据调查，在金华市，大多数行政村集体经济的年稳定收入不足10万元，2013年收不抵支的村80个，占行政村总数的27%，多数村靠争取部门、企业补助和向村民收取宅基地选位费等勉强维持运转，只有极少数村抓牢区位、资源等优势，集体经济收入较好。截至2016年底，温州有5404个行政村，占全省五分之一，年经营性收入5万元以下村3323个。其中，集体经济薄弱村1707个，占全省四分之一，没有经营性收入村2288个，占全市五分之二，是全省消除薄弱村任务最重的设区市。[②]

金华盘村是我调研过的一个著名的种植高山蔬菜与经营农家乐的村庄，但在如何进一步扩大宣传农家乐、规范化管理等方面却陷入了无钱办事，进而无人办事的窘境。从2013年财务公开报表来看，盘村的村级资金总共不到20万元。从3月份来看，其现金收入主要来源于政府项目收

---

① 毛丹：《一个村落共同体的变迁——关于尖山下村的单位化的观察与阐释》，学林出版社2000年版，第120页。

② 吴勇、林建丰：《村集体家底厚起来，基层党组织靠的啥——温州"消薄"记》，《浙江日报》2018年2月8日。

入 6 万。自主收入只有老年活动室承包款与利息收入共 40137.93 元，常规的村干部误工费、保洁费等共 99458.96 元。从这三个数据来看，该村明显地入不敷出，顶多一个维持型村庄。据浙江省委党校调研组，天台县金满坑村在 2017 年集体收入 36.3 万元，其中经营性收入只有 7.3 万元（村办农家乐承包费 6.8 万元，集体土地流转 0.5 万元），而仅每年环卫工人的工资费用支出就要 10 万元。目前村里还有 150 万元的负债。①

然而，任何组织运转与公共服务均需要相应的经济能力为基础和支撑。在集体经济式微的情况下，有的村庄连村干部的误工补贴、村民的开会补贴等常规性补贴费也无法兑现，致使村级组织常规运转都难以维持，更谈不上为个体私营经济提供基本公共产品与公共服务。在这种背景下，如何有效地为个体私营经济的健康发展提供各种公共服务，成为克服村集体"被冷落"的重要抓手和最突出问题之一。

（三）优秀治理人才后续乏力

农村个体私营经济不仅加剧了人们的逐利意识，而且还从人力资源上抽走了乡村治理主体。自古以来，"造福桑梓"、"荣归故里"是乡村能人们朴素又执着的梦想，"安土重迁"是乡土根深蒂固的观念。然而，随着农村个体私营经济的发展，越来越多的农民洗脚上岸，纷纷向外寻求生存与发展的机会，更加关注个体的利益与事业。尤其是那些未经历过人民公社集体化生活，在改革开放以后伴随农村个体私营经济成长起来的年轻人，由于与村庄的利益关联度、情感关联度的缺失，致使对乡土的依恋与归属渐已淡化。在这样的大背景下，乡村优秀人才乏力的问题渐已浮出水面，呈现结构性失衡。

1. 青黄不接。从陈村、花村、蒋村、鲍村等调研来看，这些村庄治理权威均为经济能人并均连任，而且差不多都出生于 1955 年左右。他们都从事过乡镇企业，又在 20 世纪 80 年代中后期借乡镇企业改制之契机，投身个体私营，在商海中练就与积累了丰富的市场经验，小有成就，同时受过农村集体化的集体观的熏陶，他们是农耕社会的伦理观，农村集体化

---

① 浙江省委党校调研组：《由山村蝶变看乡村振兴之路——天台县金满坑村蹲点调研报告》，《浙江日报》2018 年 5 月 29 日。

孕育的集体观和工商社会下的经营观融于一体，并成就了村庄的发展。

值得一提的是，笔者在调查中强烈地感受到农村党员结构存在老龄化。在蒋村61名党员中，60岁以上49名，占80%，另外年轻的几个都属于不在村的党员。60岁以上的老党员具有强烈地集体观念与公正观，但在个体私营经济居主导的市场化年代，他们的创新意识和战斗力明显不占优势。2018年，浙江省委党校调研组在金满坑村蹲点调研也注意到类似现象。金满坑村班子配备较强，但班子平均年龄偏大、年轻干部缺乏、后备力量不足的问题比较突出。村班子6名村"两委"成员平均年龄56岁，最年轻的也有51岁。从党员队伍看，也存在一定的老龄化现象，全村30名党员平均年龄56岁，60岁以上党员18人、占60%，35岁以下党员仅有5人，占16.7%。[①]

《浙江J市关于加强村党支部换届工作对策建议》有一段描述较集中地反映了上述诸现象：村支部队伍梯队建设不合理，难以胜任新形势新要求。从现任村支部队伍各项结构来看，年龄老化、文化层次偏低等问题明显，村级后备人才"青黄不接"的现象较为突出。一方面是人才缺失，基层反映有"优秀的在外面赚钱，不好不差的在村里抢权，不好的在家种田"的现象；另一方面是储备人才难以有效使用。各乡镇普遍在能力培养、岗位锻炼以及梯队递补等方面缺乏有效措施，后备人才得到合理使用的比例偏低。

2. 优秀治理权威出现隐退念头。在访谈中，较多的"老板"村干部流露厌倦、力不从心之感。2013年陈村陈某森书记认为：村里比企业更难搞，因为企业是自己可以作主的，村里的话众口难调。现在我们最重要的就是新农村建设，在农村也是最难最复杂的任务最重的。这个像我们这种人知道，其实那个里面的辛酸苦辣，在农村若做有一点不公正不公开，若稍有自己利益即便无利益人家都会以为为自己谋私利，处理不当，就会告你，有些东西是误解，我们又不好解释……有时真的时间上赔不起，现企业基本上是二个儿子在掌管，所以现在我在考虑退休了。调研时，蒋村的蒋某富书记已经多次表示心有余而力不足，不想当村书记，家里人也都

---

① 浙江省委党校调研组：《由山村蝶变看乡村振兴之路——天台县金满坑村蹲点调研报告》，《浙江日报》2018年5月29日。

不赞成其当书记、自己的企业又无时间去经营。在访谈中，我们还注意到了一种"遥控"情况，估计将来可能成为一种趋势。即经济能人自己不直接介入村级公共权力，而是培植自己的信任之人跻身村级公共权力，影响村庄治理，或充当村庄发展的顾问，为村庄出谋划策。从客观来看，作为一种理性选择，这种模式渐变清晰。

2. 参与主体结构性失衡。人力资源是决定一个村庄治理的最主要的主体性因素，但隐忧的是，随着个体私营经济带来的乡村分化与治理的复杂性，调研中我们也注意到，少数村里的能人、强人参选意愿降低，"我要当"变成了"要我当"，出现了"该来的不来，不该来的来了"尴尬局面，出现了村级公共权力优化过程中"治劣'易'、选优'难'"的现象。得益于浙江省推行"五种不能"人员审查机制以后，农村黑恶势力参选及当选的可能性大大减少，村干部的总体素质水平有了较大的提升，但从调研来看，一些农村优秀人才只专注自己的事业，不愿参选村干部岗位的现象还存在。这种失衡还表现在年轻人参与村庄治理意愿不足，部分村庄甚至出现后继乏人，当选村干部能力偏弱。

三　农村个体私营经济背景下的结构性失衡[①]

（一）有发展，无公共

个体私营经济的发展根本性地改变了乡村治理微观经济基础，提升了村庄与村民的经济自主性与利益主体性，从根本上改变了逆来顺受或别无选择的暴民的极端参与模式。但调研中也注意到，在现阶段，大多数村民的参与是利益性参与，而且主要是私利性参与有余，公共性参与不足的结构性失衡，甚至呈现有发展无公共的尴尬局面。

"公共性"的内涵极其丰富，并一直处在变动中。公共性与个体性、私人属性相对。按照《现代汉语词典》解释，"公共"具有两层含义：一是属于社会的；二是公有公用的。因此在汉语中，"公共"意味着与共同的社会生活，同时内涵着经济学公共产权安排联系在一起。一般而言，乡

---

① 2016届政治学硕士钱凌燕参与了本版块的部分撰写。

治理中的公共性强调的是某种与公众、共同体（集体）相关联的一些性质①，是某一文化圈成员所能共同（其极限为平等）享受某种利益，因而共同承担相应义务的制度的性质。② 换言之，治理中的公共性强调特定范围内人们的共同利益、共同价值与共同行为取向，指涉个体基于公共理性参与公共活动，维护公益的价值取向和实践。个私产权借助市场、工商的卷入解构传统乡土公共性赖以生存的经济社会基础，现代乡土公共性亟待重构。但由于农村个体私营经济所具有的个体性、分散性和异质性等特点，当前乡土公共性的培育与重构遭遇重重困境。

1. 传统乡土公共性整合功能式微。随着个体私营非农经济渗入乡村，封闭的乡村社会走向开放，对外交往日趋增加，人口流动日益频繁，村里不断有熟人走出，又有陌生人进入，原本的熟人社会逐渐解构。由"人情"计算的人际关系也逐渐被货币契约、经济利益所代替主导，村民各自逐利，村庄公共意识渐为淡漠，基于传统伦理逻辑的乡土公共性的凝聚功能大打折扣。

一方面，在个体私营经济的洗礼下，礼治社会向理性社会转型，传统乡土公共性的教化功能式微，乡村文化环境发生深刻变迁。个私产权的确立赋予了人们独立、自主与平等意识，而个私产权的逐利行为又进一步强化了人们的私性，人们开始摆脱伦理纲常的束缚、宗族权势的控制，追求个人的解放和发展，对于士绅、长辈的命令或要求开始产生理性、经济的思考，不再唯命是从。在经济自主与私性的叠加下，人们往往将个人利益放于首位，忽视集体公共利益，日渐丧失对传统乡村文化的认同，乡村社会日渐呈现原子化特征，乡村秩序趋于离散化，村庄内自私自利，道德败坏、违规违法行为频频发生。村庄原有的传统文化、伦理道德已难以管束村民，村干部也时常感叹"村民越来越难管，村里的集体事务越来越难办"。在这样的背景下，传统乡土社会公共性的教化功能已难以为继。

另一方面，在个体私营经济的冲击下，同质社会向异质社会转型，传统乡土公共性凝聚功能式微。传统乡土社会是一个同质社会，家家户户务农，从事的生产活动单一，人的素质也极为一致，思想简单淳朴。乡土公

① 谭安奎：《公共性二十讲》编者序，天津人民出版社 2008 年版，第 1 页。
② 李明伍：《公共性的一般类型及其若干传统模型》，《社会学研究》1997 年第 4 期。

共性一方面向乡村社会灌输儒家伦理，通过教化熏陶规范人们行为；另一方面又以强大的公共舆论压力增加公共空间中越轨者的代价成本，来减少破坏性行为，从而起到稳定乡村社会秩序的作用。而如今，村庄之间与村庄内部也因为个体私营经济发展的需要产生更多地交往与合作，人口流动日趋增大，外来人口不断进入，原本的血缘、地缘联结被不断冲淡。再者，个体私营经济背景下村民从事行业各异，职业分层，需求多元，使得各家各户的生活质量和生活方式都有所不同。人口流动与产业分化最终使得乡村社会从同质社会走向了异质社会，在这个异质社会中，人们关注自身的生计发展，彼此间了解不多，不少村民感叹"现在连隔壁邻居住了谁也不清楚了"。在乡土社会的公共舆论难以孕育，更难以发挥监督约束的力量，加之利益的驱使，法律的缺位，村里违背道德、规范的越轨行为有了得以喘息滋长的空间，乡村的和谐安定面临威胁。

2. 公共空间碎片化。作为公共性培育的载体，公共空间的变化必然对公共性的生产与特质产生重要影响。随着农村个体私营经济的发展，生产生活的多元化改变了村民们聚集的场所。人们聚集交流的场地由生产队、晒谷场、大宅院变为了小商店、家庭作坊、商贸城和企业等。由于从事工作的不同，村民们白天少有聚集，到了晚上，村民业余生活的选择也变得更为多样，跳广场舞、搓麻将、打扑克牌或是在家上网、看电视、玩手机，度过闲暇时光。公共场所分布的零散性、公共活动选择的多样性、聚集时间的不确定性，这些都使得村民们以小群体的形式进行交流沟通，乡土共同体的意识日益削弱，乡土公共性也因此缺少培育再生产的良好空间。从这个意义上说，各调研村庄之所以较为重视重建祠堂与重修家谱，这既是个体私营经济背景下公共性缺失带来的情感紧张与归属感缺失的表现，也可视为村民们对内心生活秩序重建的一次修复，重建祠堂与重修家谱中重拾村民对共同体的渴望，寻觅一种新的互助组织或心理慰藉。

3. 公共意识趋利化。传统乡土社会是一个基于血缘、地缘而形成的熟人社会。小农经济局限了人们的活动范围，使得村庄成为一个闭塞的自给自足的经济单位，村庄内部的人们由于生产、安全的需要形成紧密内聚的共同体，在年复一年的生产生活交往中，彼此间相知相熟，互助互信，进而产生了以宗族血缘为纽带的公共性，自然也发挥着极大的凝聚团结作用，促使人们重人情、懂互惠。一家有难，八方支援，帮忙照看下老人孩子，抑或是村里造桥修路，各家都出人出力这都是常有的事。村民间的无偿互助都是"人情"，不谈钱不讲利，受助的人心里常挂念，需要找机会主动偿还。在这"礼尚往来"中，人情联结人心，同呼吸共命运的凝聚力得以加强。同时，乡土公共性也促使人们彼此间信任。在"都是自己人"，"都是大家的事"的观念影响下，借钱借物不用打欠条，夜晚大门不锁不必担心盗窃，人与人之间不猜疑、不算计。

区别于传统乡土社会，在个体私营经济发展中凡是能发家致富的事似乎都被"合理化"了，个人将全部的精力投入对经济利益的追求中，少有心思、时间和精力与他人进行情感的交流沟通。正如蒋村老人协会会长蒋某德所言：像我们村都是这样，一般年纪大的，也很少出来玩，出来玩的是有个把，都在家里做些手工活。关心大队也弄不清楚，有些人一年到头最多看到一回。对于村庄公共事务，总在理性的经济考量后作出选择，当无益于自身利益时，常带有旁观、搭便车的心理，甚至展现出极端功利化的个人主义倾向。调研中，英村的陈某兰是这样形容的：现在的人要求很高啦。以前人是心平一点。以前是村里的粗工来干一下不用给工资都会来的。现在先问是：多少？工资高会来，工资不高不会来。现在叫承包都没人来干呢。以前会主动说：我在家里没事情做，你有事情叫我做。现在呢，你同他去讲，首先就问多少多少钱，要求高了，难度更大。

4. 公共责任淡漠化。个私产权的确强化了村民经济权力和自主性，但同时也使得乡村社会从同质社会走向了异质社会。在这个异质社会中，"社会人"成为"经济人"，权利本位与义务本位呈现非匹配。究其原因，正如阎云翔所分析，被各种瓦解了的共同体抛出来的个人失去了所有的保护，不得不独自面对一切来自社会的压力。而所有的社会问题也被化约为让个人独自去承担的生存能力，却找不到与公共生活、公共社群的有机联系，因而也无从产生社会所需要的责任担当。当各种充当保护者的社群都消解以后，人们只有自我保护。[1]

另外，经济分层导致治理垄断，也在很大程度上挫伤了村民参与集体事务的积极性，在个体私营经济浸润下，个人致富能力成为村民考量村干部治村能力的首要标准。村民相信，经济能人能将自己发财致富的智慧和

---

[1] 阎云翔：《社会转型期助人被讹现象的人类学分析》，《民族学刊》2010 年第 2 期。

方法引入村庄治理，带领全村人民走上富裕。同时，普通村民认为富人们更为"清正廉洁"，他们不仅能从村庄外为本村人赢得更多资源，而且对于村内事务，他们有能力用个人财产分担部分公共成本，这种积极的廉洁和馈赠已经成为评价干部优劣的新标准，这显然需要个人雄厚的财力支撑。普通村民无力也无心关注村庄公共事务，游离在村庄政治边缘，干脆都丢给村干部、村里的富人去做。久而久之，村民对于村庄集体事务只会日渐冷漠，责任感只会日渐丧失。

（二）经营过度，治理短缺

所谓经营村庄，一般是指村庄运用市场经济手段，对构成村庄空间和村庄功能载体的自然资源、人力资源、人文资源等各种有形、无形村庄资源进行集聚、重组、生产和营运，实现村庄资源配置最优、效率最大化和效用最大化。事实上，经营村庄是个体私营经济的私性扩张逻辑与效率逻辑在乡村治理中的体现与运用。应该承认，经营村庄对于有效配置村庄人力、物力、财力与智力等有形无形资源和提升村级资源配置的有效性发挥了重要的作用。然而，如同雪中送炭和锦上添花，每一种治理形式都有其特定的适用边界。经营理性一旦被过度放大时，作为一种以福利和公益为旨向的乡村治理，其蕴藏的公共价值就会陷入缺失，反过来又制约着经营理性往更高层次、更全面的有效发挥。从调研来看，经营过度，治理短缺至少带来了以下两方面的紧张。

一方面，系统对碎片的紧张。从目前农村的实践看，遵循利益与成本算计的线性思维，经营理念支配的线性技术逻辑往往派生出碎片化建设困境。所谓碎片化是指乡村治理中缺乏系统考虑，呈现功能分割，成为一种"头痛医头、脚痛医脚"的"临时救火"的事本主义行为，把经营性治理简单地等同于发展村级产业，增加村级集体收入，而没有把村级治理看作是一项涉及农村经济社会发展全局的系统工程。从现阶段来看，治理中的"碎片化"现象主要表现有四点：

一是缺战略规划，追求短平快。相关治理主体往往基于利益抑或政绩导向，各自为政而非站在村庄全面协调发展角度来实施，出现有"盆景"无"风景"的尴尬。

二是把经营性治理等同于发展村级经济，陷入唯经济论。这种治理策略过于注重对利益与成本的工具性计算，忽视了从价值理性的视角进行社会效应分析，以具体问题的解决代替规则之治，极易偏离治理的公共性、战略性与系统性。

三是抓点未及面，经营性治理模式难以有效支持村庄综合性的整体发展目标。我们观察到，村干部往往基于一项工作任务在做，缺少从村庄长远发展计划和标准角度进行考虑。这些情况事实上反映了经营性治理面临的一道难题，即以利益算计为唯一取向的经营性治理何以可能有效对接具有系统性、综合性与动态性的乡村治理实践。

四是空间分割。个体私营经济的分散性、个体性，使人与人之间的村域活动空间被分割，缺乏交集。

另一方面，过度经营对共同体情感之紧张。随着个体私营经济带来的喧嚣，传统村落空间形态、乡土记忆与共同体的归属感，在成本与利益的过度算计中渐趋被产业化，被模式化，乡村集体记忆与乡村特有情感符号被简单地化约为工业园区，化约为厂房、零乱的小店与来来往往只顾赚钱的村里人、村外人，有钱与无钱人。对于村民而言，在村集体难以有效地供给村民福利与情感归属的背景下，理性的选择还不如自己跳出村域走向更广阔的市场进行自我经营来得更自由、更有效，村庄情感在过度经营中淡化，公共参与成为可有可无的点缀品。

（三）开放下的封闭

随着农村个体私营经济的嵌入，乡土社会呈现开放下的封闭。所谓开放是指随着个体私营经济的发展，尤其是非农经济的发展，原先古老封闭的乡土村落与外界的交往在广度上与深度上得到史无前例的推进。所谓封闭是指在与广阔市场勾联过程中又出现了派系与宗族这一类"逆开放"现象。

1，派系。在一定意义上，村庄派系是指人们通过特定的关系为纽带，如血缘、业缘、地缘、利益、文化背景甚至人的性格等因素为媒介、为纽带而形成的一种具有共同利益和现实功能的非正式组织。① 事实上，今天

---

① 参见孙琼欢《派系政治：村庄治理的隐秘机制》，中国社会科学出版社2012年版，第18页。

农村是农耕与工商，传统与现代的混杂体，随之而来的是村民间诉求、利益、理念的分化与不平衡，异质的人们极有可能形成"物以类聚，人以群分"之现象。调查中我们深刻地感受到，派系竞争在今天农村还是较普遍的问题，只是竞争激烈程度略有差异罢了。基于我们对 RA 市 2013 年村级组织换届选举重难点村梳理以及对相关乡镇主要领导和村民访谈整理分析，RA 市 910 个行政村中换届重难点村共 183 个，因派系成为重难点村共 63 个，约占 34.4%。

根据笔者在调研村所观察，派系在一定意义虽能推进村级民主运作，但从治理有效层面而言，派系竞争易造成内耗，影响村级组织的执行力与效率，严重影响村庄治理的有效性与稳定性，构成了对村级治理健康发展的重要障碍。一个很重要的原因是，在村庄治理过程中，存在派系的农村往往变成了对人而非对事逻辑。调研时，在永康溪村，一位新上任的村委主任不断吐苦水。在该村，正因为村庄派系严重影响，致使村庄讨论与决策各种公共事情时，无论事情合理与否，只要你是不同派系的人提出的公共事情，另外的派系要么冷漠、不作为；要么反对，致使这位新上任的村委会主任难以有效地开展工作。

2. 宗族势力。从发生学角度来看，"族"有聚集连属之义，远古时代的一群人，以"血缘"因素为前提，弓箭为武器、旌旗为象征，共同狩猎、作战，共享收获，这群人便是一"族"①。在几千年农耕文明的土壤上，宗族是基于血缘远近亲疏而构成一个组合体，一直是中国文化基础性的构成要素。这种组合体根据血缘亲疏远近，推己及人，由内而外、由近及远，有差别和层次的进行行为选择。然而，深受历史上宗法制度的长期影响，宗族以其顽强的生命力与凝聚力在乡村社会发生作用。调研中强烈地感受到，在个体私营经济背景下，作为制度的宗法结构在宏大叙事中已经消亡，但作为历史遗存的宗法观念在局部叙事中仍在一定程度上指导着行动者，② 而且有进一步强化的趋势。

一般而言，宗族逻辑是内向逻辑，是对内开放对外封闭，即对本宗族

---

① 张炎兴：《祠堂与教堂：韦伯命题下的浙江模式研究》，中国社会科学出版社 2012 年版，第 42 页。

② 赵孟营：《践行宪法精神，推进国家治理现代化》，《中国社会科学报》2015 年 1 月 23 日。

人开放，而对外族人拒斥。从理论上说，随着农村个体私营经济的发展，其平等与外向运行逻辑将削弱宗族的差别与内向逻辑。但事实上，今天的乡村治理实践中，宗族势力的影响仍根深蒂固甚至有所强化之趋势。在调查过程中，村民普遍反映农村党员队伍建设中出现"家族化""派系化"现象。在村级组织换届时，选民对选谁的问题一般很少从其威望、能力、素质等客观因素来判断，首先会从家族、宗族、派系等亲疏远近进行考虑。比如某个村是张姓和王姓村民为主的，平时这些村民间可能互为好友，但是到了换届的时候，就会划清阵营，张姓村民就算投错了也不会投给王姓候选人。由于宗族势力的影响，选人唯亲甚至个别影响较大的宗族势力完全可以操纵整个村（居）的选举结果的现象也是存在的。

综上，在推进以村民自治为基本原则的乡村治理实践中，派系与宗族势力的介入严重影响村庄治理的有序性与有效性。那么，值得深究的是，个体私营经济发展背景下为什么会出现派系与宗族力量的抬头趋势。究其原因，至少有二：

第一，传统小农的私性与个体私营经济逐利取向的叠加与扩张。从根本上而言，个体私营经济毕竟是一种私性经济，逐利是一种普遍的常态取向。从人们的行为逻辑来看，无论是派系还是宗族观念引发的是一种内向性的行为选择，以家族为中心，依据血缘远近亲疏决定一个人的权责及其相应的行为，体现的是一种特殊主义的行为逻辑。一般而言，在族内人生活圈中，个人的行为常常表现为责任大于权利；在准熟人生活圈中，个人的行为常常表现为责任与权利对等的互利；在陌生人社会中，个人的行为则常常表现为权利大于责任，甚至为所欲为，不计责任，人人怀着狭隘的个人主义。① 费孝通在《乡土中国》的"差序格局"中提到过，中国人最大的毛病是"私"，有权利而没有义务：在这种富于伸缩性的网络里，随时随地是有一个"己"作中心的。这并不是个人主义，而是自我主义……因为我们所有的是自我主义，一切价值是以"己"作为中心的主义。②

---

① 张炎兴：《祠堂与教堂：韦伯命题下的浙江模式研究》，中国社会科学出版社2012年版，第57—59页。

② 费孝通：《乡土中国　生育制度》，北京大学出版社1998年版，第28、29、30页。

　　随着农村个体私营经济发展，传统小农的私性并没有因为市场交往而得到削弱，相反拥有私有产权个体的逐利行为，与传统小农的私性逻辑叠加，进一步放大私性，进而通过拉帮结派或家族、宗族势力介入，排斥影响自己逐利的他者。表现在村级治理，基于个体逐利取向的派系与宗族势力的介入，时常演变为对人而非对事逻辑，带来村级治理组织间的严重内耗。

　　第二，"小而散"经营方式与市场不确定性的张力。面对市场竞争风险的不确定性，"抱团"是"小而散"经营主体对抗市场不确定性风险的一种策略性选择。虽然在个体私营经济实践中，农民一方面拥有对自我财产的绝对自主权，但市场的险恶倒逼着村民寻找宗族力量或者派系力量的庇护与帮助，以应对可能出现的不确定性的市场风险和可能出现的经营问题。

第七章 农村个体私营经济背景下的治理优化

农村个体私营经济对乡村治理刻画与冲击的全面性、深远性，决定了乡村治理的提升必须根据治理新需求、新挑战与新问题，抓住变革机会，优化治理机制，提升治理水平，推进有效治理。

一 治理动能的转换

（一）公共理性的生长

在调查中深刻地感受到，今天的乡村治理变革在很大程度上已不再来自国家体制层面的压力，乡土社会内生性因素越来越成为倒逼乡村治理变革的重要源动力与推手。正如桑玉成教授所言：市场经济体制的发展和成熟，在需要不断接受政治权力推动的同时，也在逐步改变着政治权力的结构图和功能。一种新的发展观认为，当代经济发展的结构性特征使得经济在自身的发展过程中不断提出结构性的要求，包括政治在内的整个社会在结构方面与经济发展需要保持一致。[1]

与个私产权确立与发展相伴，乡村治理被赋予了新的动力源。每一个平等又异质的村民超越强制联结，构成了自主联结与自主合作。在此背景下，村级治理主体要维持乡村社会秩序，推动乡村发展便不能再以高高在上的姿态命令胁迫，需要调整变革治理理念，从管理人向治理公共事务转变。在个体私营经济发展的背景下，村民在自主经营、自负盈亏的经营实践中，具备了最基本的自主行动、自我管理与自我革新的能力。从发生学

---

① 桑玉成：《政府角色——关于市场经济条件下政府作为与不作为的探讨》，上海社会科学出版社 2000 年版，第 51 页。

来看，无论是陈村、岙村、花村还是蒋村，村庄个体私营经济发展实质是突破村域资源限制，向外拓展的一种创造性的结果。这种革新意识赋予了村民用足用好用活政策，使制度、政策更能因地制宜、更具有适用性的能力。另外，个体私营经济对乡村刻画的负外部性势必要求村级治理从"管人"模式转向治理公共事务转变。在一般意义上，治理可以理解为多元主体通过合作、协商、伙伴关系，实施对公共事务的管理，它所关注的是，如何在日益多样化、复杂化的村级公共事务面前实现多元合作共治，实现与增进公共利益。如前所述，随着农村个体私营经济的发展，单个组织已越来越难以解决复杂的、多样的村级公共事务。这就要求以合作共治的理念健全村级治理，推进村庄有序有效的发展。

为了维护和扩展个私产权，拥有经济自主的农民势必有更强的动力与能力扩大公共参与。伴随乡土工商的浸润，身份分化、职业分化加剧的同时势必带来利益分化与冲突。村民为了维护和争取利益，势必希望更多地参与公共事务管理。在参与中不仅能打破乡土社会的等级身份限制，为多方、多层的治理能人提供成长成才、施展抱负的机会，促使村民更好地履行自我服务、自我管理、自我监督的权利和义务，使村级治理真正落到实处，实现村组织与村民的双向合作治理。同时，村民公共参与意识的增强及其能力的提升，也为村级公共组织，如农村经济合作组织、文体协会等的发育提供广阔沃土。在参与各类经济组织中实现互助互利，进一步锻炼提升自身的沟通协商能力，在参与文体协会活动中，丰富自己的精神世界，提升自身素质与公共意识，进而构建乡村治理多元协同共治机制，提升乡村治理能力。同时，村民也只有在参与中实现与村落共同体的良性互动，在互动中体验公共性，在互动中形塑公共理性。

（二）内生性变革动力的孕育

农村个体私营经济在增强村庄与村民自主性的同时，也是一个需要以有效治理来维护和保障产权的过程。如前所述，农村个体私营经济的发展在强化自主性的同时再生产着个体化悖论，个体自主性加强但兑现自主能力弱小，个私产权的不确定，同时又极易带来个人主义的极端放大，进而陷入公共性危机。一方面流动与开放助推农民逐步脱离狭隘的血缘宗法关系，进入社会化生产，成为产业群体。在这种情况下，产业之间的联系在增强，村民的生活水平、选择权与自主权不断提升，但有关农民利益的社会治安、生活环境、生活质量和福利水平等公共产品的供给，不再也不可能如传统乡土社会那样，依靠家庭与放大的家庭自给自足实现。

对公共产品的新要求、新期盼为探寻服务型自治组织建设，拓展和创新乡村治理提供了必要空间和合法性基础；另一方面也意味着如果这些乡村治理组织无法提供有效的服务，组织的合法性危机也就难以避免。尤其是面对个体化悖论困境，各种村级公共性问题，如"三合一"厂房、劳资纠纷，生产安全与产业的战略规划等，亟待乡村治理组织提供信息与帮助。又如，村庄应为外出务工经商的村民提供就业信息和中介服务，并为他们提供所需证件证明，如计生证、暂住证、结婚证等。帮助村民熟悉乡镇、县市政府的工作流程及其规范，协助村民与各部门打交道。另外，村庄应积极培育村庄内部的服务类社会组织，如行业互助组、老年协会、兴趣类协会等，既丰富村民业余生活，提升村庄文化，提高村庄凝聚力，同时又能够增进村民间的互助往来，增进彼此了解信任，提高村民自治、自助、自我参与的能力，为公共性的再生产提供良好环境。

就目前来看，如何通过服务机制的改革和完善，提升乡村治理组织，包括基层社会政权组织和村级自治组织的服务意识和服务能力，有效地控制公共服务成本，减少和避免公共资源的浪费，动员广大村民参与自我服务事业，探寻外部输入性服务与内部自我服务相结合机制，业已成为乡村治理组织合法性与凝聚乡土合力的重要命题，构成治理变革的紧迫需要。

（三）契约精神的彰显

乡土工商逻辑遵循的是非人格化交易逻辑，是一种普遍主义而非特殊主义取向的行为选择。在非人格化交易逻辑支配下，市场经济的平等协商与契约精神融入乡村社会，从而有助于法律规章制度等在乡村治理中的运用和贯彻，克服礼治社会的特殊主义取向派生而来的随意性、人治等困境。相对治理权威而言，治理权威将无法再随心所欲滥用权力，村庄治理将呈现更为透明有序的良好态势。同时，基于公共治理的目标，公共治理要求社会成员有强烈的公共意识和公共责任，社会成员都应自觉遵守维护公共规则，对自己的行为负责，对他人的利益安危负责，主动承担维护社会和谐稳定的道义责任。若出现分歧与冲突，用法律规章制度来规范村庄选举、村庄管理、村庄决策、村庄监督。用乡规民约、自治章程、契约合同来协调村民间冲突矛盾，不断推进依法、依规治村，在此意义上，非人格化交易，契约精神的彰显有助于推动依规治村的治理变革。

（四）变革重点的凸显

相对传统农耕社会而言，农村个体私营经济背景下的公共空间产生于市场经济环境，产生于乡土工商实践。小商店、小作坊、工厂、企业等经济生产场所取代晒谷场、田野成为新的公共空间。农民与其他平等主体间围绕经济活动展开的交易往来、协商讨论是乡土公共空间的主要内容。乡土公共性的主体结构、空间结构、交往结构因个体私营经济实践发生悄然改变。一般而言，在一个公共空间培育良好的社会里，所有的社会成员都应平等享有社会资源和机会，并可以通过充分利用这些资源与机会实现自我的最优发展。个体空间的分散与碎片化加大了乡村治理的整合难度，意味着乡土公共性与乡村有机团结的打造将成为乡村治理变革的重点。

二　寓治理于服务之中

在个体私营经济背景下，面对复杂的村级公共事务、多元多层的农民需求，仅仅将农民纳入治理体系是难以真正解决当下乡村社会问题，村干部不仅应与农民协商合作，倾听民声，汇集民智，确保乡村政策的公共性和惠民性，更应着力为农民提供更多便利与资源，服务于农民的生产生活，寓治理于服务中。基于个体私营经济的个体化与离散化，当下，村级组织服务功能与实现能力的提升成为优化村庄治理的重要突破口。

（一）培育村级公共服务类组织

受个体私营经济的分散与离散制约，村民最需要倚重的是能够在生产经营的不同环节、不同领域提供公共服务的组织。从浙江来看，虽然绝大多数村庄都成立了村级合作经济组织，但在离散的个体私营经济与薄弱的集体经济双重挤压下，村级经济组织难以发挥预期的功能，实际表现乏善可陈。从调研来看，当前一些村级组织制度设计上，忽略了农民关于经济服务的需求。农民当然非常关心干部怎样才能廉洁，村务怎样才能公正，但是，在更多情况下，他们会用更多的精力去关注谁来解决生产经营和发家致富的问题。[①] 从实践来看，如何有效发挥制度安排中的组织功能将成为农村个体私营经济背景下组织建设的重要突破口。

基于公共服务导向，乡村发展不仅需要协调社会生活的村级组织，同时也需要支持服务经济活动的村级组织。从实践来看，组织结构的优化牵涉到三个层面：一是乡政府与村级组织的协调；二是村级组织之间的关系；三是村级公共服务类组织的发育。当下，村民自治离开各级党政的动员、引导、组织、规范与督导，只会使乡村陷入瘫痪状态。另外，过度依赖各级党政的主导，又会出现"等靠要"的思想，不利于村庄内生动能的生长。因此，乡村社会的和谐发展既离不开各级党政的作用，也离不开村民群众积极的参与。从目前农村实践来看，现有村级组织的发育和功能发挥存在着极大地差异，部分组织与农村经济社会发展和农民群众的意愿发生了相当的偏离。在坚持和保证村党组织全面领导村的各类组织和各项工作的前提下，有关部门应当根据其在乡村治理中的表现和结果，从有利于农村社会和谐与发展出发，以实践为标准，对现有农村组织做出分门别类的整合，适应农村个体私营经济的村庄治理需要作出改造。同时，要积极培育内生性的公共服务类农村社会组织，组建农村经济社会发展需要的新型社会组织[②]，寓治理于服务。

（二）强化村级组织的服务效能

任何一种组织只有当它能够不断满足社会成员的需要，提供有效服务才是有活力与合法的。调查表明，长期以来，受行政管理惯性思维的影响，在相当部分村庄，村级组织的服务工作只是作为政府部门公共服务的一个补充或助手，协助地方政府做好一些农村政务性事务和一些公共服务工作，自主开展的自我服务工作极其少见。从长远来看，这种情况不利于

---

① 徐勇、徐增阳主编：《乡土民主的成长——村民自治 20 年研究集萃》，华中师范大学出版社 2007 年版，第 464 页。

② 卢福营：《村民自治背景下的基层组织重构与创新——以改革以来的浙江省为例》，《社会科学》2010 年第 2 期。

村民自治组织功能的扩展和村级自我服务能力的提升。

自我服务本身就是村民自治的重要内容和内在要求，是建构村民自治制度合法性基础，也是村级组织存在的理由。根据国家相关法律与制度，村民自治就是让村民群众依法办理自己的事情，实现自我管理、自我教育、自我服务。村民委员会则是村民自我管理、自我教育、自我服务的基层群众性自治组织。一旦村级组织不能为村民提供公共服务，实现公共利益与及时回应公共需求，组织将面临合法性危机。在个体私营经济发展背景下，各级组织能否有效提供市场信息、产业转型等扶持与帮助，将是衡量组织合法性与有效性的重要指标之一。因此，如何充分动员制度赋予的创新资源，完成已有的或者被忽视的职能，实现文本规定的公共服务功能转化为现实的运用等问题，都有待于我们从理论上和实践上进行积极的探索，并将成为村级治理提升的重要突破口。

（三）增强村级组织的开放性

农村个体私营经济的发展不仅增强了村民的政治效能感，而且基于维护与发展个私产权的需要，村民参与村级公共事务管理的积极性愈益增强。同时日益提升的需求层次与日趋复杂多样的需求结构，都在助推着农民参与组织生活，通过组织渠道反映、维护与实现多层次、多样态的个体需求。这就需要村级组织不断完善公共参与机制，提升组织的开放度，充分调动村民的积极性，发挥村民的聪明才智，并在参与中增强组织的凝聚，强化组织的认同与村庄有机团结。

三　于经营中促进效益与公益的双赢

在个体私营经济背景下，村民拥有独立的经济自主权和独立的人格，决定了任何村庄要实现有效治理，都不可能由某一主体或某一群体独立于其他主体和群体之外孤立的运行。因此，村庄治理的当下含义更强调通过村民的普遍参与，促使多元主体、多方力量对村庄社会公共事务进行协同共治，构建一种无排他性的新型治理关系。邓大才教授以社会化小农为分析工具，从小农社会化的视角对改革开放以来的中国乡村治理进行一般性解释和分析，认为村庄不仅要从治理转向代理、从治理转向服务，还要从治理转向经营，使经营成为治理的重要内容。① 通过对浙江省农村个体私营经济发达村庄治理的考察，我们认为经营理性一旦被过度放大时，作为一种以福利和公益为旨向的乡村治理，其蕴藏的公共价值就会陷入缺失，反过来又制约着经营理性往更高层次更全面的有效发挥。鉴于此，从村级治理的公共性特质和价值目标出发，我们认为村级治理既需要通过经营性治理实现经济自主，也需要在推进经济自主中实现民主治理。对于个体私营经济发达的村庄亟须强化的是在经营中实现治理。对此，以下几对关系是在治理中需要进一步厘清。

（一）寓治理于经营，厘清手段与目标关系

经营是实现有效治理的手段而非目的。在经营治理逻辑下，各行动主体遵循效率至上原则，强调成本与收益。在这种理念指导下，治理往往倾向于事本主义，倾向于见效快、摸得着、看得见的公共事务，指向单一问题和单一目标的解决，而非完全体现为一种具有整体性、均等性与公共性的公共目标战略。区别于线性经营逻辑，治理强调的是多元主体，协同共治的一种非线性的合作理念。就调研来看，经营治理被当作唯一的治理目标，只要经营有效，能够助推经济财富的积累就是好治理，至于民主决策、民主管理与民主监督都成为可有可无的点缀品，如何在经营中培养村民自我教育、自我管理和自我服务根本没有被当成一项战略性命题来考虑。在一定程度上，把经营当作唯一的治理手段与目标，是一件极危险的治理，极易导致人们的急功近利，导致工具主义泛滥成灾。因此，当经营主导着村庄治理时，理想的图景应该是以经营促治理，在经营中夯实经济自主，在经营中增强村民自我管理、自我监督与自我服务的能力，在经营中推动村庄的公共利益发展，实现治理的有序性与有效性。

（二）以经营促治理，增强技术治理的亲和性

经营治理是一种非基于伦理与价值层面的标准，是一种基于成本与收益计算为前提，侧重于单向的、结果取向的程式化、标准化、数字化、指标化的线性评判。不可否认，经营治理植入乡村在当下有其合理

---

① 参见邓大才《小农政治：社会化小农与乡村治理》，中国社会科学出版社 2013 年版。

性与积极意义，既是乡土工商业经营理念在村庄治理中的体现，也是当下集体经济式微这一具体问题所倒逼。从调研来看，经营治理中的村民参与，只是一套为提升资源有效性而采用的技术方法，更多的是一种程序性参与，而非一套实现真正赋权，增强村民参与责任和提升公共精神的实质参与。应该承认，基于结果取向的经营治理本身能说明一些问题，但过于强调利益与成本的算计，极易过滤公共治理的终极目标，把农村公共治理当作流水线上的产品。事实上，如果不能体现公共治理所需要的精神内涵和价值立场，那么，它就不应是一项优秀的治理。就目前乡村治理来看，资源经营、开发经营、服务经营是增强村级集体经济的一种有效手段，但在经营实践中必须强化治理的亲和性，助力构建乡村治理共同体。

（三）注重效益与公益的平衡

致力于提高乡村社会整体福利与可持续发展是乡村治理的价值基础与着眼点。但在实际运用过程中，成本与收益算计的线性思维与"事本主义"的成本收益逻辑去经营村庄，时常会被简单化约为资金流程与资金效率，很难有效反映治理实践中各要素的复杂性与多样性，更难以保证基于村庄公共性与整体性理念对可能遇到的问题进行长期战略规划与系统考虑。面对"经营"这一市场理性的广泛运用，我们不仅需要有一些方法与策略上的变革，更应从价值理性的角度重新审视，关注工具性目标与发展性目标的平衡，以增进又体现社会福利的效率性和公平性。事实上，经营治理不仅仅是简单的依照技术治理逻辑，解决或实现一种具有明确预期目标的一次性任务，更重要的是回归村庄本位，着眼于促进村庄自我供给与自我服务能力的增强，使经营秩序服务于农村社会而不是主宰农村社会，以经营为手段、为平台培育农村公共精神与自我服务能力，而不应只是贬为提供服务的一种手段与工具。

（四）重视多方协同，增强治理合力

一个有效的村庄治理，需要多元主体、多方力量的合理分工与密切合作。随着个体私营经济在农村的迅猛发展，"国家—市场—社会"三方互动关系取代了"国家与社会"单向的自上而下的权力支配关系。"国家"

"市场"与"社会"在乡土社会相遇，彼此冲突与适应，摩擦与转换、悬置与合作、重视与漠视，共同奏响着乡村治理交响曲。但交响曲美妙与否关键取决于三者能否扬弃各自的不足，功能互补，在权力、资源、资本、互控与互依中重新分配、传递与组合，形成合力。

树立政社网络互动和多方合作理念，培育协同治理的社会基础。农村个体私营经济发展背景下，市场逻辑、社会逻辑与行政逻辑共同主导着村庄治理景致，村庄发展脱离任何一个逻辑都会受到严重影响。对于"国家、社会与市场"三者绝不可轻率地做非此即彼的定位，三者优势互补才能推动村庄有序有效发展。一是重视个体私营经济发展中的市场主体作用，挖掘创新因素助推村庄治理。二是重视国家、各级政府的组织、动员与规范等积极引领作用，通过国家赋予式整合，以弥补个体私营经济主体的分散化与个人主义倾向，提升村庄治理公共性。如此，国家权威势必得到社会积极响应，成为社会所需的权力。三是村庄发挥自组织的内生性积极功能，积极培育内生性力量，助推社会成长，实现外援与内助的对接。在思考国家与社会关系问题时，必须跳出非此即彼的分析框架，同时把村庄自主性、市场要素纳入考虑的视野。①

构建多方协同主体相得益彰的机制，为治理主体之间的互动合作创造有利的条件和环境，成为避免个体私营经济发展中治理离散与碎片的重要内容。置身于个体私营经济浸润的村庄治理实践中，政府、市场与村庄互构与互依。但是国家、市场与社会都存在失灵的可能。国家失灵主要表现为过多的行政干预会遏制社会自主性与积极性。市场失灵主要表现是资本与权力的耦合，资本绑架权力，权力追逐资本之趋势，忽略村级治理的公共性与价值性。社会失灵主要表现为自治能力缺失，致使村庄治理呈现依附与被动。为弥补各自的缺陷，现阶段，急需在政府、社会与市场之间寻找平衡点，设计出能够使"政府、市场与村庄"三大主体功能互补，相得益彰的治理机制。其间，多元主体间会有不同的行动策略组合。但无论何种组合，在村庄治理的协同共治实践中，三者呈现的功能定位是：村庄是可持续协同的内源性基础，市场是协同效率与活力的重要条件，政府是

---

① 参见应小丽《"项目进村"中村庄自主性的扩展与借力效应——基于浙江 J 村的考察》，《浙江社会科学》2013 年第 10 期。

协同有效性的重要保证。

　　一个正确的选择是以避免个体私营经济发展中的治理离散化与个人主义为抓手，实现村庄有序有效治理为目的，以培育村庄内源性自治能力为根本，在充分发挥市场作用的同时，还要考虑如何把利用市场与超越市场结合起来，实现效率与社会效应的无缝对接。同时，政府行使公共权力要以有利于村庄自我监督、自我服务与自我管理为行动旨向，而不能以自身行政性政绩、以控制村庄为导向。若以行政性政绩为导向极易导致政府指导偏离村庄需求，若以控制村庄为导向，一味地强调政府的介入甚至干预，又会严重影响村民自治能力的生成与成长。因此，村庄治理中政府的积极作用主要表现为协同生态的创造与培育、协同动力的动员与组织、协同规则的输出与保障、协同困境时的帮助与辅导。当然，政府的作用以不损害社会与市场积极作用，不损害村民群众的意愿为基础，善于创造性地把行政性任务与村庄需求有效结合起来，避免形象工程、政绩工程。

　　村庄内源性协同能力的提升也是避免个体私营经济背景下村庄治理离散与实现治理可持续的前提。调研中注意到有一个值得特别警惕的现象，即无论地方政府还是村庄以及村民个体，他们均极为关注与重视村级组织换届中的民主选举，对于选举以后的公共事务管理与治理民主化似乎置若罔闻，成为可有可无之事。这极易陷入投票民主的陷阱，陷入对权力的依附与权力的滥用。恰恰选举以后的民主决策、民主管理与民主监督等机制的建设才是村庄治理战略提升的至关重要抓手，才是增强村民自我管理、自我监督与自我服务能力的重要环节，获得村庄内源性支持的根本。鉴于此，相对村民而言，亟待克服对村落能人的依赖心理，提升公共参与效能感，在村级公共治理中承担责任与义务。相对村庄能人型权威而言，亟待超越企业主或老板心理，站在村级公共管理者的角色，实现从"能人"治村到村民治理，从管理到治理，从"老板"自治到合作共治的转型。相对政府而言，不仅要重视村级组织换届选举中的规范性输入与引领，也要重视选举之后村级公共事务治理各环节的规范性输入、组织、引领、培育与协调，既避免规范供给过度，又要避免规范供给缺乏，更加尊重村民的主动性与积极性，大力培育村庄自治能力，达到"治"是为了"不治"的理想状态。

四　寻求能人主导与村民参与的平衡

"成也能人，败也能人"。拥有较强动员能力、组织能力和致富能力的村庄能人，对于提升现阶段村庄治理效率无疑具有重要的积极性。如前所述，以"老板治村"为典型的能人治理若要达到民主治理的理想状态是以两个条件为前提：一是"老板"是完全无私；二是"老板"是万能的人。事实上，这两个条件是不现实的。"老板"们虽然积累了丰富的市场经验，但面对村级公共治理，对"老板"而言既陌生又诱惑；既是机遇又是挑战。村庄公共事务治理与村庄发展的综合性、复杂性甚至远远超出他们所能驾驭的范围。在这种情况下，"老板治村"有可能给村治带来辉煌，也可能给村治带来衰败。因此，在承认能人主导合理性与积极性的同时，必须重视村民主体力量的发挥，群策群力，通过民主参与机制构筑起治理纠错机制与提升机制。基于此，通过完善基层民主机制，寻求能人主导与村民参与的平衡是当下克服能人脱草根性，避免能人异化的着力点。

（一）完善选贤任能机制，避免"逆淘汰"

"逆淘汰"是一种"劣者恶人上，贤者能人下"现象。构建"贤者能人上，劣者恶人下"的选贤任能机制，力求把公共权力授予最卓越的贤者能人，是优化乡村治理的重要基石。从调研来看，"逆淘汰"在村级民主选举中也时有发生，既有能人治村，也有恶人治村。总体而言，村级组织换届得到了重点关注，因而村级民主选举机制相对比较成熟。但是，伴随个体私营经济发展派生而来的村民自主性、村庄流动性、开放性与复杂性，近年来出现了一系列新的选举现象，遭遇一些选举事件、选举问题的困扰，由此提出了完善选举机制的新要求。诸如村民委员会成员及候选人资格条件、流动带来的选民资格、选民身份难确定，换届成本过高、贿选、选举暴力、派系竞争、财富渗透、黑恶势力影响等村民群众反映强烈的焦点问题和选举现象应当如何解决？如何创新和规范竞选行为？如何建立和健全干扰、破坏选举的违法纠正机制，如何在保证村民群众民主权利的前提下，进一步完善选贤任能的选拔机制？等等，这些都有待村庄治理的创新与完善。

（二）完善民主协商机制，促进有效公共参与

决策是村庄治理的核心内容，直接关系到对社会价值权威性分配的方向和效率。按照村民自治制度设计的理想目标，凡是关系到村民群众利益的事，由群众自己当家、自己作主、自己决定。村民既是村务决策的参与主体，也是村务决策的实施主体。根据村民自治制度安排，村民直接参与村级重大事务决策的形式主要是村民会议或村民代表会议。但在实践中，受参与成本、村民流动与分化以及运行机制不健全等因素的影响，村民大会基本不召集，特别是以村民大会为形式进行村务决策活动几乎不存在。重大村务的决策主要以治理精英为主体，以村"两委"会议，或者村干部、党员、村民代表共同参与的联席会议为主要形式，实质是一种"精英会议"决策方式。[①] 同时，基于个私产权的维护与发展，村民的公共参与势必增强。在这种情况下，如何真正发挥普通村民群众在民主决策中的参与效能和主体作用，应该成为社会各界高度重视的亟待解决的命题。

作为一种特殊政治参与形式，公共参与是决策民主化与合法化的前提和基础。伴随社会分化和乡村异质性的增强，如何增强村民的参与积极性，增强村民的主体作用，对业已分化的民众意愿和诉求加以整合，实现利益交换与利益综合，成为实现决策科学化与民主化，破解治理困境的关键。为了改变选举后村民参与不足、参与效用不高，各地积极创新村民公共参与方式，在实践中纷纷将沟通与协商引入民主决策过程，用制度和规范倡导普通村民参与村务民主决策，充分落实村民的参与权、知情权，使法律赋予村民群众的民主决策权利因具有可行的机制而获得切实的保障，变文本权利转换为一项真实权利。

当下乡村社会的冲突与矛盾在一定意义上源自资源的短缺及其分配不均衡。为了避免、消融矛盾与冲突，维护乡村秩序，一个必要的前提就是通过沟通、对话了解多方诉求，通过协商寻求最佳的解决方式，进而上升为决策，实现对资源公平正义的权威分配，实现对各种社会力量的整合和

---

① 参见应小丽《协商民主取向的村民公共参与制度创新——浙江省常山县"民情沟通日制度"调查与分析》，《浙江社会科学》2010 年第 2 期。

多元包容。实践表明，借助沟通与协商达成合意和共识的场域，以及形成的民主决策机制，不仅能保证广大村民群众参与决策、管理和监督的权利，而且使村民群众的诉求得到及时表达、吸纳与整合，有助于避免信息不对称出现的决策专断和认同危机，这不仅使各项决策更加贴近需要，更加科学合理，而且亦使治理创新本身更具有群众基础，进而减少创新与决策执行中的成本。

（三）探索民主管理有效途径，避免权力偏差

民主管理是村庄治理健康运行的重要一环。民主管理功能的发挥往往依赖一系列规则所形成的制度环境，尤其是程序性制度的规约。村民自治虽是一项保障村民民主权利的制度安排，但任何一项社会权利的实现是需要一定制度条件，尤其是程序性的机制安排。无论制度如何完善，若没有相应的机制的保障，都有可能成为水中月镜中花，难以落实。由于程序性制度安排往往通过自身所内涵的规范和规则约束着社会的政治生活和人们的政治行为①，能够为村级治理的有序化和理性化提供一种社会控制机制。也正因为如此，浙江的农村基层政权和农村群众在探索民主管理有效途径和形式的过程中，非常重视建章立制、依制建村。

一是构建程序性制度安排，规范村级治理。从性质上来分，制度可以分为实体性制度安排和程序性制度安排。实体性制度安排解决的是什么能做，什么不能做的应然性问题。程序性制度安排主要解决的是如何做、怎么做的实然性问题。完备的程序性制度安排是实体性制度安排得以有效贯彻的前提。否则，制度在实践中就有可能被扭曲、异化，制度上的规定就很难转变为现实的权利义务。在村庄治理实践中，程序性制度安排主要解决的是村民如何行使权利，使村民自治精神和原则在实践中更具有操作性，实现规范治理的问题。在这些程序性制度规范下，每一个人、每一个组织的权利及其权力的行使都有明确的边界和程序安排，民主管理不再只依靠干部的思想作风，而依靠制度化的规定；管理活动不再只是随意性行为，而是村民群众制度化参与和村干部根据制度进行规范化管理的结

---

① 班保甲：《程序民主的含义、特征和功能》，《黑龙江社会科学》2006 年第 6 期。

合。① 在目前的农村政治生态中，"老板"干部往往会自觉不自觉地把自己管理企业的老板思维运用在村级公共事务，村民自治容易变为"老板"自治仍然是目前农村个体私营经济发达村庄治理中不可忽视的重大问题。因此，借助对民主管理每个环节的细致规定，可以为实践中的乡村治理输入合法性与合理性，同时避免"老板"干部因程序不明不善而产生的主观随意性。

二是注重法制化和本土化相结合的规范性程序安排。如果用福柯式的话来说，只有有了并附着于这一套非话语的机制，（法治的）话语机制才能够活跃和运转起来。② 相对村级治理而言，重要的整合性制度主要有乡村习俗、行为习惯等传统治理资源与治理机制。当下农村社会正处在传统的熟人社会向现代的陌生人社会转变。但总体来讲，以亲缘、人情、面子等乡村本土治理资源仍然发挥着强有力的影响力和规制作用，且与制度化、法制化等为主要特质的现代社会、经济关系相交织、相融混。这意味着，任何治理实践要发挥有效性，必须立足乡村实际，明确特定时期乡村社会治理的具体"处境"，重视对乡村本土资源包括乡村传统治理资源的借鉴与改造。

（四）探索民主监督的有效方式，避免能人异化

任何权力、哪怕是推动社会变革的权力，也需要在规范、理性的轨道上运行，否则极易发生公共权力非公共运用等寻租与异化现象。

民主监督既是村民自治的重要环节，又是乡村治理的重要保证。从一定意义上说，村民自治是一种运用村庄公共权力的过程。在这一过程中，村庄公共权力如果缺乏有效的民主监督，有可能蜕变为少数人谋取私利的工具。作为对公共权力必不可少的调整和控制措施，建立有效的民主监督方式是民主选举、民主决策和民主管理健康运行的重要保障。在浙江的一些经济发达地区，很多村庄因土地出让、厂房出租等拥有较多的集体财产，在新农村建设过程中，村级组织具体负责村庄道路和水利建设、旧村

---

① 徐勇：《中国农村村民自治》，华中师范大学出版社1997年版，第12页。
② 苏力：《送法下乡：中国基层司法制度研究》，中国政法大学出版社2000年版，第196页。

改造等公共建设事务，并掌握着政府下拨的各类项目建设经费，"老板"村干部因此掌握着大量的公共资源。如何防止村干部以权谋私、违法乱纪，积极探索切实有效的民主监督途径，已经成为摆在乡村治理面前的一项紧迫课题。

一方面，强化村务监督的有效性。为了防范权力偏差和蜕变，加强村干部队伍建设，浙江省各级地方政府以及村民群众结合当地实际进行了有益的创造性探索。然而，受制于村民自治组织内外环境多因素影响，村级民主监督的积极效用仍未能得到有效发挥。其中一个很重要的原因就在于，乡土社会是一个由各种社会关系构成的关系网络社会，本质上还是一个熟人社会。就像林耀华所说的"日常交往的圈子就像是一个由用有弹性的橡皮带紧紧连在一起的竹竿构成的网"[1]，"竹竿"就是每一个个体，"橡皮带"就是相互之间的人际关系。在这样一个社会中，人们都相互熟悉，而且受乡土传统文化的影响，人际交往的人情、面子显得特别重要。那么，在一个熟人社会中，探寻切合农村实际的有效民主监督机制仍将是需要重点解决的命题。

另一方面，重视财务监督。在村级事务管理中，财务管理至关重要。一则在于财务是负责村庄一切财力物力筹集、运用、回收与分配的"大管家"。二则在于村集体组织控制着土地、山林等村集体资产，并随着城市化扩展，农村集体资产存量增加。在这一背景下，如果没有有效的财务管理与监督机制，就有可能出现以权谋私之现象。应该承认，浙江各级地方政府以及村民群众对村级财务治理机制的规范给予了极大的关注，这种关注对推进乡村有效治理有着其他制度无法替代的作用。如何管好村集体"钱袋子"又能实现村集体资产的增殖与保值，成为困扰村庄发展的现实命题。针对这种现象，浙江省各地进行了积极探索，充分发挥村务监督委员会和现代信息技术在规范财务管理中的作用。例如，武义县出台村务监督委员会规范化建设20条实施意见，明确村务监督委员会在村党组织领导下，依法对村民委员会开展民主监督，重点对村务、财务、工程项目、惠农政策落实等进行监督，鼓励村党组织班子成员、党员并熟悉财务、工

---

[1] 林耀华：《金翼——中国家族制度的社会学研究》，生活·读书·新知三联书店1989年版，第2页。

程建设的人员参选村监委主任；杭州市余杭区特别强调村务监督委员会要以民主理财日等特色做法实化村务监督，定期就村级重大事项落实、集体资金使用等情况开展监督；德清县强调村级非生产性开支村务卡从"现金消费"转向"刷卡消费"，推行全程零现金管理，对于村级集体资金实行竞争性存放，将村股份经济合作社集体资金"打包"，公开招标，择优选出银行存放，让钱"生"出钱。据统计，全面实施村集体资金竞争性存放后，德清县村级集体经营性收入全年将增加约400万元。①

（五）重视社会理性，探索村干部队伍建设的有效办法

在一些村庄，随着对村级权力的有力规范，村民们开始从怕村干部干事，到怕村干部不干事的转变。这就提醒在乡村治理过程中，避免权力异化是乡村治理的基本前提，但增强公共权力运行效能，避免治理弱化也是乡村治理必须重视的又一命题。

其一，弥补制度缺位，重视培训与自律教育，提高村干部履职能力。由于个体私营经济带来的跨村域、跨行业的流动，致使村庄治理面临着一系列新问题与制度缺位。例如，不在村干部何以可能有效履职，亟待补位。从社会学观点而言，"在一个团体里，真正具有决定性的因素乃是，那些介入共同体行动（Gemeinschaftshandeln）的人，尤其是那些拥有相当重要的社会权力的人，不仅主观上认为某种规范具有妥当性，并且实际依此而行——换言之，他们自己的行为即以这些规范为准则——的可能性（Chance）究竟有多大？"② 在此背景下，浙江省各地根据新、老村干部个体差异，结合村级组织设置改革要求，有针对性地开展分班分类培训，着重突出对新任的村党组织书记和村委会主任、村务监督委员会主任的培训，通过培训使村干部能明确岗位职责，熟悉工作方法，提升履职能力。同时加强自律教育，有助于避免公共权力异化。

其二，激励与约束相结合。村干部的治理能力与意愿是村庄治理的重要变量。每个人都有"经济人"假设的一面，也有"社会人"假设的一

<hr />

① 王璐怡：《德清三招管好村集体"钱袋子"——村级小微权力规范化运行观察之一》，《浙江日报》2019年6月19日。

② ［德］韦伯：《经济行动与社会团体》，《韦伯作品集Ⅳ》，广西师范大学出版社2004年版，第105页。

面。基于经济人假设，在激发人的工作动机时，要重视反映人的经济需求；基于"社会人"假设，人不仅有物质利益的经济动机，而且不是被动的经济动物，更重要的是追求社会认可的心理需求。因此，有效的治理需要激励与约束并存，而且在经济激励与约束有着不同的功能，两者又是相辅相成的，缺一不可。没有激励工作就会懈怠，没有约束就难成方圆。

一方面，重视"经济人"假设的约束机制。随着个体私营经济的发展和乡村振兴的快速推进，农村集体的资金、资产、资源规模不断扩大，面对各种利益诱惑，"老板"村干部若无约束与自律意识，天然地会产生逐利倾向。正如瑞安市委的一名工作人员这样认为："从浙北和浙南的农村面貌分析对比来看，个体私营经济相对更加发展的浙南地区农村民主意识更强，但是村干部受到的利益诱惑也越多，尤其是在寸土寸金的温州地区，由于村干部对集体土地有话语权，因此往往造成村干部岗位竞争过于激烈。村庄内部也极易因各种利益冲突而导致人心失和，进而引发对政府的负面情绪，甚至出现群体性事件。"有鉴于此，在村治实践中，为了更好地从源头上规范村级小微权力的运行，2005年浙江省武义县首创了全国村务监督委员会制度。2014年浙江省宁海县在全国首创村级小微权力清单制度，制订了《宁海县村级权力清单36条》，界定了农村基层组织和基层干部权力，全面推行农村巡查制度、农村干部"五险一金"廉政风险干预机制等做法。

另一方面，凸显"社会人"假设的激励保障。如前所述，"老板"治村构成了个体私营经济发展中村庄的一道亮丽景致。对于"老板"而言，他们之所以参与村庄治理，绝大多数的一批在很大程度上是基于"社会人"假设，而非简单地"经济人"假设。政治认同与寻求融入体制，构成了能人型"老板"自主公共参与的重要动机之一。[①] 譬如，一些镇、街道党（工）委每年开展优秀村干部评选表彰活动，对表现突出、群众公认的村干部，给予一定的物质和精神奖励。推荐提名政治素质好、参政议政能力强的优秀村干部作为各级"两代表一委员"预备人选，为他们参政议政、发挥作用提供舞台；关心爱护村干部成长，对诬告陷害、打击报

---

① 陈玉华：《新经济群体的政治参与及政治整合（1979—2009）——以浙江省东阳市为例》，中国社会科学出版社2012年版，第147页。

复、故意伤害村干部的行为，政法部门要迅速介入，并予以严肃处理，等等。在温州瑞安市构建了村党支部书记工作奖惩机制，建立责令辞职、引咎辞职和免职机制，对工作积极性不高、工作实绩不明显、群众不满意的村党支部书记要取消"百名领头雁"称号，并按有关程序进行调整，对实绩突出、群众拥护的村党支部书记，结合党内嘉奖制度，给予表彰奖励；对带富能力强、实绩突出、群众公认的主职干部，积极推荐各级党代表、人大代表、政协委员候选人，瑞安市委每年组织开展村级"十佳领头雁"评选活动，对获得"十佳领头雁"称号的，直接推荐为个人一级嘉奖，有关先进事迹通过各大电视台、电台、报纸等媒体进行深入宣传，并优先推荐为各级党代表和优秀共产党员。

其三，正确把握经营理性、发展理性与价值理性的平衡。在能人治理背景下，有效的权力运行既要强调积极有为，又要尊重客观规律；既要开拓创新，又要因地制宜；既要大胆创造，又要量力而行；既要上合国家法律政策，又要下合村情民意。如何正确把握经营理性、发展理性与价值理性的平衡关联着村庄治理的生命力与和谐度，是村级公共权力运行的导引。在促进经营理性、发展理性与价值理性平衡时，务必要注意以下方面。

一是承认经营理性在村庄治理中合理性，同时正视其限度，避免陷入治理碎片化、参与表象、非均衡以及自我供给能力不足等技术理性陷阱。

二是面对经营理性这一市场技术策略的运用，我们不仅需要有一些方法与策略上的变革，更应从价值理性的角度重新审视，关注工具性目标与发展性目标的平衡，以增进与体现社会福利的效率性和公平性。

三是权力运行效能的评价不能仅仅以简化为成本与效率之间的货币交易关系，更重要的是回归村庄本位，着眼于促进村庄自我供给与自我服务能力的增强，使经营治理秩序服务于农村社会而不是主宰农村社会，在经营与配置村级公共资源过程中成为培育农村公共精神与自我服务能力的平台，而不应只是贬为提供服务的一种手段与工具。因此，乡村权力效能的评估要防止单纯地偏重于"经营效益"，把推动村庄经济发展视为唯一目标。否则，在实际运作中，就会出现忽视"社会利益"，特别是广大群众的长远利益的现象；也不能过度强调短期利益，避免用更长的时间、更大的代价来修正。同时，也不能简单地借口服从村庄整体利益而侵害和剥夺法律赋予农村和农民的权益，避免村级治理与作为治理主体的农民间的悬浮。

其四，强化对农村优秀人才的培养与吸纳。伴随农村个体私营非农经济带来的自主性、流动性与开放性，乡土优秀人才外流严重影响村庄发展。这一现象有其结构性原因。一是农民个体利益与村庄关联度不高。利益疏离感愈发使使村民与村庄出现"悬浮"，村庄公共事务形同虚设。田野调研中，询问了许多个体私营企业做得比较不错的老板，绝大部分人的回答是：村里的事情太复杂，太难弄了，厂里又很忙，不太感兴趣。田野调研的一个强烈感受是，若一个村庄缺优秀人才，村庄就难以得到有效整合与发展，而且许多优秀人才尤其是年轻人不愿留在农村，村干部队伍呈现青黄不接。在这种情况下，相关政府职能部门要未雨绸缪，把培养与吸纳村庄优秀人才作为一件战略性任务来抓，更好地培养造就一支懂农业、爱农村、爱农民的"三农"工作队伍。

从调研来看，为切实培育造就一支政治觉悟高、综合素质好、致富能力强、带动作用大的农村青年人才队伍，浙江省除了全域推行"领头雁工程"以外，各地结合地方实际进行了有针对性的探索与努力。2015年开始，武义县实施了"红领新青年"工程，通过项目扶持、导师帮扶、金融支持、政治激励等方式，探索建立农村后备干部培养机制。瑞安市主动引导与邀请有公益心、事业心的能人回乡引领，通过建立完善村级后备干部人才库，实现村级后备干部"正职一职两备、副职一职一备"，保持农村干部队伍的生机与活力。台州市建立返乡大学生人才库，排摸动员有回乡意愿、带富能力强的大学毕业生回乡参选。德清县通过创新推出名誉村主任选聘，积极招引一批有能力、有见识的乡贤纳入村"两委"班子，吸纳乡贤参事会、村民议事会、乡风评议会等组织共同参与基层治理，既解决农村队伍后继乏人问题，又能增强乡村治理效能。

综上，村民自治赋予了每个村民主体在治理上的平等性。但事实上，这种平等性恰恰为拥有优势财富资源、社会资源和政治资源的能人参与和主政村庄公共事务在客观上提供了有力的制度支持。因此，能人治村是一种客观现象，其积极效应不能被低估。在一定程度上，正是这些能人的经营智慧、务实理念与企业家精神的点滴积累与实践构成了推进治理效能和乡村发展的重要路径。但是我们不能因此而否认普通村民的民主权利与治理智慧，在强调效率、效能的同时，需要重视平等、民主等价值理性与社会效应，扬长避短地配置各主体的优势资源，实现功能互补，达致企业家精神与公共精神的统一，乡村治理效率与民主，工具理性与价值理性的平衡。

五 以共同体的合力推进有效治理①

治理命运共同体是价值、目标、利益、责任和情感共同体的统一。在实施乡村振兴进程中，乡村基层治理命运共同体可以从三个层面给予理解。从字面来看，"治理""命运"和"共同体"构成乡村治理命运共同体的三个关键词。"治理"意味着多元主体共同参与，体现着责任共担，以"共治"推进有效治理；"命运"意味着各治理主体相互依存、安危与共；"共同体"意味着和谐共生，主张以共同体的思维和合力推进有效治理，而非个体、族群层面上的人的简单聚合。从关系范畴来看，强调合作与共赢，主张每个主体既享有权利，又承担义务，并在共同行动中能够增进归属感、认同感和获得感，实现价值共创与共识。从特征来看，理解乡村治理命运共同体有三大特征：一是以公共利益、整体福利、凝聚力和共同发展为主要特征的公共性；二是以开放、尊重、包容、互信、平衡与共赢为主要特征的公共理性；三是共商共治、共同参与、利益协调、责任共担为主要特征的组织运行机制。

（一）在公共参与中培育公共精神

一个没有公序良俗和公益为追求的村落共同体，必定是一个离散的、无希望的村庄。② 在一定意义上，有效治理不仅需要解决问题，也需要参与主体在共同解决问题中增进公共精神和对乡土发展的信心，尤其是让普通公众意识到参与公共治理是权利也是责任，愿意分享思想，愿意抽出更

---

① 本节内容部分参见应小丽《以共同体思维与合力推进乡村有效治理》，《中国社会科学报》2020 年 3 月 24 日。

② 应小丽：《乡村振兴中新乡贤的培育及其整合效应——以浙江省绍兴地区为例》，《探索》2019 年第 12 期。

多时间去参与公共事务，而不是消极的旁观者。

个体私营经济的分散性、个体性正严重地侵蚀着乡土公共精神，在很大程度上造成了治理中社会的缺席，在根本上制约了村庄的发展后劲与生命力。对于公共精神培育的重要性，法国著名学者托克维尔曾指出：法制比自然环境更有助于美国维护民主共和制度，而民情比法制的贡献更大……最佳的地理位置和最好的法制，没有民情的支持也不能维护一个政体；但民情却能减缓最不利的地理环境和最坏的法制的影响。民情的这种重要性，是研究和经验不断提醒我们注意的一项普遍真理。① 事实证明，公共精神的培育单纯依靠政府外源性供给，容易陷入表象化、形式化与运动式治理的困境，需要发挥农民主体自身的积极性与主动性，才能真正内化于心，外化于形。当然，也不能因强调农民主体作用而认为政府可以成为旁观者，政府要扮演着支持者、帮助者与指导者等角色，而非干预或无作为、乱作为的极端角色。因此，各级政府需要引导与拓宽村民有序参与渠道，例如，完善村民代表大会、村务公开与协商平台、村庄网站留言板等，将农民纳入治理体系中，在参与公共事务中提升公共理性，促进平等、互惠、互信等公共精神的成长。目前需要纠偏的是重选举而忽略选举后的治理问题。这就提醒在优化乡村治理实践中，不仅要通过制度化的方式鼓励村民参与村级公共权力的民主选举，更要通过治理机制的完善，引导村民参与社区的民主管理、民主决策、民主监督等活动，在参与中培育公共精神。

（二）重视共同体建设

从功能的角度而言，治理命运共同体旨在以忠诚、使命基础上形成的合力，有助于避免竞争与分治思维带来对整体、对公共的切割。在个体私营经济背景下，叠加型复合的乡村社会变迁势必带来乡村治理问题与需求的叠加与复合。例如，乡村产业兴旺何以可能、建立在熟人社会基础上的乡土规范、守望相助的情感联结趋于解构，村庄信任遭遇瓦解、村庄离散现象凸显、村庄共享价值衰微等等，这些发展变迁中的问题除了经济领域

---

① ［法］托克维尔：《论美国的民主》（上卷），董果良译，商务印书馆1997年版，第354—358页。

还涉及农村社会文化、情感和心理等领域，有的超出了农村社会本身的能力范畴，有的超出了政府等外源性力量之范畴。因此，面对越来越复杂的跨领域、跨界性实践难题，势必需要建立起功能互补、共同参与、共担责任和共同发展的治理命运共同体，以共同体的结构性力量增强合力，激活有秩序的共同行动，推进乡村振兴。

共同体的建设离不开对公共价值的强化，这是提升村庄团结力、战斗力与凝聚力的重要软环境。工具取向与经营取向的个体私营经济虽然能够激发市场的经济活力，但同时也加速了社会关系的个体化、陌生化与货币化，淡化或漠视彼此之间的守望相助的共同体情感。然而，任何人都需要别人帮助又要帮助别人，渴望情感关怀，拥有归属是人生常态与社会常态。功利化的社会交往吞噬着个人的本体性安全，也使整个乡土社会陷入存在性焦虑。因此，一个很重要的步骤就是提升村民间的互助互惠素养，促进相互间信任，增进社会资本，进而减少个体私营经济发展中治理成本，构成复杂治理的一种简化机制。

（三）发展村集体经济，强化村庄关联

村庄治理作为一项需要多方参与、互动合作的社会集体行动，如果村庄关联度并不高，就难免会陷入公共价值缺失，村庄公共性不足的窘境。正如科恩在《论民主》一书中所指出，民主的过程是集体参与管理共同事务的过程，要使这一过程能够继续下去，一定要形成一个群体，这个群体的成员有着某种共同的利害关系，成员的身份也大致可以辨识。只有当某种共同关心的社会存在时，它的成员才会决心结合在一起，参与共同事务的管理。①

从调研来看，治理有序有效的村庄通常是个体私营经济与集体经济共生型的村庄。如果是强个体私营经济弱集体经济，而且又无能人主政的村庄往往会陷入瘫痪型弱治理状况。就目前而言，急需通过发展村集体经济，强化村庄关联。经济实力是提升村庄治理能力与乡村治理有序有效展开的基础性资源。如果没有经济性资源，仅有权威性资源是不可持续的，势必陷入"巧妇难为无米之炊"的境地。调研发现，集体经济实力强的

---

① ［美］科恩：《论民主》，商务印书馆1988年版，第44页。

村庄，才能为村民群众提供更为有效的基本公共产品与公共服务。当然，在个体私营经济背景下，虽然村民从事多样化的产业，自主掌握经济决策权，自负盈亏，但是村庄依旧负有引导村民发展集体经济，维护与发展村庄利益的责任。例如，为村民提供多元化的生产、销售消息，提高村民对市场信息的敏锐度，减少市场风险；积极发展村庄经济组织，提高村民就业能力和与市场谈判的能力等经济发展衍生的公共需求，亟须集体经济支撑与保障。在此背景下，2017 年下半年，浙江省委办公厅、省政府办公厅印发《关于实施消除集体经济薄弱村三年行动计划的意见》，明确提出：到 2019 年底，全省全面消除集体经济年收入低于 10 万元的，经济发达县所有村年经营性收入达到 5 万元以上；到 2021 年，力争经济发达县所有村年经营性收入达到 10 万元以上，其他县的村年经营性收入达到 5 万元以上。①

（四）重视乡土传统治理资源积极功能的发挥

实践表明，一切组织和一切协调行为都是传统延续性的结果。正如有学者所认为："合法性的主要来源之一，在于在新制度出现的过渡时期，重要的传统的整合性制度的继续。"② 相对村级治理而言，重要的整合性制度主要有乡村习俗、行为习惯等传统治理资源与治理机制。③如前所述，在经营理性与工具理性盛行的个体私营经济发达村庄，村庄之所以普修家谱、重建宗祠甚至大兴寺庙，在这些现象背后实际上隐含了人们对村落公共性与价值理性的追求。农村个体私营经济虽然正在助推着传统的熟人农村社会向现代的陌生人社会转变。但总体来讲，以亲缘、人情、面子、伦理道德等乡土传统治理资源仍然发挥着强有力的影响力和规制作用，且与制度化、法制化等为主要特质的现代社会、经济关系相交织、相融混。正如习近平总书记所言："一个国家选择什么样的治理体系，是由这个国家的历史传承、文化传统、经济社会发展水平

---

① "全省各地'消薄'妙招"，《浙江日报》2018 年 2 月 8 日。
② ［美］利普塞特：《政治人：政治的社会基础》，张绍宗译，商务印书馆 1993 年版，第 55 页。
③ 苏力：《送法下乡：中国基层司法制度研究》，中国政法大学出版社 2000 年版，第 196 页。

决定的，是由这个国家的人民决定的。我国今天的国家治理体系，是在我国历史传承、文化传统、经济社会发展的基础上长期发展、激进改进、内生性演化的结果。"① 这意味着，为了避免个体私营经济对乡村共同体的切割，乡村治理必须立足乡村实际，明确乡村治理的具体"处境"，重视对乡土资源包括乡村传统优秀治理资源的开发与运用，从乡土底色和村落内部汲取营养，强化乡村内聚力，推进村庄有机团结，激活乡村发展内生性动能，推进乡村治理体系和治理能力现代化，以治理共同体的力量推进乡村振兴。

① 中共中央宣传部：《习近平总书记系列重要讲话读本》，学习出版社、人民出版社2016年版，第75页。

结　语

个体私营经济深刻地影响着乡村治理实践。在乡村治理的大舞台上，农村个体私营经济像一个拥有魔杖的使者，描摹着治理舞台的格调与色彩，孕育着丰富的治理素材，形塑着国家与社会、政府与农民、基层政权与乡土市场的多重面相，重构村级组织运行机理，强化乡村治理的经营逻辑，上演着"老板治村"、工具性参与、政社网络化互动等一幕幕丰富多彩的乡土治理剧，有合作也有冲突，有躲避也有妥协，有出彩也有出局，有积极也有消极，有褒也有贬，有损也有益。

良善的治理是共同福祉增长的要件。当"农民的道义经济学"与"商农的市场经济学"在同一空间中碰撞与对话时，纠结、不适、摩擦、紧张甚至冲突构成了当下乡村治理尴尬。乡村治理面临着"老板"自治、能人老化与能力失衡、经营过度与治理短缺、整合无力与人才乏力、"村穷民富"，甚至有发展无公共等挑战。在完善乡村治理体系和提升乡村治理能力的进程中，需要正确处理经营理性、发展理性与公共理性的关系，寓服务于治理之中，寓治理于经营，于经营中促进效益与公益双赢，寻求能人主导与村民公共参与的动态平衡，在有序参与中培育公共精神，在发展村集体经济中强化村庄关联，在多方网络互动中增强治理合力，在完善选贤任能机制中避免"逆淘汰"，在重视乡土治理底色中强化乡村内聚力，以共同体的力量推进乡村治理现代化和乡村振兴。

行文至此，我能做的且必须做的就是基于区域经济发展的差异性，把学问做在广袤的田野上，努力呈现丰富多彩的乡村治理实践，发现实践背后隐匿的真实，去探讨乡村治理难题，提炼中国乡村治理智慧，实现学术创新。

结语不等于结束，是新思考的开始。由此出发，乡村治理实践与研究中的太多命题值得进一步思考。

第一，社会科学研究是针对客观事物或问题，运用充分有力的证据，通过严谨的逻辑分析，得出自己观点的过程。如何提出"真问题"以及如何寻找真数据，用事实和逻辑说话，至关重要。本研究通过建构"国家—个私产权—社会"互动的分析框架，借助"结构—过程—功能"分析路径，透过对乡村治理中"具体事件"和"小问题"的关注，乡村治理复杂关系获得了理解与分析的切口，这也是进行理论阐释与实践操作的一种必要与必然。进一步而言，在向日常乡村治理实践不断询问、发问与追问中，乡村治理的研究或许会带来一片新的生机。

第二，从经济基础的性质及其变化理解和解释上层建筑的状态及其变化是马克思主义分析社会政治现象的基本方法，也是被证明的具有科学性的分析方法。作为社会主义市场经济的重要组成部分，个体私营经济对乡村治理的影响已经不是一种逻辑演绎和理论假设，而是一种早已存在只是未经充分揭示的客观事实，亟待学人关注与提炼。本项研究选择浙江省个体私营经济发达村域为个案，这不仅是因为浙江是我国个体私营经济起步早、发展快、影响大的地区，对此的研究具有典型性和代表性，也是因为个案研究更具操作性、可行性，可以对研究对象进行更深入观察分析，得出科学结论。

第三，农村个体私营经济作为嵌入乡村治理的重要变量，在乡村治理实践中有其优势和积极效应，同时又会衍生一些自身难以克服的缺陷，给实践中的乡村治理增添不确定性因素，包括能人老化、老板异化及公共权力私有化等。因此，如何扬个体私营经济之长，避个体私营经济之短，在促进个体私营经济健康发展的同时创新基层治理，构建能人主导与村民有效参与的平衡机制，推进经营理性、发展理性与公共理性的和谐统一，在激活乡村振兴内生动力的同时推进治理共同体建设，达至一种基于忠诚与使命的共同体力量推进乡村振兴，亟待做进一步研究。

参考文献

《马克思恩格斯选集》（第一卷—第四卷），人民出版社 1972 年版。

《马列著作选读·政治经济学》，人民出版社 1988 年版。

《马列著作选读·政治经济学》，人民出版社 1988 年版。

《毛泽东选集》第一卷——第四卷，人民出版社 1966 年版。

《毛泽东选集》第五卷，人民出版社 1977 年版。

《邓小平文选》第二卷，人民出版社 1983 年版。

《邓小平文选》第三卷，人民出版社 1993 年版。

中共中央宣传部：《习近平新时代中国特色社会主义思想学习纲要》，学习出版社、人民出版社 2019 年版。

中共中央宣传部：《习近平总书记系列重要讲话读本》，学习出版社、人民出版社 2014 年版。

《中国共产党第十九次全国代表大会文件汇编》，人民出版社 2017 年版。

《中国共产党第十九届中央委员会第四次全体会议公报》，人民出版社 2019 年版。

习近平：《干在实处 走在前列：推进浙江新发展的思考与实践》，中共中央党校出版社 2013 年版。

《关于加强和改进乡村治理的指导意见》，人民出版社 2019 年版。

陈吉元、陈家骥、杨勋：《中国农村社会经济变迁（1949—1989）》，山西经济出版社 1993 年版。

陈吉元、陈家骥、杨勋主编：《中国农村社会经济变迁》（1949—1989），山西经济出版社 1993 年版。

陈玉华：《新经济群体的政治参与及政治整合（1979—2009）》，中国社会科学出版社 2012 年版。

邓大才：《小农政治：社会化小农与乡村治理——小农社会化对乡村治理的冲击与治理转型》，中国社会科学出版社 2013 年版。

邓正来：《布莱克维尔政治学百科全书》（修订版），中国政法大学出版社 2002 年版。

董江爱等：《精英主导下的参与式治理——建设社会主义新农村的常平之路》，山西人民出版社 2007 年版。

费孝通：《江村经济——中国农民的生活》，江苏人民出版社 2001 年版。

费孝通：《乡土中国 生育制度》，北京大学出版社 1998 年版。

冯兴元：《中国的村级组织与村庄治理》，中国社会科学出版社 2009 年版。

郭正林：《中国农村权力结构》，中国社会科学出版社 2005 年版。

何显明：《顺势而为——浙江地方政府创新实践的演进逻辑》，浙江大学出版社 2008 年版。

金太军：《村庄治理与权力结构》，广东人民出版社 2008 年版。

景跃进：《政治空间的转换——制度变迁与技术操作》，中国社会科学出版社 2004 年版。

蓝宇蕴：《都市里的村庄——一个"新村社共同体"的实地研究》，生活·读书·新知三联书店 2005 年版。

朗友兴：《政治追求与政治吸纳：浙江先富群体参政议政研究》，浙江大学出版社 2012 年版。

李培林：《村落的终结——羊城村的故事》，商务印书馆 2004 年版。

梁敬明：《走近郑宅——乡村社会变迁与农民生存状态（1949—1999）》，中国社会科学出版社 2004 年版。

梁漱溟：《中国文化要义》，上海世纪出版集团 2005 年版。

刘金海：《产权与政治：国家、集体与农民关系视角下的村庄经验》，中国社会科学出版社 2006 年版。

卢福营等：《冲突与协调：乡村治理中的博弈》，上海交通大学出版社 2006 年版。

卢福营：《能人政治：私营企业主治村现象研究——以浙江省永康市为例》，中国社会科学出版社 2010 年版。

卢福营、应小丽：《村民自治发展中的地方创新：基于浙江经验的分析》，中国社会科学出版社 2012 年版。

陆立军、王祖强：《浙江模式：政治经济学视角的观察与思考》，人民出版社 2007 年版。

陆益龙：《嵌入性政治与村落经济的变迁——安徽小岗村调查》，上海人民出版社 2007 年版。

马维娜：《局外生存：相遇在学校场域》，北京师范大学出版社 2003 年版。

毛丹等：《村庄大转型：浙江乡村社会的发育》，浙江大学出版社 2008 年版。

毛丹：《一个村落共同体的变迁——关于尖山下村的单位化的观察与阐释》，学林出版社 2000 年版。

苗月霞：《中国乡村治理模式变迁的社会资本分析——人民公社与"乡政村治"体制的比较研究》，黑龙江人民出版社 2008 年版。

潘维：《农民与市场：中国基层政权与乡镇企业》，商务印书馆 2003 年版。

彭正德：《民生政治：新农村建设中的农民认同——湖南五县十村考察》，中央编译出版社 2014 年版。

桑玉成：《利益分化的政治时代》，学林出版社 2002 年版。

孙琼欢：《派系政治：村庄治理的隐秘机制》，中国社会科学出版社 2012 年版。

唐贤兴：《民主与现代国家的成长》，复旦大学出版社 2008 年版。

陶学荣、陶叡：《走向乡村善治——乡村治理中的博弈分析》，中国社会科学出版社 2011 年版。

王沪宁：《当代中国村落家族文化——对中国社会现代化的一项探索》，上海人民出版社 1991 年版。

王晓毅、朱成堡：《中国乡村的民营企业与家族经济》，山西经济出版社 1996 年版。

王自亮、钱雪亚：《从乡村工业化到城市化——浙江现代化的过程、特征与动力》，浙江大学出版社 2003 年版。

吴晓燕：《集市政治：交换中的权力与整合——川东圆通场的个案研究》，中国社会科学出版社 2008 年版。

吴毅：《村治变迁中的权威与秩序——20 世纪川东双村的表达》，中国社会科学出版社 2002 年版。

吴毅：《小镇喧嚣：一个乡镇政治运作的演绎与阐释》，生活·读书·新知三联书店 2007 年版。

项继权：《集体经济背景下的乡村治理——南街、向高和方家泉村村治实证研究》，华中师范大学出版社 2002 年版。

肖滨：《现代政治与传统资源》，中央编译出版社 2004 年版。

徐勇：《农民改变中国》，中国社会科学出版社 2012 年版。

徐勇：《现代国家·乡土社会与制度建构》，中国物资出版社 2009 年版。

徐勇：《乡村治理与中国政治》，中国社会科学出版社 2003 年版。

徐勇：《中国农村村民自治》，华中师范大学出版社 1997 年版。

徐勇：《中国农村村民自治》（增订本），生活·读书·新知三联书店 2018 年版。

徐勇主编：《国家治理的中国底色与路径》，中国社会科学出版社 2018 年版。

阎云翔：《礼物的流动：一个中国村庄中的互惠原则与社会网络》，上海人民出版社 2000 年版。

杨建华等著：《进步与秩序——浙江乡村社会变迁 60 年》，浙江人民出版社 2009 年版。

杨建华：《社会化小生产：浙江现代化的内生逻辑》，浙江大学出版社 2008 年版。

杨建华主编：《经验中国——以浙江七村为个案》，社会科学文献出版社 2006 年版。

杨雪冬：《市场发育、社会生长和公共权力构建——以县为微观分析单位》，河南人民出版社 2002 年版。

义乌市工商行政管理局编：《义乌市工商行政管理志》，1992 年版。

义乌县志编纂委员会编：《义乌县志》，浙江人民出版社 1987 年版。

应小丽:《草根政治:农民自主行为与制度变迁——以 1952—1992 年浙江为例》,中国社会科学出版社 2009 年版。

俞可平主编:《治理与善治》,社会科学文献出版社 2004 年版。

袁金辉:《冲突与参与:中国乡村治理改革 30 年》,郑州大学出版社 2008 年版。

袁松:《富人治村——城镇化进程中的乡村权力结构转型》,中国社会科学出版社 2015 年版。

张厚安、徐勇、项继权等:《中国农村村级治理——22 个村的调查与比较》,华中师范大学出版社 2000 年版。

张静:《基层政权:乡村制度诸问题》(增订本),上海人民出版社 2006 年版。

张静:《现代公共规则与乡村社会》,上海书店出版社 2006 年版。

张乐天:《告别理想:人民公社制度研究》,上海人民出版社 2005 年版。

张曙光:《中国转型中的制度结构与变迁》,经济科学出版社 2005 年版。

张伟斌:《浙江蓝皮书:2014 年浙江发展报告》,浙江人民出版社 2014 年版。

浙江省经济研究中心编:《浙江省情》(1949～1984),浙江人民出版社 1986 年版。

周其仁:《产权与制度变迁:中国改革的经验研究》,社会科学文献出版社 2002 年版。

[德] 斐迪南·滕尼斯:《共同体与社会》,商务印书馆 1999 年版。

[德] 柯武钢、史漫飞,韩朝华译:《制度经济学:社会秩序与公共政策》,商务印书馆 2002 年版。

[德] 马克斯·韦伯:《经济与社会》(上、下卷),商务印书馆 2004 年版。

[德] 韦伯:《韦伯作品集》(Ⅰ—Ⅳ),广西师范大学出版社 2004 年版。

[法] H. 孟德拉斯:《农民的终结》,李培林译,社会科学出版社

2005 年版。

　　［法］托克维尔：《论美国的民主》（上、下卷），商务印书馆 1997 年版

　　［美］J. 米格代尔：《农民、政治与革命——第三世界政治与社会变革的压力》，中央编译出版社 1996 年版。

　　［美］T. 帕森斯：《社会行动的结构》，张明德、夏遇南、彭刚译，译林出版社 2003 年版。

　　［美］埃莉诺·奥斯特罗姆：《公共事务的治理之道——集体行动制度的演进》，上海三联书店 2000 年版。

　　［美］贝克尔·加里·S：《人类行为的经济分析》，王业宇等译，上海三联书店 1995 年版。

　　［美］博兰尼：《巨变：当代政治、经济的起源》，台北市远流出版事业股份有限公司 1990 年版。

　　［美］道格拉斯·C. 诺斯：《经济史中的结构与变迁》，上海三联书店 1991 年版。

　　［美］道格拉斯·C. 诺斯：《制度、制度变迁与经济绩效》，上海三联书店 1994 年版。

　　［美］杜赞奇：《文化、权力与国家——1900—1942 的华北农村》，江苏人民出版社 1994 年版。

　　［美］黄宗智：《长江三角洲小农家庭与乡村发展》，中华书局 2006 年版。

　　［美］黄宗智：《华北的小农经济与社会变迁》，中华书局 2004 年版。

　　［美］科恩：《论民主》，商务印书馆 2004 年版。

　　［美］利普塞特：《政治人：政治的社会基础》，商务印书馆 1993 年版。

　　［美］马若孟：《中国农村经济》，史建运译，江苏人民出版社 1999 年版。

　　［美］迈克尔·罗斯金等著：《政治科学》（第九版），中国人民大学出版社 2010 年版。

　　［美］曼瑟·奥尔森：《权力与繁荣》，上海世纪出版集团 2005 年版。

　　［美］曼瑟尔·奥尔森：《集体行动的逻辑》，上海三联书店，上海人

民出版社 2004 年版。

　　[美] 乔纳森·特纳：《社会学理论的结构》（上、下），华夏出版社 2001 年版。

　　[美] 塞缪尔·P. 亨廷顿：《变化社会中的政治秩序》，生活·读书·新知三联书店 1989 年版。

　　[美] 詹姆斯·M. 布坎南：《民主财政论》，商务印书馆 2002 年版。

　　[美] 詹姆斯·博曼、威廉·雷吉主编：《协商民主：论理性与政治》，中央编译出版社 2006 年版。

　　[日] 田原史起：《日本视野中的中国农村精英：关系、团结、三农政治》，山东人民出版社 2012 年版。

　　[英] 戴维·赫尔德：《民主的模式》，中央编译出版社 2004 年版。

　　[英] 弗里德利希·冯·哈耶克：《自由秩序原理》（上、下），生活·读书·新知三联书店 1997 年版。

　　[英] 凯特·纳什、阿兰·斯科特主编：《布莱克维尔政治社会学指南》，浙江人民出版社 2007 年版。

　　[英] 亚当·斯密：《国富论》，陕西人民出版社 2005 年版。

Blecher, Marc, Shue, Vivienne, 1996, Tethered Dee : Government and economy in a Chinese county, Stanford, CA: Stanford University Press.

Huang Shun – Min, The Spiral Road: Change in a Chinese Village through the Eyes of a Communist Party Leader, West view Press, 1993.

Pye, Lucian, The Mandarin and The Cadre: China's Political Cultures, Center for Chinese Studies, The University of Michigan, 1988.

Shue, Vivienne, 1988, The Reach of the State, Stanford, CA: Stanford University Press.

J. C. Scott, Weapons of the Weak: Everyday Forms of Peasant Resistance. Yale Univ, 1986.

D. B. Miller, Peasant and Politics: Grass Roots Reaction to Change in Asia. St. Martin 1979.

Scot t. J. C, the Moral Economy of the Peasant: Rebellion and Subsistence in Southeast Asia, Yale University Press, 1976.

后　记

2020 年，一场突如其来席卷全球的新冠肺炎疫情影响了我们的学习、生活、生产和交往，但广袤的田野恰恰在这场疫情危机中彰显了安全阀和避风港的功能。我也在一个充满诗意的小村庄近乎自我隔离了三个月。在此期间，我一边关注疫情防控，一边反思乡村价值及其治理实践，同时完善本该早已完成并出版的书稿，直至在一个充满仪式感的好日子中接近尾声。

本书以国家社科基金项目"农村个体私营经济发展问题研究"（10BZZ024）的最终成果为基础修改而成。非常感谢最终成果鉴定专家的认可和提出的宝贵建议。他们的认可使我这项国家项目以良好的成绩在 2015 年 12 月得到顺利结项，而且也给我带来了荣誉。感谢浙江师范大学法政学院、浙江师范大学国家治理研究院为本书出版提供了资助。本项研究在历经了五年多的"打磨"与"折磨"之后，终于交稿，是我当初意想不到的。此时，感触最深的是一个人的精力太有限了。在面对教学、科研、学位点、学科建设、学生指导和班级管理等大量工作时，要学会拒绝，学会取舍，但愿这些最深的领悟能够付诸实践。本书初稿早在 2015 年底就已完成，自以为 2016 年能够顺利完善并交稿，但恰恰在 2016 年我申请并获得了两个省部级项目和一个社会服务项目。在此期间，我除了把更多的精力投入这三个项目的研究之外，还承接并主编了一本著作，虽然内心一直着急对本书稿的完善，但还是在不知不觉中拖延到了今天，惊叹日子流逝匆匆，感叹岁月无情。

生在乡村长在田野，我的成长过程也是农村个体私营经济不断发展的过程。20 世纪 80 年代母亲开始与乡邻一起创办工厂的艰辛，太多的亲朋好友与左邻右舍选择了从事个体私营经济。这些群体既睡地板又当老板的顽强与坚韧，推动着浙江农村个体私营经济的发展，也深刻地影响着浙江乡村治理的区域品格。这些不可忽略的实践富矿需要学人们俯下身去贴近、去观察、去挖掘，把研究写在广袤的乡村田野上，才能使乡村治理研究少一点儿想当然，少一点儿空泛推论。在此，我要特别感谢华中师范大学中国农村研究院的徐勇教授、杭州师范大学卢福营教授，正是这二位导师诲人不倦的引领，开始让我从书斋走向田野，去记录日新月异的乡村治理实践，去发掘乡村实践智慧，让实践更好地照亮理论，释怀那一碗鸡蛋长寿面的乡愁。

感恩前行是愉悦的。本书能够完成离不开中共浙江省金华市委组织部、永康市委组织部、瑞安市委组织部、江山市委组织部、湖州市委组织部、杭州市余杭区委组织部、松阳市委组织部以及相关街道、乡镇和村的领导和群众的支持和合作。在调查过程中，他们给予了许多的帮助和支持。当然，要感谢的人很多。在这里，我还要感谢我的父母、我的亲人、我的爱人、我的女儿、我的学生和我的同事，他们有的成为我的研究对象，有的帮助牵线搭桥，有的帮助提供新资料和新信息，有的一起参与调查与研讨，有的帮助认真校对，有的给予不断鼓励与鞭策；感谢《新华文摘》《中国行政管理》《浙江社会科学》《行政论坛》《浙江师范大学学报》等刊登了相关研究成果，还要感谢中国社会科学出版社的领导和冯春凤女士的大力支持与帮助；感谢所有为此项研究直接、间接提供过指导、帮助、关怀的人！正是他们的帮助和支持让我愈来愈明白为什么总有一种情怀在我血液中流动，那就是婆家已故著名诗人艾青的名言："为什么我的眼里常含泪水，因为我对这土地爱得深沉"。

应小丽

2020 年 6 月 28 日于金华丽泽花园